Droit institutionnel
du Congo-Brazzaville

Paul Nicolas GOMES OLAMBA

Droit institutionnel du Congo-Brazzaville

Préface de Véronique Goncalves

L'Harmattan
Congo-Brazzaville

5-7, rue de l'Ecole-Polytechnique, 75005 Paris

http://www.editions-harmattan.fr

ISBN : 978-2-343-05883-2
EAN : 9782343058832

A ma fille
Eolia Norlane Gomes Olamba

PREFACE

« *Une Constitution, c'est tout à la fois un esprit, des institutions, une pratique* » (Général de Gaulle – Conférence de presse, 31 janvier 1964).

Tel pourrait être le point de départ de l'ouvrage du Professeur Paul Nicolas Gomes Olamba que j'ai l'honneur de préfacer.

En effet, Paul Nicolas Gomes Olamba, universitaire, spécialiste des questions institutionnelles en République du Congo, met à profit ici son expertise pour présenter pour la première fois un panorama complet et très actualisé du Droit institutionnel congolais.

Au sens courant, le terme « Institution » désigne un système organisé et stable autour duquel s'organisent les activités sociales d'un Etat. Il peut s'agir des institutions politiques, juridiques mais également économiques ou sociales, représentant un système formel et codifié dans lequel la puissance publique est soumise au droit.

C'est dans ce cadre que l'auteur de cet ouvrage propose d'analyser les Institutions nationales et les Institutions locales congolaises à la lumière des dernières réformes législatives qui doivent en favoriser un fonctionnement plus efficient.

Cette approche permet ainsi au lecteur de comprendre l'organisation des principales Institutions congolaises et leurs rôles respectifs.

Paul Nicolas Gomes Olamba choisit également de présenter de manière très pertinente certaines institutions telles que la Cour Constitutionnelle ou encore le pouvoir judiciaire sous l'angle du droit comparé français et/ou américain permettant ainsi au lecteur de mieux appréhender le système institutionnel congolais.

Par ailleurs, ce manuel n'oublie pas la dimension sous-régionale des Institutions dont la République du Congo est membre afin de rappeler l'importance de l'intégration destinée à assurer une meilleure attractivité économique et d'élever le niveau de vie des populations.

Enfin, l'auteur présente de manière exhaustive le rôle et l'évolution des partis politiques en République du Congo tout en exposant l'influence grandissante de la société civile et l'accompagnement nécessaire à leur pérennité.

Cet ouvrage de droit public s'adresse à toutes celles et tous ceux qui souhaitent approfondir leurs connaissances des Institutions congolaises et mieux en maîtriser les enjeux à venir.

Il constitue un outil précieux destiné aux praticiens du droit institutionnel mais également un support utile pour vulgariser auprès d'un public plus large des clés fondamentales dans ce domaine.

L'ouvrage de Paul Nicolas Gomes Olamba constitue sans nul doute une contribution de référence qu'on lira avec grand intérêt.

Véronique Goncalves
Avocat au Barreau de Paris
Arbitre près de la CCJA — OHADA
Enseignante à l'Université
Catholique de Lille

PRÉSENTATION DE LA RÉPUBLIQUE DU CONGO

1- Géographie

Avec une superficie de 342 000 km^2 et avec une population de près de 4 millions d'habitants, la République du Congo a pour pays limitrophes le Gabon à l'ouest, le Cameroun au nord-ouest, l'Angola au sud, la République centrafricaine au nord et la République démocratique du Congo (RDC) à l'est. Deuxième fleuve du monde par son débit moyen (derrière l'Amazone), le fleuve Congo forme une partie de la frontière entre la République du Congo et la RDC. Une forêt tropicale humide couvre près des deux tiers du territoire congolais.

2- Histoire

La découverte du Congo est attribuée au navigateur Diego Cao qui aborde l'embouchure du fleuve en 1482. Les Portugais entrent progressivement en contact avec les chefferies et le royaume kongo, dont la fondation remonterait au XIIIe siècle et dont la capitale se situait dans le nord de l'actuel Angola. Le royaume de Loango (à 20 km de Pointe-Noire) devient, au XIIIe siècle, un centre important de la traite des Noirs. Le 26 février 1885, la conférence de Berlin consacre l'influence française sur la rive droite du fleuve et Savorgnan de Brazza reçoit la direction du Congo français en qualité de commissaire général, poste qu'il occupe jusqu'en 1898 ; il meurt à Dakar en 1905, au retour d'une mission au Congo, où il avait pu constater les abus des compagnies concessionnaires.

L'Afrique équatoriale française, fondée en 1910, regroupe les territoires du Moyen-Congo, du Gabon, de l'Oubangui-Chari et du Tchad, avec Brazzaville pour chef-lieu. La seconde guerre mondiale confère aux liens franco-congolais une dimension particulière : tour à tour, les territoires du Tchad (sous l'impulsion de gouverneur Félix Eboué), du Moyen-Congo et de l'Oubangui se rallient à la France libre, dont Brazzaville devient la capitale. En octobre 1940, le général de Gaulle effectue son premier voyage à Brazzaville où, à partir d'une station privée, Radio-Club, il réalise une première émission radiophonique.

Le 12 novembre 1940, il nomme Félix Eboué gouverneur général de l'AEF. Ainsi commence une succession de voyages et d'allocutions du Général que ponctue notamment la conférence de Brazzaville, officiellement ouverte le 30 janvier 1944 par le discours de Brazzaville, hommage à l'œuvre de progrès accompli en « Afrique Française » et annonciateur de réformes qui permettraient, le moment venu, aux « hommes vivant sous notre drapeau de participer chez eux à la gestion de leurs propres affaires ». Quatorze ans plus tard, le 4 août 1958, par une nouvelle allocution prononcée à Brazzaville, le Général de Gaulle invite les territoires africains à former une « Communauté franco-africaine », à laquelle le Congo adhère le 28 novembre 1958.

L'Assemblée législative, nouvellement élue, se prononce en faveur du choix de Brazzaville pour capitale. L'indépendance du Congo est proclamée le 15 août 1960. À cette date, le Haut-commissaire Guy Georgy, qui gouverne la colonie, devient haut représentant de la France au Congo. Élu premier président du Congo le 11 janvier 1961, Fulbert Youlou est renversé en 1963 par le mouvement syndical dit des « Trois glorieuses » (13, 14, 15 août). Alphonse Massamba-Débat, puis Marien Ngouabi se succèdent à la présidence de la République du Congo. Après neuf années de relative stabilité, Marien Ngouabi est assassiné le 18 mars 1977, et le colonel Joachim Yhombi-Opango devient chef de l'État. Les questions de défense et de sécurité sont confiées au commandant Denis Sassou-Nguesso, lequel destitue en février 1979 Yhombi-Opango.

En 1990, Denis Sassou-Nguesso, fidèle aux conclusions du sommet France-Afrique organisé à la Baule, définit le multipartisme comme nouvel objectif. Une nouvelle constitution est approuvée le 15 mars 1992 par référendum. Une élection présidentielle a lieu en août 1992, remportée au second tour par Pascal Lissouba (61,3 % des voix).
Après trois guerres civiles en 1994, 1997 et 1998 et les importantes pertes humaines et matérielles qui en ont résulté, la fin de la transition est annoncée le 9 août 2002 par le président Sassou-Nguesso. Une nouvelle République se met en place progressivement, parachevant l'œuvre de restauration institutionnelle de la transition.

Le Congo s'est donc remis lentement des trois guerres civiles (en 1994, 1997 et 1998) qui ont causé d'importantes pertes humaines et matérielles.

À l'issue de nouvelles négociations politiques, l'ouverture d'un nouveau cycle électoral en 2002 a vu la coalition du président Sassou-Nguesso, emmenée par le Parti congolais du travail (PCT, ancien parti unique), remporter une très large victoire lors des différents scrutins : référendum constitutionnel du 20 janvier 2002 (88 % de « oui »), présidentielle du 10 mars (89 % des voix). En juillet 2009, Denis Sassou-Nguesso a été réélu au premier tour avec 78,61 % des suffrages exprimés, pour un septennat courant jusqu'en 2016. Selon les observateurs internationaux délégués par l'Union africaine et la Communauté économique des États d'Afrique centrale (CEEAC), ces élections se sont déroulées dans des conditions satisfaisantes et dans le calme, en dépit de nombreuses critiques de l'opposition.

Les élections législatives d'août 2012 ont conforté la majorité présidentielle, le PCT remportant 89 des 136 sièges de l'Assemblée.
Les élections législatives congolaises de 2017 se déroulent les 16 et 30 juillet 2017, c'est une large victoire encore pour le Parti congolais du travail (PCT) qui remporte 90 sièges sur 151.

3- Situation économique et financière
Après avoir connu une récession en 2007, l'économie congolaise a enregistré une croissance plus soutenue en 2008 (7,3 % environ) et a été peu affectée par la crise mondiale en 2009 (6,7 % en 2009, 9,5 % en 2010). La croissance a été de 4,5 % en 2012, du fait de la baisse de la production pétrolière, mais est repartie à la hausse en 2013, pour se situer autour de 6,3 % (FMI) et avoisinait 10 % en fin 2014. Les hydrocarbures constituent environ 90 % des exportations du pays, 2/3 de son PIB et 3/4 des recettes budgétaires.

Le Congo a assaini sa situation financière. Avant le passage au Club de Paris de 2004, la dette extérieure publique totale du Congo était estimée par le FMI à 8,5 Md USD (pays le plus endetté au monde par habitant), dont plus de la moitié était due aux créanciers du Club de Paris. Depuis 2004, ce dernier a traité 3 Md USD de dettes, en annulant plus de la moitié dans le cadre de l'initiative PPTE, et rééchelonnant le reste (1,45 Md USD).
Le Congo a atteint le point de décision de l'initiative PPTE (programme d'annulation de dette pour les pays pauvres très endettés) le 9 mars 2006 et a accédé au statut « conforme » de l'ITIE le 27 février 2013. IL s'est vu octroyer en décembre 2008 une nouvelle facilité pour la réduction de

la pauvreté et pour la croissance (FRPC) et il a atteint le point d'achèvement de l'initiative PPTE en fin janvier 2010. L'atteinte de ce point d'achèvement a permis au Congo de bénéficier d'une réduction de sa dette extérieure publique de l'ordre de 31 %, soit 1,9 Md USD.

Par ailleurs, l'accord trouvé avec le Club de Paris et le Brésil le 18 mars 2010 a validé une annulation de 981 Md USD dans le cadre de l'initiative PPTE renforcée et un allègement additionnel de dette de 100 % sur une base bilatérale pour un montant de 1,4 Md USD, soit un effort total d'annulation de 2,4 Md USD. Les efforts affichés de bonne gouvernance pétrolière (audits de la SNPC) et d'orthodoxie budgétaire ont permis d'atteindre ce résultat. Les institutions financières internationales rappellent que cet effort doit être poursuivi et renforcé.

En 2002, la dette extérieure publique totale du Congo était estimée par le FMI à 8,5 Md USD, dont plus de la moitié due aux créanciers du Club de Paris. Quelques années plus tard elle était de l'ordre de 3,4 Md USD. Vis-à-vis des créanciers privés, le Congo a signé un accord de traitement de sa dette privée extérieure autorisant l'annulation d'une grande partie de celle-ci.

Le Congo s'investit de plus en plus dans la question de la préservation de la forêt (forum international organisé à Brazzaville fin 2008, signature d'une convention contre le commerce du bois illégal avec l'Union européenne en mai 2009, organisation d'un sommet sur les 3 bassins forestiers tropicaux en juin 2011). La réintégration du Processus de Kimberley (novembre 2007) et les progrès enregistrés dans l'initiative pour la transparence dans les industries extractives (ITIE) sont encourageants. Des projets dans le domaine de la lutte contre le sida, l'éducation de base, le renforcement des capacités de transparence et de gouvernance où les infrastructures sont également en cours, avec pour objectif le redressement global de l'économie intérieure.

Le déclin au niveau international des prix du pétrole porte un coup significatif à l'économie du Congo, qui s'est fortement contractée au cours de l'année 2016. L'évolution défavorable des prix du pétrole est venue frapper le pays au moment même où il faisait des efforts pour améliorer ses infrastructures et son économie.

Ce retournement a eu pour effet de faire passer la dette publique à 77% du PIB et d'épuiser les réserves monétaires selon l'économiste sénégalais Abdoul Aziz Wane qui a dirigé une délégation du Fonds monétaire international à Brazzaville du 20 février au 8 mars2017 ; le Fonds monétaire international doit désormais proposer une batterie de mesures d'ajustement pour la République du Congo, en échange de son appui.

Face à ces difficultés, le FMI souhaite renforcer les capacités du Congo, principal contributeur avec la Guinée Équatoriale des réserves de change au sein de la Communauté économique et monétaire de l'Afrique centrale. Ce qui implique, selon Abdoul Aziz Wane, « un important ajustement fiscal pour consolider la confiance des investisseurs, maintenir la dette publique à un niveau soutenable et stimuler la croissance ». Il s'agira alors de valoriser en priorité les projets d'investissement, tout en essayant de protéger les dépenses sociales.

Le Congo devra appliquer en échange de l'appui du FMI une série de mesures. Les dirigeants du pays ont déjà entamé une opération de réduction du train de vie de l'État. Depuis le début de l'année 2017, une opération de nettoyage du fichier de la fonction publique a par ailleurs été lancée afin d'identifier des irrégularités aussi bien sur la situation administrative que sur les éléments de rémunération des agents civils de l'Etat.

Le Comité monétaire et financier de la République du Congo réuni le 15 mars 2017 à Brazzaville a noté, sur la base des projections effectuées par la banque des Etats de l'Afrique centrale, que le taux de croissance du PIB dans le pays va se redresser en terme réel à 1,0% cette année 2017, contre -2,1% en 2016. Le communiqué final de la réunion du comité indique que le secteur primaire demeurerait le principal moteur de cette croissance, en raison du rebond attendu de la production pétrolière, avec l'entrée en production du champ Moho Nord. Selon le rapport des experts de la banque mondiale sur le suivi de la situation économique et financière du Congo présentée le 5 mai 2017 à Brazzaville, le taux de croissance est estimé à 3,1% d'ici fin 2017, les finances publiques du Congo connaîtront un redressement complet en 2018 en raison de l'augmentation de la production pétrolière, du rebond du prix du baril (55 dollars). Selon ce rapport, l'économie congolaise pourrait connaître une embellie avec l'entrée en production du gisement de Moho Nord,

qui produira quelques 350000 barils par jour, mais aussi grâce à l'exploitation par la compagnie ENI de nouveaux gisements de gaz naturel. Une équipe des services du FMI dirigée toujours par M. Abdoul Aziz Wane a séjourné à Brazzaville du 3 au 18 avril 2018 pour discuter avec les autorités le programme économique et financier du pays et un possible soutien financier du FMI.
La mission a conclu un accord avec les autorités de la République du Congo sur les contours des politiques qui pourraient être soutenues par un arrangement financier. Le programme proposé vise à promouvoir une croissance soutenue et inclusive notamment en rétablissant la viabilité budgétaire et en améliorant la gouvernance. Il vise aussi à contribuer aux efforts régionaux de renforcement de la stabilité extérieure. Dans un communiqué publié le 20 avril 2018, le gouvernement s'est félicité de l'accord conclu avec le Fonds monétaire international (FMI) pour appuyer son programme de réformes économiques et financières. *« La République du Congo se félicite d'avoir répondu à l'ensemble des critères pour être éligible à un financement de son programme économique et financier par le FMI et ses partenaires internationaux »*, note le communiqué du gouvernement.
Le 7 août 2018, à l'Assemblée nationale, le Premier Ministre, monsieur Clément MOUAMBA a exposé sur les axes principaux et prioritaires de la nouvelle politique de développement qui va s'étaler sur les quatre prochaines années. Il a soutenu que le nouveau plan national de développement (P.N.D) 2018-2022 sera fondé sur deux axes phares : la réforme du système éducatif et de la formation qualifiante et professionnelle, ainsi que la diversification de l'économie. C'est ainsi que le Parlement a voté la loi n°32-2018 du 1er octobre 2018 portant approbation du plan national de développement 2018-2022. Ce plan comprend :

- le cadre stratégique de développement ;
- le programme pluriannuel des actions prioritaires ;
- le document cadre de politiques et de programmation macro-économique et budgétaire à moyen terme ;
- le document cadre de suivi et évaluation des programmes du plan national de développement ;
- le guide des processus et procédures de mises en œuvre du plan national de développement.

Le plan national de développement est donc le cadre programmatique des politiques et des programmes publics couvrant la période 2018-

2022. Il oriente les politiques et programmes d'intégration régionale, ainsi que l'intervention des partenaires au développement.
Il faudrait retenir que les programmes, projets et actions constituant le plan national de développement 2018-2022 seront inscrits dans la loi de finances de l'année et financés à titre prioritaire pendant la période allant de 2018-2022.

4- Politique extérieure

Après les guerres civiles qui l'avaient mis à l'écart, le Congo est progressivement sorti de son isolement depuis 2002. Les contacts sont réguliers avec la Chine qui déploie une activité économique intense au Congo, dont elle est l'un des premiers partenaires économiques, avec la France et les États-Unis. Le Congo a présidé en 2003, puis de juillet 2011 à juillet 2012, la Communauté économique et monétaire d'Afrique centrale (CEMAC) et, de 2003 à 2007, la Communauté économique des États d'Afrique centrale (CEEAC). Le Congo a présidé l'Union africaine en 2006 et a été membre non-permanent du Conseil de sécurité des Nations unies pour la biennale 2006-2007. Il a été élu au Conseil des droits de l'Homme en 2011 pour 3 ans. Dans le but de continuer à agir au sein du Conseil des droits de l'Homme, en qualité de membre, le Congo prend la résolution de solliciter le soutien des pays membres de cette institution, ceci en vue du renouvellement de son mandat au Conseil, pour la période 2015-2017, c'est ainsi que les membres de l'Assemblée générale des Nations unies ont élu par un vote à bulletins secrets le 21 octobre 2014 les États membres suivants au Conseil des droits de l'Homme : Albanie, Bangladesh, Bolivie, Botswana, Congo, El Salvador, Ghana, Inde, Indonésie, Lettonie, Pays-Bas, Nigéria, Paraguay, Portugal et Qatar. Ils avaient pris leurs fonctions le 1er janvier 2015.

Le Congo est présent en République centrafricaine depuis plus d'une décennie dans le cadre d'une démarche de sécurité collective engagée par la Communauté économique des Etats de l'Afrique centrale (CEEAC) d'abord, ensuite à travers un cycle de missions dénommées Micopax I et Micopax II ; puis dans le cadre de la MISCA (Mission internationale de soutien à la Centrafrique, sous l'égide de l'Union africaine, qui comptait plus de 500 Congolais). Le passage du relais de la force de l'Union africaine (Misca) à la Minusca de l'ONU n'a pas changé grand-chose au sujet des troupes en présence, car les troupes sont issues des mêmes contingents africains, dont le Congo, qui du reste est aussi membre de la Conférence internationale pour la région des Grands Lacs (CIRGL), c'est à ce titre qu'il a participé au sommet de Nairobi sur la crise en RDC en novembre 2008 ainsi qu'à d'autres réunions.

Les Chefs d'Etat et de gouvernement de la Conférence internationale sur la région des Grands Lacs (CIRGL) se sont réunis à Brazzaville, République du Congo, **le 19 octobre 2017**, sous le thème «***Accélérer la mise en œuvre du pacte en vue d'assurer la stabilité et le développement dans la région des Grands Lacs***», pour examiner la situation politique et sécuritaire dans la région, à l'invitation de S.E. ***João*** Manuel ***Gonçalves Lourenço***, Président de la République d'Angola et Président en exercice sortant du sommet de la CIRGL.

Son Excellence Denis Sassou Nguesso, Président de la République du Congo, nouveau Président en exercice de la CIRGL et hôte du 7ème Sommet, a souhaité la bienvenue aux Chefs d'Etat et de gouvernement et aux autres délégués en République du Congo. Il a rendu hommage au Président sortant, S.E. ***João*** Manuel ***Gonçalves Lourenço***, ***Président de la*** République d'Angola, et à S.E José Eduardo Dos Santos, ancien Président de la République d'Angola, pour avoir fait preuve d'excellent leadership au cours de leur mandat.
Le Sommet a rappelé les décisions prises au dernier Sommet Ordinaire tenu à Luanda, Angola, le 14 juin 2016, en vue d'examiner la situation politique et sécuritaire qui sévit dans la région. Il a pris note des progrès accomplis dans la mise en œuvre du Pacte au cours des douze derniers mois qui ont suivi la fin du dernier Sommet.

PREMIERE PARTIE

LES INSTITUTIONS NATIONALES

CHAPITRE I

LE DEBAT CONSTITUTIONNEL SUR LA NATURE DU RÉGIME ÉTABLI PAR LA CONSTITUTION DU 20 JANVIER 2002

La constitution du Congo, adoptée par référendum le 20 janvier 2002, établit un régime présidentiel.

Le régime présidentiel, pratiqué aux États-Unis, repose pour sa part sur une séparation stricte des pouvoirs où le chef de l'État est doté de pouvoirs larges et bénéficie d'une légitimité importante dans la mesure où il est élu au suffrage universel. L'exécutif et le législatif n'ont aucun moyen de se « détruire » car la dissolution et la responsabilité gouvernementale n'existent pas. L'exemple de l'ancien président Barak Obama, président démocrate qui cohabitait avec une chambre des représentants républicaine, illustre ce propos. Ce système est simple dans l'organisation théorique des institutions et ambigu dans la définition des prérogatives de ces institutions, c'est-à-dire dans la pratique quotidienne des relations entre les trois pouvoirs séparés.

Aucun des pouvoirs n'a de prise sur l'autre, mais il existe des pratiques constitutionnelles, car les pères fondateurs craignaient la tyrannie ; pour éviter le despotisme, et en s'appuyant sur Montesquieu, ils mettent en place un système qui repose sur une double fragmentation des pouvoirs :

- Verticale : elle va de l'autorité la plus locale à l'autorité la plus nationale.
- Horizontale : avec une fragmentation des prérogatives entre les trois pouvoirs.

Le régime parlementaire, très pratiqué en Europe, repose sur un gouvernement responsable devant tout ou partie du pouvoir législatif, c'est-à-dire les chambres parlementaires. Dans ce type de régime, le chef de l'État (président, empereur…) n'a aucun pouvoir et n'est, par conséquent, pas responsable politiquement. Ce dernier ne doit pas sa fonction au suffrage universel, mais à un simple vote des chambres, voire à la tradition (monarque, empereur).

Le régime de la Constitution congolaise de 2002 emprunte aux deux systèmes : le Président de la République dispose de pouvoirs importants et d'une légitimité qui repose sur une élection au suffrage universel direct. Le président n'est pas politiquement responsable, c'est le gouvernement qui endosse cette responsabilité. La Constitution du Congo apparaît donc comme un régime hybride présentant simultanément des caractéristiques propres au régime présidentiel et au régime parlementaire.

À la confusion des pouvoirs, le constituant de 2002 a choisi la stricte séparation des pouvoirs avec priorité au chef de l'État. Il a institué la collaboration des pouvoirs : un chef de l'État et un Parlement séparés, encadrant un gouvernement issu du premier et responsable devant le second, entre eux un partage des attributions donnant à chacun une semblable importance dans la marche de l'État et assurant les moyens de résoudre les conflits qui sont, dans tout système démocratique, la rançon de la liberté. En réalité, le régime établi n'entre dans aucune catégorie, il n'est ni parlementaire, ni semi-présidentiel pour reprendre l'expression du professeur Duverger, puisqu'il n'y a pas l'équivalent de l'article 50 de la Constitution du 4 octobre 1958 en France sur la motion de censure, ou encore l'article 12 sur la dissolution de l'Assemblée nationale. Il s'agit tout simplement d'un régime fourre-tout ou attrape-tout, « catch all model ». Le *régime semi-présidentiel* est une catégorie de régime politique théorisée donc par le juriste français Maurice Duverger comme présentant des caractéristiques mixtes de deux autres grandes catégories[1].

Guy Jean Clément Mebiama note dans son ouvrage intitulé *Le régime politique de la République du Congo après la Constitution du 20 janvier 2002* paru chez l'Harmattan en septembre 2005 que « le président du Congo-Brazzaville bénéficie de droit d'une suprématie écrasante qui est sans commune mesure avec celle dont dispose aujourd'hui le président américain à l'égard des autres pouvoirs ».

---

[1]Maurice Duverger, *Le système politique français*, PUF, 1970.

De nombreux autres auteurs ont donné leur avis sur la nature d'un tel régime. Benoît Jeanneau, dans son précis de droit constitutionnel (5e éd ; 1978) qualifie ce type de régime de présidentialiste, c'est-à-dire de régime où le président de la République concentre beaucoup de pouvoirs. André Hauriou dans son article « *Le parlement dans la constitution de la Vème République* (*Après-demain*, n°150, janvier 1973) » donne exactement à ce régime le caractère de présidentialiste. Marcel Prélot parle de monocratie plébiscitaire au sujet de ce régime où le chef de l'État est élu au suffrage universel direct, où il s'identifie au pays. Georges Burdeau voit dans ce régime politique une démocratie plébiscitaire. Le journaliste Jean Lacouture discerne, quant à lui, un régime hybride, le doyen Vedel y voit un régime présidentiel en voie de formation lente, mais continue. Pierre Pactet, dans son manuel, distingue des éléments de rattachement aux régimes présidentiel et parlementaire ; en réalité, ajoute-t-il, la pratique du régime doit beaucoup au régime présidentiel, comme Serge Arné qui distingue des apports identiques pour finalement qualifier le régime de « présidentialiste ».

Guy Jean Clément Mebiama préconise, néanmoins, de sortir des sentiers battus et de systématiser une nouvelle version du présidentialisme, se développant dans un environnement pluraliste : « le régime politique instauré par la Constitution congolaise du 20 janvier 2002 est un régime *sui generis* que l'on ne peut par conséquent classer parmi les régimes existants. Il se situerait à mi-chemin entre le régime présidentiel (qu'il dépasse, en raison des prérogatives très étendues dont dispose le Président de la République dans son domaine et dans celui des autres pouvoirs) et le régime présidentialiste négro-africain (auquel il ne correspond pas, du fait de l'option et du dispositif démocratiques adoptés)... À notre avis, seul un néologisme paraît apte à traduire la nature de ce régime atypique qui associe les éléments du régime présidentiel classique et certains autres à inclination présidentialiste, c'est celui de régime « présidentialiste ».

Le présidentialisme désigne une configuration institutionnelle particulière, où le Président de la République en droit et/ou en fait concentre l'essentiel de l'autorité, au détriment des autres pouvoirs. L'équilibre des institutions, à la base du régime présidentiel, fait ici défaut ; la séparation tranchée des pouvoirs s'efface ; le chef de l'État domine tout le système.

Faut-il dans ces conditions changer la Constitution du 20 janvier 2002 comme le suggérait une grande partie de la classe politique congolaise, afin d'avoir des institutions en harmonie avec l'environnement sociopolitique du 21e siècle ?

En soi, le changement de la constitution n'est pas une mauvaise opération constitutionnelle. On est d'avis avec la doctrine que le temps est important dans la problématique constitutionnelle, même s'il est parfois nié au profit du caractère fondamental de la constitution. Les constitutions ne sont pas des tentes dressées pour le sommeil a dit un éminent juriste. Le peuple vit, se transforme, sa volonté se modifie et il est confronté à l'édifice constitutionnel qu'il a jadis construit. Il faut que la constitution demeure stable pour assurer la sécurité des citoyens, mais elle doit aussi s'adapter aux conditions du moment. La mutabilité de la constitution est donc une réalité qu'on ne peut condamner au risque de figer la société politique dans une idée de droit qui ne correspond plus à la réalité. En réalité, la constitution pose un dilemme. Elle doit être stable car elle aménage les conditions d'exercice du pouvoir et fixe les droits et libertés des citoyens qui ne peuvent être soumis aux incertitudes du moment ; en même temps, elle reste l'expression de la volonté du peuple souverain et celle-ci ne s'épuise pas après que le texte aura été adopté.

Pour Jean Waline, « L'un des pires péchés d'orgueil que puisse commettre le constituant est de considérer que son œuvre étant parfaite, et ayant de ce fait vocation à l'éternité, il faut interdire aux générations futures de la défigurer… »,

La constitution c'est « un esprit, un texte et une pratique ». Elle ne se résume pas seulement en l'existence d'un document proclamant des principes hautement importants en ce qui concerne la démocratie, mais aussi bien en son effectivité, en termes de ses fonctions.

Les mutations constitutionnelles en termes de transformation et d'évolution ne sont pas une curiosité.

En premier lieu, sur le plan théorique, on peut les analyser comme participant à la dynamique politique. Les divers cycles constitutionnels peuvent donc être vus sous cet angle de la dialectique de l'ordre et du mouvement ou même du volontarisme politique. Ils donnent ainsi une consistance à l'activité politique et une richesse au phénomène constitutionnel. Ce mouvement rentre bien dans la perception même du phénomène constitutionnel, qui a non seulement pour objet de fixer le statut du pouvoir mais aussi de refléter ou de véhiculer l'idée de droit à laquelle le peuple adhère à un moment donné. Les transformations constitutionnelles prouvent également que cette idée de droit n'est pas statique et peut évoluer ou changer. C'est d'ailleurs ce qui justifie par exemple que l'idée de révolution jadis rejetée dans les sciences juridiques soit en fin de compte appréhendée par la science du droit en ce qu'elle constitue une substitution d'une idée de droit à une autre.

En second lieu, sur le plan pratique ou événementiel, notre pays ne sera pas évidemment le premier à connaître des bouleversements et hésitations constitutionnels. L'histoire constitutionnelle anglaise et française, tout autant que l'actualité confirment cette proposition.

La Déclaration de Bamako adoptée lors du symposium international sur « le bilan des pratiques de la démocratie, des droits et des libertés dans l'espace francophone » du 1er au 3 novembre 2000 affirme en son article 3-2 que « pour la Francophonie, il n'y a pas de mode d'organisation unique de la démocratie et dans le respect des principes universels, les formes d'expression de la démocratie doivent s'inscrire dans les réalités et spécificités historiques, culturelles et sociales de chaque pays ».

La constitution congolaise du 20 janvier 2002 révèle une sorte d'ineffectivité de la norme constitutionnelle, sa soumission à des conjonctures politiques ; par exemple la recherche d'un exécutif bicéphale par la nomination d'un Premier ministre, ce révisionnisme fait apparaître, sur le fond, toute la difficulté d'un enracinement de l'exercice démocratique et équilibré du pouvoir. Cette Constitution, qui avait une vocation à la pérennité et qui constituait une sorte de défi au temps qui passe, s'est caractérisée au contraire, par sa malléabilité. La Constitution du 20 janvier 2002 est, il faut le reconnaître, marquée par une certaine légitimité : elle a été pensée et écrite par les Congolais ; elle a été préparée par une commission et, surtout, elle a été adoptée par référendum. Mais, on a constaté une véritable difficulté à définir les contours de celle-ci ; pour tout dire, il s'est produit une amplification des incertitudes sur sa définition.
La constitution, au sens du droit constitutionnel, a pour vocation d'assurer la stabilité des institutions et des relations entre celles-ci, dans

le cadre du fonctionnement du pouvoir au sein de l'Etat. Elle s'appréhende donc comme un instrument de construction de l'Etat en général et de consolidation des institutions politiques. Ce qui signifie que la constitution elle-même doit être construite sur la stabilité et la durée. Or, on peut dire, sur cette terre, tout se fait et se défait. Il n'y a donc pas de raison que la constitution, œuvre humaine, faite pour assurer la régulation de la vie politique, échappe à cette logique.

Michel Virally a écrit : « Le droit, construction sociale, système de représentations intellectuelles, n'est pas en mesure d'arrêter l'histoire, de figer l'évolution des sociétés. Il doit sans cesse s'adapter, se modifier, pour conserver son effectivité en face des transformations sociales... Il s'établit ainsi, dans tout ordre juridique, une tension entre des forces de conservation et des forces de changement, dont l'équilibre peut être fort différent suivant les périodes et les sociétés considérées, mais dont la résultante est telle que cet ordre ne peut immobiliser indéfiniment les normes qui le constituent et ne peut pas davantage se renouveler intégralement du jour au lendemain ».

Y avait-il nécessité au Congo de voir changer de constitution ou changer la constitution ? On dit : « changer de constitution », lorsqu'il s'agit d'établir une nouvelle constitution, et « changer la constitution », lorsqu'il convient de la réviser. Le mot changement constitutionnel reste le même ; mais il comporte des tonalités qu'il faut décrypter en fonction du contexte. Ce terme renvoie non seulement aux mécanismes mis en œuvre mais aussi aux nouvelles orientations apportées par ce fait dans un régime politique donné ; dans cet esprit, les changements constitutionnels peuvent être formels ou informels, importants ou mineurs. Par ailleurs, au-delà de la constitution, l'expression « changement » peut s'appliquer au régime politique même ; il peut ainsi s'agir d'un changement dans le régime ou alors d'un changement de régime.

Lorsque le constituant de 1791, en France, a voulu justifier le bien-fondé de la révision constitutionnelle, il a utilisé la formule suivante : « la nation a le droit imprescriptible de *changer* sa Constitution » ; de même, selon le constituant français de 1793, « le peuple a toujours le droit de revoir, de réformer et de *changer* sa Constitution ».
Il était donc possible de procéder à des réformes en profondeur dans notre pays en harmonie avec une société désormais plus exigeante, plus éduquée, plus conscientisée, et plus complexe en même temps.

C'est ainsi que face aux défis sociaux, économiques et environnementaux que nous affrontons, qui impliquent que nous changions radicalement notre modèle de société, il était difficile d'imaginer que dans notre pays le régime présidentiel puisse être un modèle de gouvernement adéquat.
Il est important de rappeler ici qu'en France, la Constitution a été modifiée à *24 reprises*. Le rythme des révisions s'est fortement accéléré à partir des années 90. Jacques Chirac a promulgué 14 lois constitutionnelles en douze ans !

Nicolas Sarkozy a été à l'origine d'une révision constitutionnelle considérable, dans son ambition et son ampleur, qui a conduit, en 2008, à un remaniement de presque la moitié du texte : 35 articles ont été modifiés, 3 ont été réécrits en entier et 9 ont été ajoutés.

Il était sans doute possible d'améliorer la Constitution du 20 janvier 2002, de la "mettre à jour", comme on le dit d'un logiciel. Mais si l'on voulait vraiment changer les choses, on ne pouvait pas faire l'économie d'un changement de régime, c'est-à-dire d'une transformation profonde des façons de gouverner et de représenter.
Qu'entend-on par changer de régime ? L'idée peut faire peur. Pourtant, rien de révolutionnaire ici. Un simple rétablissement de principes démocratiques élémentaires : responsabilité politique, juste représentation, participation citoyenne. Voilà le triptyque sur lequel reposera la nouvelle Constitution. En fait, une nouvelle République rétablissant la confiance dans la démocratie.

Il faut conférer au seul Premier ministre et à son gouvernement la détermination et la conduite de la politique de la nation sous le contrôle d'un Parlement capable d'exprimer les voix plurielles des citoyens et de démettre le Gouvernement par une motion de censure.

Pour cela, il faut renforcer le Parlement dans sa fonction d'interpellation, dans sa capacité à mobiliser des instruments de contrôle, d'investigation et d'évaluation des politiques publiques.
Il faut retrouver l'esprit de l'article 6 de la Déclaration des droits de l'homme et du citoyen, selon lequel les citoyens "ont droit de concourir personnellement" à la formation de la loi. La nouvelle Constitution doit proposer de nouveaux outils participatifs et délibératifs aux citoyens, des modes de construction des politiques publiques, une large capacité

d'interpellation des pouvoirs quels qu'ils soient, en prenant garde à articuler chaque fois décision et participation.

Mais il ne s'agira pas seulement de rétablir les fondamentaux d'une démocratie ouverte et pluraliste, il faut aussi imaginer une démocratie du XXIe siècle, attentive aux effets de long terme des politiques publiques et au destin des générations futures, il faudra un changement profond des institutions.

Des institutions de la République telles que la Cour Constitutionnelle et le Parlement appellent de nouvelles approches.

Le discours politique dans notre pays accorde actuellement une place variable mais de moins en moins secondaire, aux considérations juridiques et aux échanges d'arguments de droit tirés de la Constitution et des interprétations dont elle fait l'objet. Les débats politiques sont portés sur le terrain du droit et privilégient « l'argument constitutionnel ». Signe d'un changement des esprits de la classe politique et des médias, la référence aux normes et à la légalité est devenue un passage obligé de la légitimité, tant vis-à-vis de l'opinion interne nationale que de la communauté internationale. Des Conflits peuvent être résolus par le recours au droit constitutionnel et les mécanismes prévus par la Constitution trouvent à s'appliquer.

Ainsi, la régulation des rapports politiques est pacifique et juridique.

Toutefois, il sied de reconnaître que la reprise des dispositions et modèles élaborés en d'autres lieux et en d'autres temps, prévus par un droit constitutionnel mondial, diffusé par les organisations internationales ou régionales africaines et par les Etats du Nord et repris dans notre texte constitutionnel sans toujours tenir compte de la situation sociale, politique et économique, ne favorise toujours pas un développement harmonieux et apaisé.

La force du Droit constitutionnel réside d'abord dans la volonté politique et le consensus des acteurs. Ceci nous amène à affirmer la nécessité d'un changement de notre constitution. Cette nécessité s'accentue lorsqu'on aborde la question de ce haut lieu démocratique qu'est le parlement.

Le rôle du Parlement dans un régime présidentiel reste important mais pourtant accessoire par rapport au pouvoir exécutif. Ce régime annule la responsabilité du Gouvernement devant le parlement, le droit présidentiel de dissolution du parlement, des parlementaires de renverser le Gouvernement. Lors d'une crise, le Président de la République reste la figure prééminente et décisive.

Cette neutralisation mutuelle apparente des pouvoirs exécutif et législatif, puisque la prééminence décisive appartenait au pouvoir exécutif, obéissait, selon certains analystes à la volonté de sortir le Pays des errances dramatiques du régime parlementaire passé, responsable des désordres meurtriers et des récurrentes violences politiques.

Il s'agit enfin d'inscrire définitivement le régime dans le paradigme universel de la démocratie universelle et libérale, et de la bonne gouvernance, afin de désamorcer la critique de l'autoritarisme ou de l'autocratie, en exhibant un contre-pouvoir de l'exécutif.

Il faut en outre noter qu'aux yeux de l'opinion, le Parlement n'apparaît pas comme un haut lieu de l'expression démocratique, parce que nous l'avons déjà dit, son pouvoir de contrôle de l'exécutif n'est qu'apparent puisqu'il ne se prolonge pas par une sanction, la déchéance ou la démission contrainte d'un gouvernement. Il apparaît aussi comme l'écho ou la chambre d'enregistrement de la volonté de l'exécutif et le lieu de recyclage de sa clientèle politique et partisane, sans efficacité politique réelle.

L'omnipotence présidentielle constatée dans le régime présidentiel réduit sensiblement le rôle du parlement et sa fonction de haut lieu de l'animation démocratique. Si cette omnipotence présidentielle semble corriger les errances de l'expérience parlementariste par ailleurs, cette omnipotence peut constituer une charge extrême et il convient de lui opposer un contre-pouvoir et d'offrir simultanément un moyen supplémentaire de légitimation de la fonction présidentielle dans *une nouvelle Constitution.*
Certains juristes et hommes politiques ont estimé qu'un éventuel changement de la constitution congolaise serait un *coup d'Etat* constitutionnel !

En réalité, l'histoire politique contemporaine nous donne quelques exemples de coup d'État constitutionnel ou des dirigeants n'ont pas respecté la loi ; nous retiendrons le cas du Niger et de la Belgique.
Au Niger, le référendum sur la Constitution, proposé à l'époque par le parti au pouvoir afin d'autoriser le président Mamadou Tandja à rester au pouvoir au-delà de la limite de 10 ans a été jugé illégal par le conseil constitutionnel. Le non-respect de cette décision équivaudrait à une prise illégale du pouvoir ; un coup d'état constitutionnel, d'autant plus que le Président Tandja avait dissous le parlement qui aurait pu lui donner des pouvoirs exceptionnels. Il a voulu *déverrouiller une constitution qui était déjà verrouillée* (voir à ce sujet : Référendum au Niger : un coup d'État constitutionnel passé sous silence. Publié le 3 août 2009 par l'association Survie, siège national 21 ter rue voltaire 75011 Paris France).
En Belgique il y a eu « Coup d'Etat » constitutionnel lorsque le Roi Albert lassé de voir son pays dirigé par un gouvernement en « affaires courantes », avait demandé au Premier ministre Yves Leterme démissionnaire depuis huit mois de présenter au Parlement élu un projet de budget 2011 et de prendre « *les dispositions nécessaires pour répondre dans un proche avenir aux exigences européennes en matière de politique budgétaire et de réformes structurelles pour les prochaines années ».* Le roi demanda aussi au Premier ministre sortant que le gouvernement prenne toutes les mesures nécessaires sur le plan économique, social et financier pour préserver le bien-être des citoyens. Bref, qu'il agisse comme s'il était un gouvernement de plein exercice alors qu'il n'existe légalement plus et qu'aucune majorité n'a été constituée. Il faut savoir qu'un gouvernement en « affaires courantes », c'est-à-dire démissionnaire, du moins dans une démocratie parlementaire, n'a que peu de pouvoirs. *Les "affaires courantes" sont une coutume constitutionnelle destinée à assurer la continuité de l'Etat, mais le gouvernement n'existe légalement plus.* Il ne peut en aucun cas engager son successeur, par exemple en faisant voter un budget ou en nommant des hauts fonctionnaires. Autrement dit, il n'a que *l'apparence d'un gouvernement,* ce qui est logique puisqu'il n'est plus responsable devant son parlement, car il est déjà démissionnaire... On ne peut pas renverser ce qui l'est déjà. Le roi aurait pu éviter une telle violation de la Constitution (voir à ce sujet « coup d'État » constitutionnel en Belgique. Journal libération coulisses de Bruxelles 2février 2011, mise à jour le 16 février 2015 par jean Quatremer).

Ces deux cas de coup d'Etat constitutionnel font nettement apparaître la violation de la loi, si l'on se place évidemment du côté de ceux qui ont contesté ces réformes ; or, en ce qui concerne ce qui a été envisagé pour notre pays, lorsque nous faisons allusion à un changement de constitution, il s'agit de respecter la procédure même du changement de constitution : son organisation formelle, les bornes qu'elle assigne au pouvoir constituant dérivé, l'équilibre qu'elle instaure ponctuellement entre les pouvoirs, protagonistes du changement, le contrôle a posteriori du pouvoir constituant, c'est-à-dire entre autres l'intervention, si nécessaire, du juge constitutionnel dans le processus du changement.

Il s'agira en réalité d'expliquer *les facteurs du changement constitutionnel,* c'est-à-dire les éléments susceptibles d'en expliquer l'essor ou au contraire la faiblesse, et qui touchent à la fois à l'organisation formelle de la procédure de changement et aux éventuelles modalités de contrôle du pouvoir constituant ; il s'agira en outre d'expliquer *les caractéristiques du changement constitutionnel,* qui renvoient d'une part à l'objet même du changement, lequel donne une idée des enjeux que celui-ci recèle ; d'autre part, au caractère plus ou moins inclusif, plus au moins consensuel des réformes.

A ce jour, plus de cinq constitutions et presque autant d'actes fondamentaux montrent clairement que la marche institutionnelle du Congo est chaotique et il faut donc trouver des solutions pour mettre le Congo dans une dynamique pérenne. De ce point de vue *un changement de Constitution s'imposait.*

Une nouvelle République devra surgir pour remplacer l'ancienne, un régime semi-présidentiel qui est en fait une combinaison des éléments du régime parlementaire et du régime présidentiel.

Pour éviter d'énerver les dispositions de la constitution de la République du Congo du 20 janvier 2002 verrouillant à la fois, le nombre de mandats du Président de la République (article 57) et la limite d'âge pour accéder à la fonction présidentielle (article 58, alinéa 6), ainsi que l'article 185, il faut, toujours sur la base de cette constitution, recourir au peuple souverain pour lui proposer par référendum un nouveau projet de constitution, une nouvelle constitution.

L'article 86 alinéa premier de la constitution de 2002 dispose que le Président de la République peut, après consultation des Présidents des deux chambres du Parlement, soumettre au référendum tout projet de loi portant sur l'organisation des pouvoirs publics, les garanties des droits et des libertés fondamentaux, l'action économique et sociale de l'Etat ou tendant à autoriser la ratification d'un traité.

Certains juristes ou même parfois des hommes politiques congolais ont estimé que cet article 86 encadrait les compétences du Président de la République en cette matière et n'édictait pas qu'il lui était autorisé d'appeler le peuple au référendum pour un changement de constitution.
Il s'agissait vraisemblablement de notre point de vue d'une erreur de droit de la part de ces compatriotes. L'article 86 dispose clairement que le Président peut soumettre au référendum tout projet de loi portant sur l'organisation des pouvoirs publics, les garanties des droits et des libertés fondamentaux.

Or, selon le Droit constitutionnel, la constitution est l'ensemble des règles qui organisent les *pouvoirs publics* et leurs rapports entre eux (gouvernement, parlement, président, roi, etc.), d'autre part, c'est elle qui régule les *libertés publiques* (ou libertés fondamentales) qui sont accordées à toute personne résidant sur le territoire ou ressortissante de l'Etat concerné. On retrouve le plus souvent dans cette dernière catégorie des droits ou libertés tels que la liberté d'aller et venir, la liberté d'expression, etc. C'est le sens de l'article 16 de la Déclaration des droits de l'Homme et du citoyen de 1789 : « Toute société, dans laquelle la garantie des droits n'est pas assurée ni la séparation des pouvoirs déterminée, n'a point de Constitution ». L'article 86 dispose sans ambiguïté que le Président peut soumettre au référendum tout projet de loi portant sur l'organisation des pouvoirs publics, les garanties des droits et des libertés fondamentaux ; il sied ici de rappeler que selon la théorie de la *hiérarchie des normes,* la Constitution se trouve être la *loi* fondamentale qui légitime toutes les normes inférieures, c'est-à-dire l'ensemble des lois qui, dans un pays, règle l'organisation et les rapports des pouvoirs publics et, éventuellement, détermine les principes qui régissent les relations des gouvernants et des gouvernés.
En outre, lorsque le constituant édicte dans l'article 86 que le président de la République peut soumettre au référendum tout projet de loi, il n'exclut aucune catégorie de loi ; car il existe plusieurs types de lois qui correspondent soit à un domaine particulier d'intervention, soit à une procédure particulière d'adoption (les *lois constitutionnelles* (art.185), ***les** lois référendaires* (art.86), les *lois organiques* (art.125) et les *lois ordinaires* (art.111)).

Du reste, si le constituant de 2002 avait voulu encadrer les pouvoirs du Président de la République issus de l'article 86 de la constitution, il aurait précisé stricto sensu qu'il lui était interdit de soumettre au référendum un projet de constitution, ou une quelconque loi référendaire, or tel n'est pas le cas ; par contre, le constituant l'a fait pour la limitation du nombre de mandats présidentiels et la limite d'âge pour accéder à la fonction présidentielle.

En outre, au regard de la constitution du 20 janvier 2002, l'option de préparer un projet de texte à soumettre directement par voie de référendum au peuple trouve sa légitimité constitutionnelle dans les dispositions des articles 3 alinéa 1er et 110 alinéa 3 de la constitution selon lesquelles « la souveraineté nationale appartient au peuple, qui l'exerce au moyen du suffrage universel par ses représentants élus, ou par voie de référendum » (article 3).

« Le parlement a l'initiative des lois concurremment avec le Président de la République » (article 110 alinéa 3).

Aussi, si son Excellence Monsieur le Président de la République le juge nécessaire, il peut selon l'article 3 alinéa 1er de la constitution soumettre directement au référendum un projet de constitution, c'est-à-dire une nouvelle *loi* fondamentale, une *loi* référendaire, cela serait à notre avis une procédure conforme aux dispositions précitées. Cette nouvelle constitution permettra, à coup sûr, une spectaculaire progression de la démocratie dans notre pays.

Le Président de la République ayant constaté que ce débat sur la Constitution du 20 janvier 2002 engendrait des positions en faveur ou contre le changement de celle-ci, avait décidé d'inviter, du 20 mai au 10 juin 2015, les principaux responsables des institutions de la République, ainsi que ceux ayant occupé, à un moment, ou un autre, de hautes responsabilités de l'Etat, pour les écouter. Il a donc reçu les responsables des institutions nationales, ancien chef d'Etat, ancien président de l'Assemblée nationale, ancien Premier ministre, anciens ministres, représentants des partis politiques, dirigeants des associations de défense des droits de la femme, dirigeants syndicaux, représentants des associations d'élèves et étudiants, des personnes vivant avec handicap, des ex-combattants, autorités traditionnelles et dignitaires religieux.

Ils ont évoqué avec le Président de la République des questions diverses touchant à la vie de la nation et de notre société.
Tous les participants aux consultations se sont surtout prononcés sur deux questions majeures : la gouvernance électorale et l'avenir des institutions.

Au-delà des nuances et des divergences, l'unanimité s'était formée autour de l'urgente nécessité d'aller à un dialogue national sans exclusive, sans préalable, sans a priori, afin que, dans la confiance et la sérénité, se dégage un indispensable consensus sur les questions à l'origine de profonds désaccords au sein de l'opinion nationale.
Toutes les délégations avaient demandé au Président de la République de créer les conditions nécessaires à l'organisation de ce dialogue.
Ayant accepté de donner une suite favorable à cet appel, le Président de la République avait décidé de convoquer le dialogue national du 13 au 17 juillet 2015 à Sibiti. Ce dialogue traitera de deux questions essentielles :

1- Comment voudrait-on organiser au mieux les scrutins à venir dans notre pays ?
2- Fait-on, ou non, évoluer les institutions de la République ? Si c'est oui dans quel sens souhaite-t-on les faire évoluer ? Et si c'est non pourquoi ?

Le Président de la République dans son message sur l'état de la nation 2015 a précisé que la démocratie c'est aussi, et bien sûr, le dialogue sain entre les citoyens, entre tous les acteurs de la vie publique, parce qu'il n'y a pas meilleure vie en démocratie que celle du débat public, qui permet à toutes les opinions, à toutes les contradictions de s'exprimer librement.
Nous ajouterons que le dialogue est une exigence de la charte de l'Union africaine pour la démocratie, les élections et la gouvernance, ainsi qu'une des recommandations de l'organisation internationale de la francophonie.

Du reste, il sied de rappeler que notre pays a connu d'édifiantes expériences de recherche d'accords et de compromis par la concertation :

- La conférence nationale du parti (Brazzaville 1972) ;
- La conférence nationale souveraine (Brazzaville 1991) ;
- Le forum pour la paix, l'unité, la réconciliation et la reconstruction du Congo (Brazzaville 1998) ;

- Le dialogue national sans exclusive (Brazzaville 2001), etc.

Le décret n°2015-691 du 9 juillet 2015 crée le dialogue national 2015 et en détermine l'organisation et les attributions. Un autre décret du Président de la République en indique le lieu et la durée. Etaient concernés par le dialogue national 2015 :

- Les partis et associations politiques ;
- La société civile ;
- Les confessions religieuses ;
- Les Institutions constitutionnelles ;
- L'administration publique ;
- Les individualités ;
- La commission préparatoire du dialogue 2015.

Les travaux du dialogue national 2015 se sont tenus en commissions spécialisées et en plénière.

Les commissions spécialisées étaient :

1-La commission réforme des institutions ;

2-La commission gouvernance électorale.

La gouvernance électorale est un concept nouveau et complexe mais pourtant de nos jours, d'utilisation fréquente dans les milieux politiques. Ce débat sur la gouvernance électorale se définit sur toutes les questions liées à la préparation des élections politiques, à leur organisation, à la proclamation des résultats électoraux, au contentieux électoral, à l'existence d'une administration professionnelle et stable, dotée de cadres compétents et motivés et d'instruments juridiques performants.

En considération des scrutins à venir, il était d'une impérieuse nécessité que le dialogue national 2015 procède à :

- Une analyse critique du dispositif actuel d'organisation des élections ;
- L'évaluation de la mise en œuvre des recommandations des concertations politiques de Brazzaville, d'Ewo et de Dolisie ;
- Une approche de solutions aux faiblesses identifiées ;
- Une proposition de modalités et du calendrier de mise en œuvre du dispositif d'organisation des élections.

Au sujet des institutions à faire évoluer, il s'agissait du Président de la République, de l'assemblée nationale et du sénat, du Gouvernement, de la Cour suprême et des autres juridictions nationales, de la Cour

constitutionnelle, de la haute Cour de justice, du Conseil économique et social, du Conseil supérieur de la liberté de communication, du Médiateur de la République, de la Commission nationale des droits de l'Homme, de la Police nationale, de la Gendarmerie nationale et des Forces armées congolaises.
Faire évoluer les institutions publiques instituées par la Constitution ou découlant de la Constitution, ce n'était ni plus ni moins que s'interroger sur le devenir immédiat de la Constitution elle-même.
L'évolution des institutions implique nécessairement que soit jeté un regard sur la Constitution, en particulier sur la question de savoir qu'est-ce que c'est qu'une Constitution et ce, afin qu'il soit acquis que tous les protagonistes dans le débat politique à venir parlent de la même chose, qu'ils aient la même compréhension.
Le dialogue national 2015 s'était déroulé donc à Sibiti, chef-lieu du département de la Lekoumou du 13 au 17 juillet 2015. Au sortir des travaux dudit dialogue, les conclusions suivantes avaient été adoptées par les participants.

La commission « Gouvernance électorale », après des débats fructueux, avait dégagé un consensus sur les points d'amélioration suivants :
1. La CONEL :
Les participants ont convenu en accord avec les recommandations de la concertation politique de Dolisie, de la nécessité d'instituer la CONEL en un organe permanent indépendant, jouissant d'une autonomie administrative et financière renforcée. La parité en son sein devra être étendue jusque dans les bureaux de vote.

2. Le découpage électoral :
Le principe de procéder à la révision du découpage électoral, en tenant compte des évolutions démographiques dans certaines localités avant les législatives de 2017, a été adopté.

3. La biométrie :
Le principe d'introduire la biométrie dans le processus électoral en République du Congo a été réaffirmé. Sa mise en œuvre se fera de façon progressive.

4. Le bulletin unique :
L'usage du bulletin unique se fera, à titre expérimental, à l'élection présidentielle de 2016.

5. Les listes électorales :
L'élection présidentielle de 2016 pointant à l'horizon, les listes électorales feront l'objet d'une révision sur la base des données du Recensement administratif spécial (RAS), étant donné que celles-ci avaient été réalisées de façon paritaire par l'ensemble des parties prenantes aux élections.

6. La suppression de la directive « ville morte ».
Le principe du maintien de la « ville morte » afin de prévenir la transhumance des électeurs d'une part, et le trafic d'influence d'autre part, a été réaffirmé.

7. La loi sur les partis politiques.
Les participants exigent l'application de la loi sur les partis politiques dans toute sa rigueur ainsi que la création des conditions, par l'Etat, pour favoriser l'ancrage des partis politiques sur toute l'étendue du territoire national.

8. La transparence électorale
Les participants reconnaissent que le système électoral en République du Congo a connu des avancées significatives et qu'il permet l'organisation des scrutins justes, libres et transparents. Ils relèvent, cependant, que le problème réside dans le manque de rigueur dans l'application des textes en vigueur. Ils ont aussi stigmatisé le comportement des acteurs politiques.

9. La compétence de l'administration territoriale.
Les participants ont reconnu que l'implication des autorités locales (préfets, maires, sous-préfets, etc.) sur le plan logistique et dans la maîtrise de l'espace territorial est essentielle dans le dispositif électoral. Toutefois, les participants ont déploré l'influence qu'exerce sur elles leur hiérarchie respective. En conséquence, ils ont confirmé le statu quo sur leur retrait des présidences des commissions d'organisation locales des élections.

10. Le renforcement des capacités des personnels et acteurs électoraux.
Les participants ont insisté sur l'intérêt et la nécessité de la formation des personnels électoraux, la moralisation des acteurs politiques, l'éducation et la sensibilisation des électeurs.

11. L'implication des médias.
Nonobstant le travail effectué par l'organe de régulation des médias et pour garantir davantage la transparence et la visibilité du processus électoral, le rôle des médias doit être affirmé.

12. Le financement des campagnes électorales.
En vue de garantir l'équité, l'égalité des chances et la justice sociale, il convient à l'avenir d'étudier le principe du plafonnement des dépenses des campagnes électorales dans une loi.

Les débats au sein de **la commission réforme des institutions** ont fait ressortir trois tendances :

- La première a porté sur l'évolution des institutions par le changement de constitution ;
- La deuxième a porté sur l'évolution des institutions par la révision ;
- La troisième a porté sur le maintien de l'actuelle constitution.

Une très large majorité s'est dégagée en faveur de la première tendance.

Les évolutions proposées par celle-ci portent sur la volonté de réformer nos institutions en conciliant les valeurs universelles de la démocratie et les réalités politiques, sociales et culturelles de notre pays.

A cet effet, les réformes à engager porteront sur :

a. L'institutionnalisation des valeurs du dialogue et du partage ;
b. L'institutionnalisation d'un exécutif bicéphale par la création d'un poste de Premier ministre, nommé par le Président de la République, responsable devant celui-ci.
c. La fixation sur l'âge pour être éligible à l'élection présidentielle à 30 ans minimum ;
d. La fixation de la durée du mandat présidentiel à cinq ans renouvelable ;
e. L'institutionnalisation d'une gouvernance qui prenne en compte les différentes composantes de la société congolaise, notamment les femmes, les jeunes, les personnes vivant avec handicap et les populations autochtones ;
f. Le renforcement des pouvoirs du Parlement sur le contrôle de l'action de l'Exécutif, notamment par l'usage de la motion de

défiance à l'encontre d'un membre du Gouvernement et de la motion de censure contre le Gouvernement ;

g. La reconnaissance du statut particulier de l'opposition ;

h. La reconnaissance du statut des anciens Présidents de la République, des anciens Présidents des chambres parlementaires et des anciens Premiers ministres ;

i. Le renforcement de la décentralisation ;

j. La prise en compte des notabilités traditionnelles et religieuses ;

k. La prise en compte de la diaspora ;

l. La prise en compte des questions de protection de l'environnement.

Pour une minorité des participants, qui ne s'oppose pas à une évolution des institutions, les points visés peuvent être réglés par le mécanisme de la révision et ne nécessitent pas un changement de constitution.

Une autre minorité prône le statu quo, à savoir le maintien en toutes ses dispositions de la constitution de 2002.

En considération de ce qui précède, les participants au dialogue national 2015, ont, par consensus, opté pour les réformes institutionnelles et s'en remettent au Président de la République, initiateur du dialogue pour qu'il en tire les conséquences conformément à ses prérogatives constitutionnelles.

Aux termes des travaux, les participants au Dialogue national 2015 avaient recommandé :

1. L'inscription au budget de l'Etat d'une subvention au profit de la CONEL ;
2. La mise en place d'un Comité Ad hoc de suivi des recommandations issues du Dialogue national 2015.

Dans un message à la nation diffusé le mardi 22 septembre 2015 sur les antennes de la télévision nationale, le Président de la République avait annoncé la tenue dans un proche horizon d'un scrutin référendaire en vue de l'adoption d'une nouvelle constitution. Le Président de la République avait longuement fait allusion dans ce message au débat qui a eu lieu au sein de la classe politique et de la société congolaise sur l'évolution des institutions, évoqué les consultations politiques organisées à Brazzaville ainsi que le dialogue national de Sibiti. Il avait rappelé qu'une majorité des Congolais s'était prononcée en faveur de l'évolution des institutions. Le Président de la République avait dit également avoir recueilli les avis de la Cour suprême et de la Cour

constitutionnelle favorables à cette démarche qui s'appuie sur les articles 3 et 110 de la constitution du 20 janvier 2002.
Par décret n°2015-914 du 21 septembre 2015 le Président de la République avait mis en place la commission d'élaboration du projet de constitution et par un autre décret n°2015 -915 du 21 septembre 2015, il avait nommé les membres de cette commission.
Cette commission avait comme feuille de route, les orientations reçues de son excellence monsieur le Président de la République, telles que celui-ci les avait définies lors de son message à la nation, à savoir, l'élaboration d'un projet de loi constitutionnelle énonçant : « les principes fondamentaux de la république, définissant les droits et devoirs des citoyens et fixant les nouvelles formes d'organisation et les nouvelles règles de fonctionnement de l'Etat », d'autre part la commission avait comme termes de référence politiques, juridiques et techniques les conclusions du dialogue de Sibiti.
Conformément à l'article 118 de la constitution, le Président de la République a soumis pour avis à la Cour suprême le projet de loi constitutionnelle que lui avait déposé la commission. Celle-ci a rendu l'avis n°024/CS du 2 octobre 2015 qui autorise le gouvernement à procéder à l'examen et à l'adoption du projet de loi portant Loi constitutionnelle. Cela a été réalisé le 05 octobre 2015 en réunion du Conseil des ministres qui a convoqué le référendum sur le projet de constitution pour le 25 octobre 2015. La campagne électorale en vue du référendum s'était ouverte le vendredi 9 octobre 2015 à 09 h 00, et avait pris fin le vendredi 23 octobre 2015 à 24 heures.
Le projet de la nouvelle loi constitutionnelle compte un préambule et *246 articles* répartis dans *21 titres.*
Le préambule proclame l'attachement du peuple congolais à la paix, à la forme unitaire et au caractère indivisible mais décentralisé de l'Etat, à l'unité nationale et à la cohésion sociale. Il énonce les principes d'égalité, de fraternité, de partage et de solidarité. Le dialogue y est perçu comme moyen de règlement pacifique des désaccords ou conflits d'ordre politique.
Il proclame également que la souveraineté nationale est inaliénable, et que les richesses nationales doivent servir au développement de la nation congolaise.
Par ailleurs, les droits et libertés fondamentaux et les instruments juridiques internationaux sur les droits humains dûment ratifiés par notre pays font partie intégrante de ce préambule.

Le **Titre 1er**, sur l'Etat et la souveraineté, innove sur un point essentiel : l'Etat congolais devient un Etat unitaire, indivisible et *décentralisé*. En constitutionnalisant la décentralisation, de nombreuses compétences jusqu'ici gérées par l'Etat central seront transférées aux collectivités locales.

Au **Titre II**, intitulé « Des droits et libertés et devoirs des citoyens », l'innovation essentielle est *l'abolition de la peine de mort* en République du Congo.

Autre innovation majeure, outre le rappel de la garantie des grandes libertés publiques et individuelles, la prise en compte de la situation particulière des femmes, des jeunes et des personnes vivant avec handicap, avec l'obligation constitutionnelle pour l'Etat de contribuer à l'épanouissement de ces catégories.

Le nouveau texte fait en outre de l'objectif de parité hommes/femmes, une norme constitutionnelle qui devra être au cœur des politiques des institutions de la nouvelle République.

Le **Titre III**, « Des partis politiques », contient pour sa part deux innovations majeures : la première consiste en la libre adhésion aux partis qui est érigée en norme constitutionnelle.

La seconde innovation est la reconnaissance constitutionnelle d'un statut de l'opposition politique, statut qui sera déterminé par une loi qui sera votée par le Parlement.

Les **Titres IV**, **V** et **VI** traitent du pouvoir exécutif, du pouvoir législatif et des rapports entre eux.

Première innovation : le mandat du chef de l'Etat est réduit de 7 à 5 ans renouvelable 2 fois. Le projet prévoit d'autoriser les Congolais âgés de 30 ans au moins à se présenter à l'élection présidentielle, contre 40 ans sous la constitution de 2002.

Le Président de la République nomme un Premier ministre. Les deux se concertent pour le choix des ministres.

Autre proposition majeure : la mise en accusation éventuelle du chef de l'Etat ; la responsabilité pénale du Président de la République peut être engagée en cas de manquement grave à ses devoirs, manifestement incompatible avec l'exercice de sa haute fonction. Ce qui fait que le Président de la République devienne, comme tous les sujets de l'Etat, un justiciable comme les autres, nonobstant le privilège de juridiction lié au caractère éminent de sa fonction, puisqu'il est justiciable devant la Haute Cour de justice.

Changement majeur encore : Le Premier ministre sera chef du Gouvernement, à la place du chef de l'Etat. Il est doté des prérogatives puissantes, à même de lui permettre d'imprimer sa marque sur la politique quotidienne du pays et est responsable avec son Gouvernement devant le Président de la République et l'Assemblée nationale.

Autre innovation de taille : l'institution de moyens d'actions réciproques entre l'Exécutif et le législatif. Aussi, le Président de la République pourra-t-il dissoudre l'Assemblée nationale, tandis que celle-ci pourra renverser le Gouvernement par le vote d'une motion de censure.

Enfin, le projet précise et clarifie les rapports entre les deux pouvoirs, exécutif et législatif, en déterminant de manière plus exhaustive les domaines respectifs de la loi et du règlement.

Les Titres **VII** à **XVII** du projet de constitution reprennent pour l'essentiel les dispositions de la constitution de 2002 qui consacraient le pouvoir judiciaire, un certain nombre d'institutions constitutionnelles d'accompagnement de la démocratie (Médiateur de la République, Commission des droits de l'Homme, Conseil supérieur de la communication, etc.), certains instruments de gestion de l'Etat (Force publique, notamment), et enfin les conditions de ratification des traités et accords internationaux.

Il convient de relever, au Titre XIV sur les collectivités locales, que le fait de vouloir faire du Congo un Etat décentralisé a été un objectif majeur de la nouvelle République. Concrètement, la Nouvelle République transférera dans les meilleurs délais aux collectivités locales, des compétences aussi importantes, dans la vie quotidienne des Congolaises et des Congolais, que :

- L'enseignement préscolaire, primaire et secondaire ;
- L'urbanisme et l'habitat ;
- La santé de base, l'action sociale et la protection civile ;
- La prévention et la réduction des risques, ainsi que la gestion des catastrophes ;
- L'agriculture, l'élevage et la pêche ;
- Les transports urbains ;
- Le sport et l'action culturelle.

Les Titres XVIII et XIX contiennent des innovations majeures à même de renforcer le « vivre-ensemble » dans notre pays, et de donner un caractère encore plus inclusif aux futures institutions du Congo.

Le Titre XVIII, intitulé « Du statut des anciens dirigeants du Congo », vient réparer une situation qui n'honorait pas notre pays. La Nation devant se souvenir de ces dignes filles et fils l'ayant servie à des niveaux très élevés, l'article 224 du projet de constitution prévoit que les anciens

Présidents de la République percevront une allocation spéciale à titre de pension ;
Les articles 225 et 226 prévoient de même la détermination par voie législative et/ou réglementaire des conditions de la reconnaissance de la Nation en faveur des autres dirigeants ayant servi la nation, et devant en obtenir la reconnaissance.
Enfin, le Titre XIX renforce le caractère inclusif de nos institutions nationales, et leur ouverture aux couches montantes, aux couches féminines, ainsi qu'à tout ce qui fait la diversité de notre pays. Sont créés, comme organes constitutionnels :

- Un Conseil consultatif des femmes ;
- Un Conseil consultatif des personnes vivant avec handicap ;
- Un Conseil consultatif de la jeunesse ;
- Un Conseil consultatif des sages et des notabilités traditionnelles ;
- Un Conseil consultatif de la société civile et des ONG ;
- Un Conseil consultatif du dialogue national.

Le projet de constitution donnera à notre pays des institutions plus souples et plus proches des préoccupations de nos concitoyens et de la classe politique.
Il fera également de la Nouvelle République un espace plus fraternel, et davantage ouvert aux couches dynamiques de notre société. La Nouvelle République permettra le rajeunissement et la féminisation de notre classe politique, tant au niveau national que local.
La Nouvelle République donnera à nos institutions un caractère plus équilibré. Elle sera fondée sur un modèle de gouvernance qui respectera les standards démocratiques internationaux, et s'appuiera sans honte ni restriction sur ce que nos traditions, us et coutumes ont de meilleur, caractéristiques propres à donner à chaque citoyen, les moyens et l'envie de s'impliquer dans le débat public.
Le 25 octobre 2015 une nouvelle Constitution est soumise au référendum et adoptée à une très grande majorité par le peuple.
Le Président de la République, garant des institutions nationales, l'a promulguée le 6 novembre 2015. La promulgation de cette loi fondamentale marque l'entrée du Congo dans une Nouvelle République et ce, grâce à la volonté du peuple exprimée dans les urnes. La nouvelle Constitution apporte des innovations importantes. Elle a donc élaboré

des réformes en profondeur dans notre pays en ce qui concerne les institutions publiques.

Dans l'esprit de l'article 94 alinéa 2 de la constitution du 25 octobre 2015, le Président de la République avait adressé, le mardi 22 décembre 2015, un message à l'assemblée nationale réunie en séance plénière, au palais des congrès. Dans ce message, le chef de l'Etat a annoncé la tenue de l'élection présidentielle, courant premier trimestre 2016.

Le 23 janvier 2016, le président de la République a promulgué la loi n°1-2016 du 23 janvier 2016 modifiant et complétant certaines dispositions des lois n°5-2007 du 25 mai 2007, n°9-2012 du 23 mai 2012 et n° 40-2014 du 1er septembre 2014 modifiant et complétant certaines dispositions de la loi électorale. L'article 17 nouveau de celle-ci crée une commission nationale électorale indépendante (CNEI). Celle-ci est un organe indépendant, doté de l'autonomie financière. Son indépendance s'entend de la capacité de fonctionner effectivement et de prendre des décisions concernant l'organisation, la gestion et la conduite des opérations électorales. La commission nationale électorale indépendante garantit l'impartialité, la transparence et la régularité des élections ainsi que le caractère juste des résultats issus des opérations de vote. C'est une innovation majeure dans l'organisation des scrutins et une évolution inestimable de la gouvernance électorale que la classe politique devrait saluer. En effet, la question de l'indépendance de l'organe chargé du processus électoral a très souvent été au cœur de dissensions entre les acteurs politiques et l'administration publique dépositaire légal des actes électoraux. Cette loi dispose que la CNEI sera dotée d'un bureau de coordination de douze membres dont « un président et quatre vice-présidents proposés respectivement par les partis politiques de la majorité, de l'opposition, du centre et par la société civile. La CNEI est entrée en fonction le 23 février 2016 avec l'installation de ses membres par le ministre de l'Intérieur et de la Décentralisation.

L'élection présidentielle avait été prévue pour le 20 mars 2016 et la campagne électorale du 4 au 18 mars 2016. Neuf candidats ont été officiellement retenus par la cour constitutionnelle, il s'agit de :

-Denis Sassou-N'guesso

- Joseph Kignoumbi kia Mboungou

-Anguios Nganguia Engambe

-André Okombi Salissa

-Jean Marie Michel Mokoko

-Pascal Tsaty Mabiala

-Guy Brice Parfait Kolela
-Munari née Mabonzo Claudine
-Michel Mboussi Ngouari
La campagne électorale s'était bien déroulée, aussi tous les candidats ont pu vaquer normalement à leurs activités de campagne.
Le comité de suivi de la convention pour la paix et la reconstruction du Congo, instance chargée d'observer les élections dans le pays avait annoncé le déploiement de 362 observateurs nationaux ; chacun d'eux couvrira entre huit et seize bureaux de vote. Le ministère des Affaires étrangères avait indiqué, dans un communiqué publié le 14 mars 2016 à Brazzaville, que l'Union africaine (UA) avait confirmé l'envoi d'une mission d'observation de l'élection présidentielle du 20 mars. Il y a eu aussi des observateurs de la Communauté économique des Etats de l'Afrique centrale (CEEAC).

Les résultats de ce scrutin présidentiel, publiés par le ministre de l'Intérieur et de la Décentralisation, confirmés par la Cour constitutionnelle dans sa décision rendue le lundi 4 avril 2016, consacrent la victoire, dès le premier tour de l'élection, avec 60,19% des suffrages exprimés, du candidat Denis Sassou-N'guesso.
Les missions d'observation électorales, notamment celles de la diaspora africaine en Europe et Groupe Agir Europe-Afrique ont qualifié, le 22 mars 2016 à Brazzaville, de libre, juste et transparente, l'élection présidentielle du 20 mars 2016 au Congo. En outre, la mission d'observation de l'Union africaine a rendu publiques ce même 22 mars les conclusions préliminaires de sa mission à la presse nationale à Brazzaville et a dit sa satisfaction quant à l'organisation et au déroulement du 1er tour de l'élection présidentielle au Congo.
Denis Sassou-N'Guesso a été installé dans son fauteuil présidentiel le samedi 16 avril 2016 par la Cour constitutionnelle au cours d'une cérémonie d'investiture, devant plusieurs chefs d'Etats et de gouvernement et de nombreux représentants de corps diplomatiques accrédités au Congo.
Le 23 avril 2016 par décret n° 2016-117, le Président de la République nomme monsieur Mouamba Clément Premier ministre, chef du Gouvernement.
Monsieur Clément Mouamba aura la responsabilité de la conduite de la politique économique et sociale de la Nation. Il aura, en outre, la mission d'assurer l'exécution des lois et d'exercer le pouvoir réglementaire dans les matières autres que celles relevant des décrets en Conseil des

ministres. Il pourrait nommer aux emplois civils et militaires autres que ceux pourvus en Conseil des ministres ou par décret simple du Président de la République. Ses prérogatives lui recommandent également de suppléer le chef de l'Etat dans la présidence des Conseils de défense ainsi que des organes supérieurs d'orientation, de suivi et de décision stratégique en matière de défense et de sécurité. Le Premier ministre aura, par ailleurs, le droit de convoquer et tenir le Conseil de cabinet, ainsi que la présidence des comités interministériels.

Comme le stipule l'article 103 de la nouvelle loi fondamentale, Clément Mouamba, en sa qualité de 1er ministre, à son entrée en fonction, présentera devant l'Assemblée nationale le programme d'action du Gouvernement.

Le 30 avril 2016 un décret présidentiel n° 2016-168 du 30 avril 2016 nomme le nouveau gouvernement de la nouvelle République. Il s'agit d'une équipe de 38 membres formée d'une grande partie des jeunes. Sept femmes ont fait leur entrée dans cette équipe gouvernementale.

Voici la liste des membres du Gouvernement de la nouvelle République.

1- Ministre d'Etat, ministre de l'Agriculture, de l'Élevage et de la Pêche, M. Henri Djombo ;

2- Ministre d'Etat, ministre de l'Économie, du Développement industriel et de la Promotion du secteur privé, M. Gilbert Ondongo ;

3- Ministre d'Etat, ministre de la Construction, de l'Urbanisme, de la ville et du Cadre de vie, M. Alphonse Claude NSILOU ;

4- Ministre de l'Intérieur, de la Décentralisation et du Développement local, M. Raymond ZéphirinMboulou ;

5- Ministre des Mines et de la Géologie, M. Pierre Oba ;

6- Ministre de l'Aménagement du territoire et des Grands travaux, M. Jean-Jacques Bouya ;

7- Ministre des Hydrocarbures, M. Jean-Marc Thystere Tchikaya ;

8- Ministre des Affaires étrangères, de la Coopération et des Congolais de l'étranger, M. Jean-Claude Gakosso ;

9- Ministre de la Défense nationale, M. Charles Richard Mondjo ;

10- Ministre du Commerce extérieur et de la Consommation, M. Euloge Landry Kolelas ;

11- Ministre du Travail et de la Sécurité sociale, M. Émile Ouosso ;

12- Ministre des Finances, du Budget et du Portefeuille public, M. Calixte Nganongo ;

13- Ministre de la Communication et des Médias, porte-parole du Gouvernement, M. Thierry Moungalla ;

14- Ministre des Transports, de l'Aviation civile et de la Marine marchande, M. Gilbert Mokoki ;

15- Ministre de l'Enseignement supérieur, M. Bruno-Jean Richard ITOUA ;

16- Ministre de la Recherche scientifique et de l'Innovation technologique, M. Hellot Matson Mampouya

17- Ministre de la Justice, des Droits humains et de la Promotion des peuples autochtones, M. Pierre Mabiala ;

18- Ministre des Petites et moyennes entreprises, de l'Artisanat et du Secteur informel, Mme. Yvonne Adélaïde Mougany ;

19- Ministre de l'Énergie et de l'Hydraulique, M. Serge Blaise Zoniaba ;

20- Ministre des Sports et de l'Éducation physique, M. Léon Alfred Opimbat ;

21- Ministre de l'Enseignement primaire, secondaire et de l'alphabétisation, M. Anatole Collinet Makosso ;

22- Ministre des Affaires foncières et du Domaine public, M. Martin Parfait Aimé Coussoud Mavoungou ;

23- Ministre de l'Équipement et de l'Entretien routier, M. Josué Rodrigue Ngounimba ;

24- Ministre des Zones économiques spéciales, M. Alain Akouala Atipault ;

25- Ministre de l'Enseignement technique et professionnel, de la Formation qualifiante et de l'Emploi, M. Nicéphore Antoine Thomas Fylla Saint-Eudes ;

26- Ministre de l'Économie forestière, du Développement durable et de l'Environnement, Mme. Rosalie Matondo ;

27- Ministre de la Fonction publique et de la Réforme de l'Etat, M. Ange Aimé Bininga ;

28- Ministre de la Santé et de la Population, Mme. Jacqueline Lydia Mikolo ;

29- Ministre des Postes et des Télécommunications, M. Léon Juste Ibombo ;

30- Ministre du Plan, de la Statistique et de l'Intégration régionale, Mme. Ingrid Olga Ghislaine Ebouka-Babackas ;

31- Ministre du Tourisme et des Loisirs, Mme. Arlette Soudan Nonault ;

32- Ministre de la Culture et des Arts, M. Leonidas Carrel Mottom Mamoni ;

33- Ministre des Affaires sociales, de l'Action humanitaire et de la Solidarité, Mme. Antoinette Dinga-Dzondo ;

34- Ministre de la Promotion de la femme et de l'Intégration de la femme au développement, Mme. Inès Bertille Néfer Bertille Ingani ;

35- Ministre de la Jeunesse et de l'Éducation civique, Mme. Destinée Herrmella Doukaga ;

36- Ministre délégué auprès du Premier ministre, chargé des Relations avec le Parlement, M. Digne Elvis Tsalissan Okombi ;

37- Ministre délégué auprès du Premier ministre, chargé de l'Économie numérique et de la Prospective, M. Benoît Bati ;

38- Ministre délégué auprès du ministre de l'Intérieur, de la Décentralisation et du Développement local, chargé de la Décentralisation et du Développement local, M. Charles Nganfouomo.

Le Premier ministre, qui dispose d'une place de choix parmi les institutions de la République, est doté par conséquent de services étoffés, notamment son cabinet.

Le cabinet du Premier ministre

Le Premier ministre dispose d'un cabinet. Celui-ci est en grande partie composé de hauts fonctionnaires. Le *directeur du cabinet* du Premier ministre organise le travail des membres du cabinet et, en l'absence du chef du Gouvernement, est habilité à prendre certaines décisions en son nom.

Les autres membres du cabinet sont des « conseillers » ou des « chargés de mission », qui suivent la politique menée par le gouvernement dans leur domaine de spécialité, tout en nourrissant la réflexion du Premier ministre dans le secteur de la politique nationale.

En réalité, le cabinet du Premier ministre ne se distingue pas vraiment des cabinets ministériels. La seule différence notable concerne le nombre de ses membres qui, aujourd'hui, est de 35.

Un décret n° 2016-175 du 30 mai 2016 portant structuration et attributions du cabinet du Premier ministre, chef du Gouvernement est signé par le Premier ministre et publié le 30 mai 2016, dont le contenu se trouve en annexe de cet ouvrage. Dans un décret 2016-199 du 30 juin 2016, portant nomination de conseillers spéciaux et conseillers du premier ministre, chef du Gouvernement, ce dernier a nommé trente-cinq conseillers.

Le 17 janvier 2018, par un décret n° 2018-13, le Premier Ministre nomme des nouveaux conseillers. Ils sont désormais vingt-six (26).

CHAPITRE II

LE PRÉSIDENT DE LA RÉPUBLIQUE DANS LA NOUVELLE CONSTITUTION

Section I : Le statut du Président de la République

Paragraphe 1- L'élection du Président de la République

Le Président de la République est le chef de l'Etat. Il est garant de l'indépendance nationale, de l'intégrité du territoire, de l'unité nationale, du respect de la Constitution et des traités et accords internationaux. Il détermine la politique étrangère et de défense de la Nation. Le Président de la République est garant du fonctionnement régulier des pouvoirs publics et de la continuité de l'Etat.

Le Président de la République est élu pour un mandat de cinq (5) ans renouvelable deux (2) fois au suffrage universel direct, mode de désignation lui conférant une légitimité démocratique en rapport avec l'étendue de ses pouvoirs. Ceux-ci sont soit personnels (recours au référendum prévu aux articles 86 et 87 de la constitution, pouvoirs exceptionnels de l'article 93, nomination du Premier ministre article 83), soit soumis au contreseing des ministres.

Plus généralement, c'est au Président de la République qu'il incombe de veiller au respect de la Constitution, d'assurer le fonctionnement régulier des pouvoirs publics et de garantir l'indépendance nationale et l'intégrité territoriale. Il est le garant de l'indépendance du pouvoir judiciaire à travers le conseil supérieur de la magistrature.

La réalité des pouvoirs du Président de la République peut être modifiée dans certaines circonstances : lorsque la majorité présidentielle et la majorité législative coïncident, la fonction présidentielle prédomine ; à l'inverse, la « cohabitation » confère une suprématie politique de fait au Premier ministre :

Nul ne peut être candidat aux fonctions de Président de la République s'il :

- n'est de nationalité congolaise d'origine ;
- ne jouit de ses droits civils et politiques ;

- n'est de bonne moralité ;
- n'atteste d'une expérience professionnelle de huit (8) ans au moins ;
- n'est âgé de trente (30) ans révolus ;
- ne jouit d'un état de bien-être physique et mental dûment constaté par un collège de trois médecins assermentés désignés par la Cour constitutionnelle.

Le président de la République est élu au scrutin uninominal, à la majorité absolue des suffrages exprimés. Si celle-ci, n'est pas obtenue au premier tour du scrutin, il est procédé, vingt et un (21) jours après la proclamation des résultats par la Cour constitutionnelle, à un second tour. Ne peuvent se présenter au second tour que les deux candidats ayant obtenu le plus grand nombre de suffrages exprimés au premier tour. Le corps électoral est convoqué par décret en Conseil des ministres. Le premier tour du scrutin a lieu trente (30) jours au moins, et quarante (40) jours au plus, avant la date d'expiration du mandat du Président en exercice (article 69 de la constitution).

Si avant le premier tour, un des candidats décède ou se trouve définitivement empêché, la Cour constitutionnelle prononce le report de l'élection. En cas de décès ou d'empêchement définitif de l'un des candidats restés en lice pour le second tour, la Cour constitutionnelle déclare qu'il soit procédé de nouveau à l'ensemble des opérations électorales. Dans les cas visés ci-dessus, la Cour constitutionnelle, saisie soit par le Président de la République, soit par le Président de l'une ou de l'autre chambre du Parlement, soit par tout intéressé, peut proroger le délai prévu à l'article 69. Le scrutin doit avoir lieu dans les quatre-vingt-dix (90) jours à compter de la date de la décision de la Cour constitutionnelle. Si l'application de cette disposition a eu pour effet de reporter l'élection présidentielle au-delà de la date d'expiration du mandat du Président de la République en exercice, celui-ci demeure en fonction jusqu'à la prestation de serment de son successeur élu.

En cas de désistement de l'un des deux candidats qualifiés pour le second tour, l'élection se poursuit avec le candidat resté en lice.

La loi fixe les conditions et la procédure d'éligibilité, de présentation des candidatures, de déroulement du scrutin, de dépouillement et de proclamation des résultats de l'élection du Président de la République.

Elle prévoit également les conditions requises pour une élection libre, transparente, juste et régulière.

Si aucune contestation n'a été soulevée dans le délai de cinq (5) jours suivant la proclamation des résultats provisoires de l'élection du Président de la République et si la Cour constitutionnelle, saisie d'office,

estime que l'élection n'est entachée d'aucune irrégularité de nature à entraîner l'annulation du scrutin, elle proclame les résultats définitifs de celle-ci dans les quinze (15) jours suivant sa saisine.
En cas de contestation, la Cour constitutionnelle statue dans un délai de quinze (15) jours à compter de sa saisine et proclame les résultats définitifs. En cas d'annulation de l'élection par la Cour constitutionnelle, de nouvelles élections sont organisées dans un délai de quarante-cinq (45) à quatre-vingt-dix (90) jours à compter de la notification de la décision de la Cour constitutionnelle au Président de la République en fonction.
Dans ce cas, le Président de la République en exercice reste en fonction jusqu'à la prestation de serment du nouveau Président de la République élu.

Paragraphe 2- La question de la responsabilité du Président de la République

L'article 87 de la constitution congolaise du 20 janvier 2002 disposait que la responsabilité personnelle du Président de la République n'est engagée qu'en cas de haute trahison.
Le Président de la République ne peut être mis en accusation que par le parlement réuni en congrès statuant par vote au scrutin secret à la majorité des deux tiers de ses membres.

- **Les dispositions de la constitution du 25 octobre2015**

La constitution du *25 octobre 2015* érige en principe ce qui n'était qu'une exception en 2002, la responsabilité du Président de la République pour manquement à ses devoirs manifestement incompatible avec l'exercice de son mandat (notion qui, à la suite de la révision constitutionnelle du 19 février 2007 en France, a remplacé celle de haute trahison) article 95 de la constitution. Le constituant de 2015 a considéré que l'irresponsabilité du Président peut être considérée comme une faille du système. Au regard du mandat qui lui est confié, le Président de la République bénéficiait en 2002 d'un statut protecteur, qui s'analysait en réalité comme un double privilège : son irresponsabilité à raison des actes accomplis en sa qualité de chef de l'Etat, cette immunité emportant son inviolabilité pendant la durée de son mandat.
La définition donnée, en 1958, aux articles 67 et 68 de la Constitution française, de la responsabilité du Président de la République est apparue, au fil des années, incertaine et ambiguë ; l'article 67 de la Constitution française institue une inviolabilité temporaire totale pour la durée du

mandat, suspendant en matière civile et pénale tant les procédures engagées contre le Président de la République que la prescription, et prenant fin un mois après la cessation des fonctions.
Au cours du mandat, cette protection ne peut être levée que par le Parlement siégeant en Haute Cour et destituant le Président pour manquement à ses devoirs manifestement incompatible avec l'exercice de son mandat, le rendant alors à nouveau justiciable des juridictions de droit commun.
A l'incertitude relative de la notion de « haute trahison » s'ajoutait une ambiguïté sur la portée des dispositions de l'article 68 de la constitution française du 4 octobre 1958 pour les actes accomplis par le Président en dehors de l'exercice de ses fonctions. Ces dispositions ont été interprétées de façon divergente entre 1999 et 2001 par le Conseil constitutionnel puis la Cour de cassation.
Le constituant congolais de 2015 estime que le Président de la République peut être poursuivi pénalement et civilement pour les actes accomplis pendant l'exercice de ses fonctions, sans lien avec sa fonction ; c'est un justiciable comme tout autre citoyen. Une loi organique fixe les conditions et la procédure de mise en accusation du Président de la République.

Par contre, l'innovation est apportée par l'article 96 de la constitution *du 25 octobre 2015*. En effet, cet article confirme l'immunité traditionnelle dont bénéficie le Président de la République cette fois-ci pour des faits qualifiés crime ou délit ou pour manquement grave à ses devoirs commis à l'occasion de l'exercice de sa fonction mais contrairement à la loi Française, après la cessation de ses fonctions.
Aucune poursuite ne peut plus être exercée contre le Président de la République après la cessation de ses fonctions.
La violation des dispositions ci-dessus constitue le crime de forfaiture ou de haute trahison conformément à la loi.

Section II : Les pouvoirs du Président de la République

Paragraphe 1- Les pouvoirs propres

Il s'agit de pouvoirs que le Président de la République exerce sans contreseing.

1-Les pouvoirs de garantie et d'arbitrage

En matière constitutionnelle, l'article 64 de la Constitution, l'équivalent de l'article 5 de la constitution française du 4 octobre 1958, en proclamant que « le Président de la République est garant du respect de la Constitution », lui accorde en pratique un pouvoir d'interprétation de la Constitution (pouvoir dont le président français a usé à plusieurs reprises : usage du référendum pour la révision constitutionnelle, refus de signature des ordonnances par exemple).

2- Les pouvoirs de crise

Les pouvoirs exceptionnels de l'article 93 de la Constitution.

Cette disposition confère au Président de la République des pouvoirs exceptionnels de salut public. En France, l'équivalent de l'article 93 qui est l'article 16 n'a été appliqué qu'une seule fois en 1961, à la suite de la tentative de putsch militaire survenue à Alger.

Ces dispositions ont toujours constitué l'un des points les plus controversés de la Constitution française, même si le sujet a perdu beaucoup de son actualité. De fait, leur usage a été quelque peu encadré par la révision de la Constitution de juillet 2008.

Pour que le Président de la République puisse recourir aux pouvoirs exceptionnels de l'article 16, deux conditions de fond doivent être réunies :

- une « *menace grave et immédiate* » doit peser sur « *les institutions de la République, l'indépendance de la Nation, l'intégrité de son territoire ou l'exécution de ses engagements internationaux* » : sont en particulier visés les guerres et tous les mouvements insurrectionnels ;
- le fonctionnement régulier des pouvoirs publics constitutionnels doit être interrompu.

C'est au Président de la République qu'il appartient d'apprécier si les deux conditions sont remplies. S'il outrepassait ses droits, le Parlement pourrait se réunir en Haute Cour et le destituer pour manquement à ses devoirs manifestement incompatibles avec l'exercice de son mandat.

Les conditions de forme sont peu contraignantes se limitant à une consultation du Premier ministre et des Présidents des deux assemblées au Congo, et du Premier ministre, des Présidents des deux assemblées et du conseil constitutionnel en France ; le président de la République n'est pas tenu de suivre leurs avis, qui peuvent d'ailleurs être divergents, mais celui émis par le conseil constitutionnel doit être motivé et publié (Pierre PACTET Institutions politiques, Droit constitutionnel 10ème édition page 389). En cas d'application de cet article, la répartition des pouvoirs telle qu'elle est prévue par la Constitution n'est plus applicable et le Président de la République exerce les pleins pouvoirs.

Ce pouvoir s'exerce par voie de « décision » qui a la nature d'actes législatifs ou réglementaires selon qu'elles interviennent dans le domaine qui est ordinairement celui de la loi ou celui du règlement.

C'est en se fondant sur ce critère matériel et non organique que le Conseil d'État a jugé :

- les mesures qui portent sur des matières législatives échappent au contrôle du juge parce qu'elles constituent l'exercice du pouvoir législatif ;
- celles qui portent sur des matières réglementaires sont soumises au contrôle du Conseil d'État[1].

Nous proposons que dans le cadre d'une éventuelle révision constitutionnelle dans notre pays, il ne serait pas superflu de préciser comme en France que le Président de la République prend dans ce cas des mesures exigées par les circonstances, ces mesures doivent être inspirées par la volonté d'assurer aux pouvoirs publics constitutionnels, dans les moindres délais, les moyens d'accomplir leur mission, ainsi que le fait que les décisions prises par le Président de la République sont soumises pour avis à la cour constitutionnelle. Pendant la durée de mise en œuvre des pouvoirs exceptionnels, l'Assemblée nationale ne peut être dissoute.

Depuis la révision constitutionnelle française du 23 juillet 2008, il est précisé qu'après trente jours d'exercice des pouvoirs exceptionnels, le Conseil constitutionnel peut être saisi par le Président de l'Assemblée nationale, le Président du Sénat, soixante députés ou soixante sénateurs, aux fins d'examiner si les conditions énoncées pour recourir aux pouvoirs exceptionnels prévus par l'article 16 demeurent réunies. Le Conseil se prononce dans les délais les plus brefs par un avis public. Il

---

[1] C E 2 mars 1962, Rubin de Servens et autres Rec. 143, JCP. 1962. Concl Henry ; RDP. 1962, 294, Concl Henry AJDA. 1962, 214 chr. Galabert et Gentot D. 1962, 109, chr. G Morange GAJA 82

procède de plein droit à cet examen et se prononce dans les mêmes conditions au terme de soixante jours d'exercice des pouvoirs exceptionnels et à tout moment au-delà de cette durée.

3- Les prérogatives liées aux relations avec les autres institutions

Avec le Gouvernement :

Sur proposition du Premier ministre, le Président de la République nomme les autres membres du Gouvernement et met fin à leurs fonctions ; il préside le Conseil des ministres (articles 83 et 84).

Avec le Parlement :

Le Président de la République adresse, une fois par an, un message sur l'état de la Nation au parlement réuni en congrès. Il peut, à tout moment, adresser des messages à l'une ou l'autre chambre du Parlement ; ces messages ne donnent lieu à aucun débat. (Article 94).

En France, depuis la révision constitutionnelle de 2008, le Président peut prendre la parole devant le Parlement réuni à cet effet en Congrès, sa déclaration pouvant donner lieu, hors sa présence, à un débat sans vote (cette nouvelle procédure a été mise en œuvre pour la première fois le 22 juin 2009).

Paragraphe 2 — *Les pouvoirs partagés*

Il s'agit des pouvoirs que le Président de la République ne peut exercer qu'avec le contreseing des autres ministres concernés.

1- Le pouvoir de nomination

Le Président de la République nomme aux emplois civils et militaires de l'État (article 88 de la Constitution). Cette compétence partagée avec le Premier ministre se traduit par le fait que les hauts fonctionnaires ainsi que les dirigeants des établissements et entreprises publics sont nommés en Conseil des ministres. De même, l'article 88 renvoie la détermination des fonctions et des emplois auxquels il est pourvu en conseil des ministres à une loi. Ce qui laisse entrevoir, a contrario, que toutes les fonctions et tous les emplois qui ne sont pas déterminés par la loi relèveraient de la nomination par décret simple du Président de la République[1]. En France, il est précisé, à l'article 13, depuis la révision constitutionnelle du 23 juillet 2008, que, pour certains emplois ou

[1] Loi n° 2-2018 du 5 février 2018 déterminant les modalités de nomination aux hauts emplois et fonctions civils et militaires.

fonctions déterminés par une loi organique, en raison de leur importance pour la garantie des droits et libertés ou la vie économique et sociale de la Nation, le pouvoir de nomination du Président de la République s'exerce après avis public de la commission permanente compétente de chaque assemblée. Le Président de la République ne peut procéder à une nomination lorsque l'addition des votes négatifs dans chaque commission représente au moins trois cinquièmes des suffrages exprimés au sein des deux commissions.

2- La signature des ordonnances et des décrets

Le Président de la République signe les ordonnances et les décrets délibérés en conseil des ministres (article 88 alinéa 1er).

Lorsque le Président de la République signe les décrets délibérés en conseil des ministres, il s'agit là du pouvoir réglementaire général.

L'exercice du pouvoir réglementaire est l'une des activités les plus remarquables des personnes publiques, et des personnes privées lorsqu'elles sont chargées de la gestion d'un service public. Comme son nom l'indique, ce pouvoir consiste en la détention d'une compétence pour édicter unilatéralement des normes juridiques de portée générale et impersonnelle.

Le pouvoir réglementaire appartient au Président de la République, au Premier ministre, aux préfets, aux assemblées délibérantes exécutives des collectivités territoriales et des établissements publics, aux organes des autorités administratives indépendantes. Le pouvoir réglementaire appartient aussi à certains organes d'une personne privée chargée de la gestion d'un service public, comme les ordres professionnels, fédérations sportives, etc. Ce pouvoir pose indéniablement un problème de sources. D'une part, la reconnaissance à une autorité administrative d'un pouvoir réglementaire ne peut résulter en principe que d'un texte[1], cependant, à titre exceptionnel, la jurisprudence administrative a reconnu un pouvoir réglementaire à certaines autorités en l'absence de détermination explicite de la loi. D'autre part, le Conseil constitutionnel estime que l'article 37 alinéa 1 de la constitution française, l'équivalent de l'article 126 de notre constitution, fonde l'ensemble du pouvoir réglementaire général, c'est-à-dire le pouvoir réglementaire autonome et le pouvoir réglementaire d'exécution des lois. Le Conseil d'État, en

[1]C.E. 27 novembre 1995, Ass. Départ. des pupilles de l'Enseignement public du Gard, Rec. 618.

revanche, estime que la source du pouvoir réglementaire autonome est l'article 37, mais que celle du pouvoir réglementaire d'exécution des lois est l'article 21. En conséquence, dans le premier cas, il contrôle si le décret a été pris en matière réglementaire[1], dans le second, il contrôle si les décrets sont nécessaires à l'application de la loi et dans l'affirmative, ils peuvent intervenir dans le domaine législatif sans être annulés[2].

En effet, estimer que des décrets nécessaires à l'application d'une loi empiètent sur le domaine législatif, c'est relever que la loi a implicitement méconnu l'article 34 de la constitution, ce que le juge se refuse de faire.

Le référendum constituant (article 241 de la Constitution)
Le Président République soumet directement au référendum le projet de révision, après avis de conformité de la Cour suprême.

Le référendum législatif (article 87 de la Constitution)
Le Président de la République peut soumettre au référendum, après avis de conformité de la Cour constitutionnelle, tout projet de loi quand il le juge nécessaire.

3- Les pouvoirs en matière de diplomatie et de défense
La Constitution instaure une compétence partagée dans ces domaines : le Président de la République est le « *chef suprême des armées* » (article 90), il « *négocie, signe et ratifie les traités et les accords internationaux* » (article 217) ; la ratification ne peut intervenir qu'après autorisation du parlement, notamment en ce qui concerne les traités de paix, les traités de défense, les traités de commerce, les traités relatifs aux ressources naturelles ou les accords relatifs à l'organisation internationale, ceux qui engagent les finances de l'Etat, ceux qui modifient les dispositions de nature législative, ceux qui sont relatifs à l'état des personnes, ceux qui comportent cession, échange ou adjonction du territoire.

4- Le pouvoir de promulgation des lois
Le Président de la République promulgue les lois dans les quinze (15) jours suivant la transmission du texte définitivement voté au

[1] C.E. Sect. 27 janvier 1961, Daunizeau, REC 57, AJDA 1961. Chron.
[2] C.E. Ass. 8 mai 1964, Soc. La verrerie d'arques, Rec. 279

gouvernement. Pendant ce délai, il peut demander une nouvelle délibération de la loi votée (article 85).

5- Le droit de grâce (article 92 de la Constitution)

Il s'agit d'une prérogative traditionnelle du chef de l'État, héritée de la monarchie française qui permet de dispenser un condamné d'effectuer tout ou partie de sa peine. Il est précisé, depuis la révision constitutionnelle du 23 juillet 2008 en France, que la grâce doit être accordée individuellement, ce qui ne permet plus des grâces collectives.

Au-delà de la répartition constitutionnelle des pouvoirs, l'élection au suffrage universel direct est l'élément déterminant qui donne au Président de la République une prééminence sur les autres institutions. Le chef de l'État ne peut rester cantonné, dans un simple rôle de représentation ; il ne peut, selon la formule du Général de Gaulle, limiter son action à « inaugurer les chrysanthèmes ». Il est la clé de voûte des institutions de la République.

Section III : Le cabinet du président de la république

Le cabinet du Président de la République est un organe d'études, de conception, d'analyses, de supervision et d'impulsion de la vie de l'état et de la nation dans les domaines politique, économique, social et culturel, conformément aux prérogatives constitutionnelles du chef de l'état. Il a été institué par le décret n°2016-238 du 20 août 2016, qui abroge toutes dispositions antérieures contraires.

Le cabinet du Président de la République est notamment chargé de :

- préparer les décisions du Président de la République par la mise à disposition d'une information régulière et complète sur l'action du gouvernement et sur la situation du pays ;

-Veiller à l'application des décisions prises par le Président de la République ;

-Suivre la mise en œuvre des différentes orientations données par le Président de la République au gouvernement ;

-Assurer la liaison entre le Président de la République et les institutions de la République ;

-Suivre, pour le compte du Président de la République, l'activité gouvernementale ;

-Suivre l'activité parlementaire ;

-Centraliser l'information et la documentation préliminaire nécessaire à la communication du Président de la République ;
-Organiser l'agenda, les audiences et les voyages du Président de la République, ainsi que ses contacts avec la nation et les partenaires étrangers ;
-Elaborer de manière périodique des notes de conjoncture sur la conduite des affaires de l'Etat ;
-Proposer au Président de la République, après enquêtes administratives, recherches et analyses, toute mesure nécessaire au bon fonctionnement de l'Etat et à la bonne vie de la nation.
Le cabinet du Président de la République est dirigé et animé par un ministre d'État, directeur de cabinet nommé par décret du Président de la République.
Le ministre d'État, directeur du cabinet du Président de la République, assiste le Président de la République dans l'accomplissement de sa mission.
Le ministre d'État assiste aux réunions du Conseil des ministres avec voix consultative. Il oriente et coordonne les activités des structures créées auprès du Président de la République. Il est l'ordonnateur du budget de la Présidence de la République.

Parmi les nouveautés qu'on relève dans ce nouveau décret, il y a l'institution d'un chef d'Etat-major particulier du chef de l'Etat et des ministres chargés de mission, ainsi qu'une cellule permanente de communication.
Suivant l'article 4 du nouveau décret, le directeur du cabinet du Président de la République a huit missions fondamentales, à travers lesquelles on peut, aisément, percevoir l'esprit d'ouverture qu'entend imprimer le chef de l'Etat à son institution. En effet, le ministre d'Etat, directeur du cabinet du Président de la République est, entre autres, chargé de « veiller à l'exécution des instructions et des directives qu'il reçoit du président de la République, celles relatives notamment à la mise en œuvre de son projet de société et aux programmes qui en découlent » ; « suivre les relations du président de la République avec le gouvernement et toutes les institutions de la République, avec les partis politiques, les syndicats et les associations de la société civile dont il reçoit les représentants, au nom du Président de la République » ; « contrôler la régularité des actes de toute nature soumis à la signature du Président de la République ». Ces innovations introduisent une grande rupture avec ce qu'on a connu dans le passé. Dans l'esprit du dialogue

institué par la nouvelle Constitution, le président de la République a pris la décision de faire que son cabinet maintienne un contact direct avec les partis politiques.
Par ailleurs, le cabinet du président de la République garde la tutelle du secrétariat général du gouvernement, de l'Inspection générale d'Etat (Article 7), de la direction du parc national du matériel automobile et de la direction du Palais des congrès (Article 11). Certaines directions ou services ont été créés, comme la Direction des systèmes d'informations sécurisées, le Comité national d'organisation des cérémonies publiques (Article 8) ou les six cellules permanentes, dont celle de la communication, pour s'occuper des affaires spécifiques et d'intérêt commun à plusieurs départements du cabinet présidentiel (Article 35). Désormais, il y a un porte-parole de la présidence de la République (Article 42), qui a pour missions de « répondre aux médias, en lieu et place du Président de la République, sur des questions bien circonscrites, à l'intention de l'opinion nationale et internationale, et de rendre compte des activités du Président de la République et de son cabinet ».
Le décret institue une large gamme de statuts des collaborateurs au cabinet du chef de l'Etat, suivant l'article 7, il s'agit : des ministres chargés de missions auprès du président de la République, des hauts commissaires, des conseillers spéciaux, des conseillers, des ambassadeurs itinérants, des chargés de mission, des assistants principaux, des assistants, des attachés, des secrétaires, des chargés d'études, des consultants. Enfin, selon l'article 45, le Comité de suivi de la convention pour la paix et la reconstruction du Congo ainsi que le Comité ad hoc de suivi des recommandations du dialogue national 2015 accomplissent leurs missions respectives, jusqu'à la mise en place effective du Conseil national du dialogue. (Voir en annexe de cet ouvrage le décret n°2016-238 du 20 août 2016).

CHAPITRE III

LE GOUVERNEMENT

Le gouvernement est nommé par le président de la République (article 83 de la constitution). Il constitue la seconde moitié de l'exécutif bicéphale mis en place par la Constitution du 25 octobre 2015. Les membres du Gouvernement sont placés dans un ordre protocolaire précis, qui est donné par le décret de nomination du gouvernement :
- le Vice-Premier Ministre ;
- les ministres d'État (intuitu personae) : en considération de leurs importances, ils sont investis d'un portefeuille ministériel comme tous les ministres. Ils peuvent organiser des réunions interministérielles ;
- les ministres : ils dirigent et organisent les départements ministériels par le biais de circulaires ou d'arrêtés ;
- les ministres délégués : placés sous l'autorité des ministres, ils reçoivent délégation de certaines compétences ;

Les ministres délégués participent au Conseil des ministres.

Section I : Les ministres

Ils sont nommés par le président de la République, et se trouvent sous l'autorité politique et administrative de ce dernier. Leur nombre est variable en fonction des gouvernements et des besoins.

La définition des politiques et des objectifs gouvernementaux se traduit en pratique par la rédaction de projets de loi et de décrets. Chaque décision politique doit en effet s'inscrire tôt ou tard dans un texte juridique. Tous les projets de loi ainsi que certains types de décrets doivent être adoptés en Conseil des ministres. C'est en effet lors du Conseil des ministres que le Gouvernement définit de manière collective l'orientation de sa politique et prend les mesures essentielles destinées à la mettre en œuvre. L'action gouvernementale apparaît ici dans une de ses dimensions essentielles : la collégialité.

L'action du gouvernement s'appuie également sur deux forces d'exécution, la force armée et l'administration publique.

Le gouvernement dispose des prérogatives essentielles, mais aussi des compétences extraordinaires ; il veille au bon fonctionnement et à la continuité des services publics, il dispose des prérogatives du déroulement de la procédure parlementaire, il peut recevoir les avis du Conseil économique et social pour les projets de loi de réforme économique.

La tenue régulière des Conseils des ministres, sous la présidence du président de la République, favorise la solidarité et la collégialité du travail gouvernemental. Mais l'essentiel du travail gouvernemental se fait ailleurs, c'est-à-dire, d'une part, dans chacun des ministères et, d'autre part, au sein des groupes de travail réunissant des représentants de plusieurs ministères : réunions, comités ou conseils interministériels. Par ailleurs, l'intervention des collaborateurs du Président de la République lors de ces diverses réunions de travail garantit l'efficacité et la cohérence des mesures et décisions qui y sont prises.

Le gouvernement est responsable de la politique économique et financière de l'État, il autorise toutes les dépenses et les recettes de chaque ministre, c'est ce qu'on appelle la loi de finances. Chaque ministre prépare la liste de ses besoins annuels qu'il soumet au ministère chargé du budget, celui-ci accorde ou refuse leurs financements. C'est également ce ministère qui calcule le budget de l'État pour l'année à venir et qui établit le « collectif budgétaire » c'est-à-dire les lois de finances rectificatives (LFR). Ces lois sont les seules permettant de modifier, de manière significative, en cours d'année, les dispositions de la loi de finances initiale (LFI) concernant notamment les plafonds des dépenses du budget de l'État et les données générales de l'équilibre budgétaire. La « loi de Finances » pour être appliquée, doit être votée par le Parlement, qui peut y ajouter des amendements.
Les fonctions de membre du gouvernement sont incompatibles avec l'exercice de tout mandat parlementaire, de toute fonction de représentation professionnelle à caractère national et de tout emploi public ou de toute activité professionnelle. Il s'agit là à la fois d'éviter le poids de certaines pressions ou influences extérieures sur les ministres et de leur permettre de se consacrer pleinement au travail gouvernemental.

Le ministre, politicien de carrière ou technicien, doit se comporter en politique, c'est-à-dire qu'il ne peut agir uniquement qu'en fonction des critères rationnels. Le ministre n'est pas seul ; il est tenu à la solidarité gouvernementale. Il est confronté à l'opinion publique qu'il cherche à connaître par ses contacts personnels.

Il essaie aussi d'influencer l'opinion publique, de l'orienter, de la séduire. À cette fin, tout un réseau de liens se tisse entre le ministre, les organisations professionnelles, les associations d'usagers, les fonctionnaires, les médias, etc.

Le ministre est responsable de l'action gouvernementale dans un domaine de la vie collective. C'est d'abord un gestionnaire qui doit veiller au bon fonctionnement de ses services, et chercher à obtenir des moyens d'action, surtout financiers. C'est ensuite un responsable qui définit une politique.

L'action des ministres n'est pas seulement volontariste. Les ministres doivent aussi réagir à des événements : crise économique, chômage, grèves, crises internationales, etc.
Le ministre participe au travail gouvernemental au sein : du Conseil des ministres, du conseil de cabinet, de multiples conseils restreints, etc. Dans son ministère, il entretient un réseau très dense de relations.

Les différents ministères sont dépourvus de la personnalité juridique dont seul est doté l'État. C'est au nom de l'État que les ministres exercent leurs attributions. Ils sont ainsi ordonnateurs principaux de l'État, ils signent au nom de l'État des décisions et des contrats, et représentent l'État en justice.

Dans ce cadre, les ministres n'ont pas de pouvoir réglementaire ; à la réflexion, cela n'est pas illogique puisque le pouvoir réglementaire général appartient au président de la République, et au Premier ministre. Les ministres ne disposent d'un pouvoir réglementaire que dans deux cas : lorsqu'un texte le leur confère expressément, ou encore pour l'organisation de leurs services.
Il appartient, par ailleurs, aux ministres, de prendre notamment par voie d'« arrêtés », les mesures réglementaires propres à aménager les conditions de fonctionnement de leurs services[1]. Il leur revient d'exercer à l'égard des personnels qui y sont employés tant le pouvoir hiérarchique, en leur adressant leurs instructions (par voie de circulaires

[1]CE, 7 février 1936, JAMART, Rec 172 ; S. 1937 3.113 note Rivéro

ou ordre de service) quant à la façon dont ils doivent remplir leurs fonctions, que le pouvoir disciplinaire, en leur infligeant les sanctions que leur comportement fautif peut justifier.

En outre, les ministres sont investis d'un pouvoir de nomination prévu par les textes législatifs ou réglementaires. En vertu de la Constitution du 25 octobre 2015 (article 97), les actes du Président de la République autres que ceux prévus aux articles 82, 87 et 93 sont contresignés par le Premier ministre et les ministres chargés de leur exécution. L'exigence que ces actes soient, en principe, contresignés est importante. Sans doute, les dispositions qui l'imposent ont la nature de *règles de forme* et non de *règles de compétence*.

Le contreseing, en ce qui concerne les actes du Président de la République, a pour fonction classique en régime parlementaire de faire prendre en charge par le gouvernement, la responsabilité politique de ces actes devant l'Assemblée nationale.

Le contreseing se justifie aussi par la prévention des divergences de vues qui nuiraient à la cohérence de l'action de l'Exécutif et apparaît comme *un facteur de coordination* **et une** *technique de bonne administration.*

Une question se pose ici, c'est celle de savoir si la question du contreseing concerne les ministres délégués relativement aux affaires entrant dans leurs attributions. Il faut distinguer selon qu'ils sont ou non rattachés à un ministre. S'ils le sont, le contreseing du ministre dont ils relèvent est *nécessaire et suffisant.* Au contraire, le contreseing des ministres délégués autonomes est requis.

C'est cette solution classique qui a été consacrée par la Cour Suprême du Congo dans un **avis** *du 12 novembre 2002* : « Considérant qu'il résulte de la lecture combinée des articles 74 et 82 de la Constitution que le contreseing des actes du Président de la République est une compétence réservée aux seuls ministres ; qu'ainsi les ministres délégués n'ont pas la qualité de ministre au sens de la Constitution pour l'application des règles du contreseing ; que la dérogation à cette règle concerne uniquement les ministres délégués dits autonomes c'est-à-dire disposant d'attributions propres non rattachées à un ministre ».

Section II : Le cabinet du ministre

Apparus sous le Premier Empire en France, les cabinets ministériels sont une institution coutumière qui repose sur un quasi-néant juridique. En théorie, le ministre choisit librement ses collaborateurs, mais en réalité de multiples facteurs jouent.

La tâche du cabinet est une tâche de conception : étude et définition d'une politique du ministère et éventuellement de règlement des dossiers importants ou délicats gérés par le ministre. Le cabinet n'est pas une instance de gestion, chargée des tâches quotidiennes du département.

La pratique pourtant montre que très souvent le cabinet déborde de ce cadre limité à la « politique » pour intervenir dans les fonctions administratives. Souvent, il constitue une administration de superposition doublant l'activité des directeurs généraux et centraux.
Pour éviter ces différentes perversions, une réglementation congolaise assez stricte fixe la composition des cabinets ministériels, c'est le décret n° 2017-400 du 10 octobre 2017.

Le 3 juin 2016, le Premier ministre, monsieur Clément Mouamba a fait une déclaration devant les députés dans laquelle il a présenté le programme d'action de son gouvernement. Il a, entre autres mesures, annoncé celles qui seront mises en place afin de mettre fin au désordre observé actuellement dans la fonction publique.

Le système d'évaluation et de notation des agents de l'Etat devenu obsolète sera fondamentalement revu. Le gouvernement procédera à un contrôle d'assiduité au travail au moyen d'un système électronique en liaison avec le service de la solde du ministère des Finances.
Il a également annoncé la réhabilitation du système des concours pour l'accès à la fonction publique, ainsi que la réforme de la commission nationale de lutte contre la corruption, la concussion et la fraude, l'observatoire anti-corruption et l'agence nationale d'investigation financière.
Il a décidé de les réformer en visant à la fois l'efficacité et la centralité. Ainsi, devraient être structurées la dissuasion et la répression afin de dépasser le stade initial auquel se trouve encore la lutte contre la corruption.

Par ailleurs, dans le cadre des actions à entreprendre par le gouvernement, M. Mouamba a annoncé la construction des barrages de Sounda dans le sud du pays avec une puissance de 1000 mégawatts, et celui de Cholet (600 mégawatts) au nord en coopération avec le gouvernement camerounais, l'effectivité de l'assurance maladie, l'allègement des procédures administratives liées à la retraite des agents de l'Etat et d'autres mesures.
Dans la même lancée, il a informé les députés de la construction d'un champ solaire pour l'électrification de la ville d'Impfondo dans le département de la Likouala, la réalisation de la troisième phase du projet de fibre optique et du passage à la télévision numérique terrestre, la construction du port minéralier à Pointe-Noire, la poursuite de la réhabilitation du Chemin de fer Congo océan (CFCO), ainsi que d'autres projets visant le mieux-être.
Parlant de la paix, le Premier ministre a fait savoir que « le dialogue est une nécessité et une exigence dans notre société, car il permet de réduire les frontières de l'incompréhension ».

Par décret n°2017-373 du 22 août 2017, Un nouveau gouvernement congolais a été nommé, toujours dirigé par Monsieur Clément Mouamba qui a été reconduit au poste de Premier Ministre. Il a été en outre créé un poste de Vice-Premier Ministre ; il est chargé de la Fonction publique, de la réforme de l'Etat, du travail et de la sécurité sociale, c'est monsieur Firmin AYESSA, ancien ministre d'État, directeur de cabinet du président de la république qui occupe cette fonction. Le Premier ministre monsieur Clément Mouamba a fait une déclaration devant le parlement réuni en congrès dans laquelle il a présenté le programme d'action de son nouveau gouvernement.

CHAPITRE IV

LE PARLEMENT

Le parlement est composé de deux chambres (art 107 de la constitution). L'Assemblée nationale, élue au suffrage universel direct, et le sénat élu au suffrage universel indirect. L'assemblée se renouvelle intégralement tous les cinq ans.

Le Sénat représente les collectivités territoriales. Il compte 72 membres. Il est renouvelable par moitié tous les 3 ans, la première élection a eu lieu le 11 juillet 2002, les dernières élections se sont déroulées le 31 août 2017. Les sénateurs sont élus au scrutin uninominal à un tour par les conseillers des départements et des communes. Le bicamérisme ou bicaméralisme de notre parlement n'est pas un bicaméralisme égalitaire comme pendant la IIIe république en France. En effet, le sénat est doté d'une légitimité plus faible du fait de sa désignation au suffrage indirect. On peut par exemple citer aussi le fait qu'au cours de la procédure législative, le gouvernement peut donner le dernier mot à l'assemblée.

Malgré cela, le Sénat occupe une place particulière au sein des institutions. Il nous paraît important d'étudier en premier lieu son régime.

Section I : Le Sénat

Les sénateurs sont élus au scrutin uninominal majoritaire à un tour par les membres des Conseils de département et de Commune.
Le mandat sénatorial comporte :
- un régime d'incompatibilité : le mandat est incompatible avec toute autre fonction à caractère public (art. 136 C) ;
- un régime fixant les conditions d'éligibilité : être âgé de 45 ans au moins, être de nationalité congolaise, résider dans le pays au moment de la présentation des candidatures, jouir de ses droits civils et politiques et ne pas avoir été condamné pour crimes ou délits volontaires (art.137 C) ;
- un régime d'immunité (art.135 C) ;

- un régime indemnitaire (art. 108 C).

Un sénateur élu, s'il est présenté par un parti politique ou un groupement politique, perd sa qualité de sénateur s'il démissionne de son parti ou de son groupement politique en cours de mandat.

Il y a 3 sessions ordinaires par an, sur convocation du Président du Sénat (art. 117 C)

- la première s'ouvre le 15 octobre et se termine le 23 décembre ;
- la deuxième s'ouvre le 1er février et se termine le 10 avril ;
- la troisième s'ouvre le 2 juin et se termine le 13 août.

Les sessions extraordinaires sont possibles sur convocation du président du Sénat et sur un ordre du jour déterminé, à la demande du Président de la République ou de la majorité absolue des sénateurs (art. 119 C). Les sessions extraordinaires sont closes dès épuisement de l'ordre du jour et, au plus tard, 15 jours après leur ouverture.

Les rapports avec l'autre chambre et le pouvoir exécutif

A- le pouvoir législatif

1. Initiative législative

Les sénateurs possèdent le droit de proposer des lois (art 143C) et de déposer des amendements (art 149 C), concurremment au Gouvernement et aux députés.

2. Droit d'amendement

Le droit d'initiative est restreint par certaines irrecevabilités :

- irrecevabilité financière (art 145 C). Les propositions de loi et les amendements parlementaires tendant à augmenter ou à diminuer les dépenses doivent être assortis de propositions dégageant les recettes ou les économies correspondantes ;
- irrecevabilité tendant à protéger le domaine de la loi (art. 146 C)

3. Procédure législative ordinaire

Les projets de loi, délibérés en Conseil des ministres après avis de la Cour suprême, sont déposés sur le bureau de l'une ou l'autre chambre. Après dépôt, les projets et les propositions de loi sont envoyés à l'une des commissions permanentes dont le nombre est déterminé par le règlement intérieur de chaque chambre. Les projets et les propositions de loi peuvent, à la demande du Gouvernement ou de la chambre qui en est saisie, être envoyés, pour examen, à des commissions spécialement désignées à cet effet. La procédure législative repose sur une navette entre les deux chambres (art. 147 à 150 de la constitution).

Tout projet, ou toute proposition de loi sont examinés, successivement, par les deux chambres en vue de l'adoption d'un texte identique. Une chambre, saisie sur un texte déjà voté par l'autre chambre, délibère sur le texte qui lui est transmis.

Lorsque, par la suite d'un désaccord entre les deux chambres, un projet ou une proposition de loi n'a pu être adopté après une lecture par chaque chambre, le Premier ministre a la faculté de provoquer la réunion d'une commission mixte paritaire chargée de proposer un texte sur les dispositions restant en discussion. Le texte élaboré par la commission mixte paritaire peut être soumis par le Premier ministre pour approbation aux deux chambres. Aucun amendement n'est recevable, sauf accord du Gouvernement.

Si la commission mixte paritaire ne parvient pas à l'adoption d'un texte commun, le Premier ministre peut, après une nouvelle lecture par l'Assemblée nationale et par le Sénat, donner le dernier mot à l'Assemblée nationale. Dans ce cas, l'Assemblée nationale peut reprendre, soit le texte élaboré par la commission mixte paritaire, soit le dernier texte voté par elle modifié, le cas échéant, par un ou plusieurs amendements adoptés par le Sénat.

4. Procédures législatives particulières

- ***Lois organiques***

Les projets ou propositions de loi organique ne sont soumis à l'examen de la première chambre saisie qu'à l'expiration d'un délai de 15 jours après son dépôt. Faute d'accord entre les deux assemblées, le texte ne peut être adopté définitivement par l'Assemblée nationale qu'à la majorité absolue de ses membres, il ne peut être promulgué qu'après avoir été déclaré conforme à la Constitution par la Cour constitutionnelle (art. 151 C).

- ***Lois de finances***

Les lois de finances résultent d'un projet présenté par le Gouvernement (8) huit jours au moins avant le début de la session d'octobre (art. 152 C).

Le budget doit être voté par le parlement à la fin de la session d'octobre, c'est-à-dire à la mi-décembre, faute de quoi le Premier ministre convoque une session extraordinaire pour le voter. Si, à l'issue de cette session, d'une durée de 15 jours au plus, le budget n'est toujours pas voté, il est établi par ordonnances, après avis de la Cour constitutionnelle (art. 153 C).

-Habilitation législative

Le Gouvernement peut, pour l'exécution de son programme, demander au Parlement une habilitation législative pendant un délai limité, des mesures qui sont du domaine de la loi, pour des matières déterminées. Lorsque la demande d'habilitation est rejetée, le Président de la République peut, sur décision conforme de la Cour constitutionnelle, légiférer par ordonnances. Les ordonnances deviennent caduques si le projet de loi de ratification n'est pas déposé au Parlement avant la date fixée par la loi d'habilitation (art. 158 C).

B- Le pouvoir de contrôle de l'Exécutif

Le Sénat dispose de différents moyens en vue de contrôler l'action de l'Exécutif (art.107 C) :

- l'interpellation ;
- les questions écrites, orales et d'actualité ;
- l'audition en commission ;
- l'enquête parlementaire.

Le Parlement autorise la ratification des traités de paix, de défense, de commerce, des traités relatifs aux ressources naturelles, des accords relatifs à l'organisation internationale, ceux qui engagent les finances de l'État, qui modifient les dispositions de nature législative, ceux qui sont relatifs à l'état des personnes, qui comportent cession, échange ou adjonction de territoire. Le Parlement est informé de toute négociation tendant à la conclusion d'un accord international non soumis à ratification.

C- Dispositions diverses

Le Président du Sénat nomme deux des 9 membres de la Cour constitutionnelle ; dans la constitution du 20 janvier 2002 (article 144), il ne faisait que proposer la nomination au président de la République. Le Président du Sénat peut saisir le Conseil économique et social de tout problème à caractère économique ou social.

Les élections sénatoriales se sont tenues le 31 août 2017 sur l'ensemble du territoire national.

A l'issue des sénatoriales, le Parti Congolais du Travail (PCT) et ses alliés se sont presque adjugés tous les sièges. À Brazzaville et Pointe-Noire, le triomphe a été total.

Dans la capitale congolaise, le Parti congolais du travail (PCT) et ses alliés ont remporté les six sièges.

Au total onze candidats étaient en lice. Les cent un conseillers qui constituaient le corps électoral ont procédé au vote des six sénateurs de Brazzaville, conformément au quota réservé à chaque département.

À l'issue du dépouillement, la majorité présidentielle a raflé tous les six sièges dont quatre pour le PCT notamment Pierre Ngolo, secrétaire général de ce parti, élu avec 86 voix, Gabriel Ondongo, président de la fédération du PCT de Brazzaville, élu avec 85 voix, Théophile Adoua, président du comité PCT de Talangaï, élu avec 85 voix et Jeanne Françoise Leckomba Loumeto, membre du secrétariat permanent, qui a obtenu 85 voix.

Pour le compte des partis alliés, Ludovic Miyouna du Parti pour l'unité, la liberté et le progrès (Pulp), a été élu sénateur avec 71 voix, ainsi que Euloge Ondziel Ona, membre du Parti républicain et libéral (PRL) avec 70 voix.

À Pointe-Noire, six candidats des partis de la majorité présidentielle ont été élus à l'issue du scrutin supervisé par Hyacinthe Ongoto, premier vice-président de la Commission nationale électorale indépendante (CNEI).

Ainsi, Odette Massoussa Kombila du PCT, Victor Foudi du PCT, Gabriel Nzambila du PCT, Jean Félix Tchicaya du RDPS, Antoine Denis Loemba du RDPS et Bernard Mbatchi du RDPS ont été élus, le PCT et le RDPS se partageant à parts égales les six sièges à pourvoir.

Partout ailleurs, à travers la république, la configuration a presque été la même.

Le 12 septembre 2017, à Brazzaville, lors de la séance inaugurale de la nouvelle législature du Sénat, présidée par la doyenne d'âge, Joséphine Mountou Bayonne, le secrétaire général du Parti congolais du travail (PCT), Pierre Ngolo, a été élu au poste de président du Sénat. Il remplace André Obami Itou.

Les sénateurs qui étaient en travaux plénières le 11 novembre 2017 dans le cadre de la session ordinaire dite budgétaire, ont adopté avec amendements par vote à l'unanimité, le texte du Règlement intérieur du Parlement réuni en Congrès, soumis en examen par la commission affaires juridiques et administratives.

L'objectif affiché par les deux chambres du Parlement, l'Assemblée nationale et le Sénat est de disposer d'un Règlement intérieur unique lorsqu'elles se réunissent en Congrès. Les Sénateurs ont donc fait leur part du travail. La mouture qu'ils avaient adoptée qui comporte trente et un articles concerne essentiellement l'organisation des débats, la discipline, les résolutions et l'organisation du vote.
Il convient de noter qu'une harmonisation doit se faire avec la proposition de texte émanant de l'Assemblée nationale, aux fins de parvenir à un règlement intérieur unique des deux chambres réunies en Congrès. A noter que les deux chambres du Parlement se réunissent en congrès lors de circonstances spéciales comme l'adresse du Président de la République, la prestation de serment de ce dernier.
La mise en place d'un Règlement intérieur du Congrès est présentée comme un acte visant à combler un vide juridique, puisque depuis la première législature (alors que nous en sommes à la troisième), les deux chambres n'ont jamais adopté un tel outil de fonctionnement.

Section II : L'Assemblée nationale

D'emblée, il faut préciser qu'il existe des dispositions communes au parlement que nous avons déjà abordé dans l'analyse du Sénat sur lesquelles nous ne reviendrons plus dans cette section.
Les membres de l'Assemblée nationale portent le titre de député. Ils sont élus au suffrage universel direct. Chaque député élu dans une circonscription électorale est le représentant de la Nation tout entière.
Tout mandat impératif est nul. Chaque député est élu avec un suppléant.
La durée du mandat des députés est de cinq (5) ans renouvelable.
Aucun député ne peut être poursuivi, ni recherché, ni détenu ou jugé, pour des opinions ou votes émis par lui dans l'exercice de ses fonctions.
Aucun député ne peut, pendant la durée des sessions, être poursuivi ou arrêté sans l'autorisation de l'Assemblée nationale, sauf cas de crime ou de délit flagrant, de poursuites autorisées ou de condamnation définitive.
Aucun député ne peut, hors session, être poursuivi ou arrêté sans l'autorisation du bureau de l'Assemblée nationale, sauf cas de crime ou délit flagrant, de poursuites autorisées ou de condamnation définitive.
Le mandat de député est incompatible avec toute autre fonction à caractère public. Les autres incompatibilités sont fixées par la loi.
En cas d'incompatibilité, le député est remplacé par son suppléant. Il retrouve de plein droit son siège à la fin de l'incompatibilité.
Les candidats aux élections à l'Assemblée nationale doivent :

- être de nationalité congolaise ;
- être âgés de dix-huit (18) ans au moins ;
- résider sur le territoire national au moment de la présentation des candidatures ;
- jouir de tous leurs droits civils et politiques ;
- ne pas avoir été condamnés pour crimes ou délits volontaires (articles 128 à 132 de la constitution).

Pour remplir leur mission, les assemblées parlementaires disposent d'instances spécifiques chargées, soit de diriger, soit de préparer le travail parlementaire. En tant que chambre du Parlement, l'Assemblée nationale contrôle la politique du gouvernement. Elle a plus de pouvoir en ce domaine que le Sénat, à travers les procédures de vote de confiance, de motion de censure, et d'engagement de responsabilité du gouvernement sur un texte (articles 159 et 160 de la constitution). Concrètement, cela signifie que la majorité de l'Assemblée doit être en accord avec le gouvernement.

Nous allons insister sur la procédure de la motion de censure, parce que celle-ci n'existait pas dans la précédente constitution, celle de 2002.

Les députés peuvent déposer, dès que le quota nécessaire de signatures est réuni pour la soutenir (à savoir celles d'au moins un ¼ des membres de l'Assemblée, article 160 C), une motion de censure, dite aussi « motion de censure spontanée ». Lors du vote, seules sont prises en compte les voix favorables à la motion de censure. Le vote doit avoir lieu 48 heures après le dépôt de la motion. Si le gouvernement est censuré, le Premier ministre doit présenter sa démission au président de la République, sans toutefois que celui-ci soit tenu de l'accepter. Responsable de la chute de nombreux gouvernements sous les IIIe et IVe Républiques en France, la motion de censure ne fut votée qu'une fois depuis 1958. Mais, même si elle n'a que très peu de chance d'aboutir, surtout lorsque la majorité en place est assez nette, la motion de censure est un outil particulièrement utilisé par l'opposition pour marquer son désaccord avec la politique générale du gouvernement ou contre des mesures phares de ce dernier.

A ce jour, 103 motions de censure ont été déposées depuis 1958 en France, mais une seule a abouti au renversement du gouvernement, c'était le 5 octobre 1962. Ce jour-là, les députés protestaient contre la tenue d'un référendum décidé par le général De Gaulle. La démission du gouvernement fut toutefois refusée par le président de la République qui décida alors de dissoudre l'Assemblée. Le taux de réussite des motions de censure avoisine les 1%, il s'agit donc d'un dispositif avant

tout symbolique. La motion de censure permet à l'opposition d'ouvrir un débat, de s'exprimer sur un sujet.
Les élections législatives congolaises de 2017 se sont déroulées le 16 juillet 2017 pour le **1er tour** et le 30 juillet 2017 pour le **2d tour**. Les élections départementales ont eu lieu en même temps que le premier tour. Le Parti congolais du travail conserve la majorité des sièges.
Les élections ont eu lieu en même temps que les élections des conseils départementaux pour lesquelles 1189 listes ont été en concurrence.
L'Assemblée nationale se compose de 151 députés (139 au précédent scrutin) élus pour un mandat de cinq ans au Scrutin uninominal majoritaire à deux tours dans 151 circonscriptions électorales uninominales.
Les départementales, ont donc lieu en un seul tour, en même temps que le premier tour des législatives afin de pourvoir pour une durée de cinq ans les 1158 sièges de conseillers départementaux (890 aux précédentes élections) au scrutin proportionnel plurinominal de liste, sans panachage ni vote préférentiel, selon la méthode dite du plus fort reste.
L'augmentation de la caution que doivent verser les candidats pour se présenter est passée de 100 000 à 1 500 000 francs CFA (28 000 euros).
En tout, 711 candidats se sont présentés pour les 151 sièges de la nouvelle législature. L'avant veille du scrutin, le chef de la délégation d'une cinquantaine d'observateurs déployés par l'Union africaine Django Cissoko, juge que « la campagne se déroule normalement » sur le terrain.
Le scrutin a lieu dans 4386 bureaux de votes où sont attendus un peu plus de 2,2 millions d'électeurs, en augmentation de 5,2 % par rapport au scrutin présidentiel de l'année précédente, soit 110 250 nouveaux inscrits.
Malgré quelques anomalies, les départementales et le premier tour des législatives se sont déroulées « sans incidents majeurs » selon un observateur de l'Union africaine. Les bureaux de vote ont fermé comme prévu à 18 h pour laisser la place au dépouillement.
Le vote n'a cependant pas eu lieu dans sept des quatorze circonscriptions du Pool et a été reporté. Les députés occupant ces sièges pourraient être automatiquement reconduits en attendant des élections partielles.
Les résultats du premier tour sont annoncés le 21 juillet 2017 par le ministère de l'Intérieur. Sans surprise, c'est une large victoire pour le parti au pouvoir, le Parti congolais du travail (PCT remporte 70 sièges dès le premier tour et reste en ballottage dans 28 autres circonscriptions).

Chez les partis d'opposition, l'Union des démocrates et humanistes-Yuki (UDH-Yuki) remporte quant à elle sept sièges plus quatre autres qualifiés pour le second tour. L'Union panafricaine pour la démocratie sociale (UPADS) en obtient trois et en garde six en ballottage.
Le 3 août 2017, les résultats du second tour sont annoncés. Le PCT remporte 18 sièges supplémentaires. L'UPADS rattrape l'UDH-Yuki avec huit sièges chacun.
Le 19 août 2017, une nouvelle Assemblée nationale dite de la 14e législature est mise en place. Au total, 144 députés sont élus lors des élections législatives des 16 et 30 juillet 2017. Ils ont été investis au cours d'une séance inaugurale dont le principal enjeu a été l'élection du président et du bureau de cette chambre du parlement.
Au terme d'une élection qui n'avait enregistré qu'un candidat à chacun des sept postes du bureau de l'Assemblée nationale, c'est l'ancien premier ministre, ancien secrétaire général du Parti congolais du travail, Isidore Mvouba, qui a été élu président de cette chambre basse du parlement.

Deux anciens ministres du gouvernement ont été élus à ce bureau. Il s'agit du ministre des Sports sortant, Léon Alfred Opimba, devenu premier vice-président de l'Assemblée nationale, et du ministre de la Culture et des Arts, Léonidas Carel Mouttom Mamoni élu au poste de questeur. Tous deux sont membres du PCT.

Autre promu, le maire de Pointe-Noire, la deuxième ville du Congo, Roland Bouity Viaudo, devenu deuxième vice-président de cette chambre ; il est membre du Mouvement action et renouveau, un parti allié du PCT.

Un membre de l'opposition, ancien candidat aux trois dernières élections présidentielles, Joseph Kignoumbi Kia-Mboungou, a été élu au poste de deuxième secrétaire de l'Assemblée nationale, poste qu'il occupait déjà lors de la précédente législature.

Cette nouvelle assemblée élue pour un mandat de cinq ans doit être complétée par sept députés des circonscriptions du département du Pool où l'élection n'a pas pu avoir lieu. Selon la loi, l'Assemblée nationale congolaise doit disposer de 151 membres. Le 9 août 2017, la cour constitutionnelle s'est prononcée pour la Prolongation des mandats de quelques députés du Pool. Il s'agit des **circonscriptions électorales de**

Kinkala (district), Mindouli, Kindamba, Vindza, Kimba, Mbandza-Ndounga, Goma Tsé-Tsé et Mayama.
Les députés de ces circonscriptions, élus en 2012, vont siéger jusqu'à l'organisation des élections législatives partielles. Il s'agit entre autres de : Guy Brice Parfait Kolélas, Isidore Mvouba, Bernard Tchibambelela, Aimé Emmanuel Yoka et Koléla Miacongo.
La décision portant prolongation du mandat des députés de certaines circonscriptions électorales et des sénateurs du département du Pool fait suite à la saisine de la cour par le Président de la République en date du 27 juillet 2017.
La cour s'est référée aux dispositions de l'article 244 de la Constitution. Mais surtout de l'article 109 qui dispose que *« les mandats de député et de sénateur peuvent être prolongés par la Cour constitutionnelle saisie par le président de la République, en cas de circonstances exceptionnellement graves empêchant le déroulement normal des élections »*.
Elle a relevé que *« les élections législatives et locales de juillet 2017 n'ont pu se dérouler à Kinkala (district), Mindouli, Kindamba, Vindza, Kimba, Mbandza-Ndounga, Goma Tsé-Tsé et Mayama, dans le département du Pool, en raison de ce que l'insécurité qui y prévaut met en péril la vie des populations »*.
Cette décision n'entame en rien la volonté du gouvernement à organiser lesdites élections dès que possible. Le Président de la République l'avait bien rappelé à la mission d'observation électorale de l'Union africaine qui recommandait *« la prise des mesures nécessaires pour l'organisation, dans les meilleurs délais, des élections dans les circonscriptions où elles n'ont pu avoir lieu, en vue de garantir la représentation nationale inclusive »*. Le chef de la mission d'observation électorale de l'Union africaine, Diango Cissoko avait indiqué *« qu'il faudra y aller méthodiquement, tant la situation sécuritaire est à régler en amont. Il faut que les conditions soient réunies »*.

Section III : Le cadre institutionnel du Parlement congolais

Paragraphe 1 - Le Bureau

Chaque assemblée élit un bureau, autorité collective qui comprend le président, les vice-présidents, un rapporteur et un rapporteur adjoint pour ce qui concerne le Sénat, le premier et le deuxième secrétaire pour l'Assemblée nationale et les questeurs (le premier et le deuxième) ou encore pour l'Assemblée nationale, le questeur et le questeur adjoint, chargés de la gestion administrative et financière de l'assemblée.

Élus au début de chaque législature, les membres du bureau sont désignés au scrutin plurinominal majoritaire, en s'efforçant de reproduire en leur sein l'équilibre politique de l'assemblée concernée.

Il sied de noter que dans la constitution de ces deux bureaux, il apparaît quelques différences qu'il semble important de noter : par exemple, l'article 19 du règlement intérieur du Sénat précise que le bureau qui sera élu devra tenir compte de la représentation de la femme, et que le président du Sénat devra être de nationalité congolaise *d'origine*.

Ces deux exigences ne figurent pas dans le règlement intérieur de l'Assemblée nationale. Il faut toutefois rappeler que la première exigence qui est liée à la participation des femmes dans la vie politique fait partie des mesures spéciales qui ont été proposées aux Etats dans le cadre de plusieurs initiatives internationales, notamment le programme d'action de Beijing, ainsi que la nouvelle loi électorale, en son article 61, en ce sens que les partis et associations politiques qui participeront aux législatives et locales en 2017 ont l'obligation de réserver 30% de quota aux femmes.

Cette exigence qui est liée à la participation des femmes dans la vie politique est aussi conforme à l'article 17 de la constitution qui dispose que « la femme a les mêmes droits que l'homme.

La loi garantit la parité et assure la promotion ainsi que la représentativité de la femme à toutes les fonctions politiques, électives et administratives ».

Quant à la seconde exigence, on la trouve aussi dans les conditions d'éligibilité du Président de la République (art 66 de la constitution). À la faveur d'une relecture du règlement intérieur de l'Assemblée nationale, il serait souhaitable d'ajouter la première exigence même si l'actuel bureau de l'Assemblée nationale possède déjà en son sein une femme, tandis que la seconde est fort discutable, dans la mesure où cette condition de nationalité congolaise *d'origine* n'est pas exigée pour être candidat aux élections législatives, sénatoriales et locales (articles 55, 67 et 75 nouveau de la loi électorale n° 1-2016 du 23 janvier 2016 modifiant et complétant certaines dispositions des lois n° 5-2007 du 25 mai 2007, n° 9-2012 du 23 mai 2012 et n° 40-2014 du 1er septembre 2014 modifiant et complétant certaines dispositions de la loi électorale).

Le bureau a un double rôle de direction des travaux parlementaires et d'administration interne des services. Le président et les vice-présidents dirigent les débats. Les secrétaires et les rapporteurs contrôlent la rédaction des procès-verbaux des séances. Le bureau exerce aussi certaines attributions politiques : il lui revient notamment d'apprécier les recevabilités financières des propositions de loi et des amendements ; c'est aussi lui qui décide de la recevabilité des propositions de résolutions portant mise en accusation devant la haute Cour de justice.

Le président de l'Assemblée nationale est élu pour la durée de la législature (cinq ans), tandis que son homologue du Sénat est élu à chaque renouvellement partiel, tous les trois ans. Les règlements des assemblées font en grande partie dépendre l'exercice du droit de parole des parlementaires de l'appréciation du président de l'assemblée concernée. La neutralité de leur fonction les empêche de participer aux débats et aux scrutins. Ils ne sont membres d'aucune commission. Ils peuvent saisir la Cour constitutionnelle pour lui soumettre une loi ou un traité qu'ils estiment contraire à la constitution.

Paragraphe 2 : La conférence des présidents

Le président de l'Assemblée nationale ou du Sénat convoque, une semaine avant l'ouverture de chaque session ordinaire, la conférence des présidents en vue d'arrêter l'ordre du jour, de fixer le calendrier et le programme des séances conformément aux dispositions du règlement intérieur. La conférence des présidents comprend :

- Le président de l'Assemblée nationale ou du Sénat ;
- Les membres du bureau ;
- Les présidents des commissions permanentes ;
- Les présidents des groupes parlementaires ;
- Le représentant du président de la République ;
- Le ministre chargé des relations avec le parlement ;

Prennent part également à cette réunion le secrétaire général de l'Assemblée nationale ou du Sénat et le secrétaire général du gouvernement.

Paragraphe 3 : Les groupes parlementaires

Les groupes parlementaires jouent un rôle croissant dans le fonctionnement du parlement, par le biais de leur bureau. Leur influence est souvent déterminante sur les activités des parlementaires : en effet, bien qu'ils ne disposent d'aucun pouvoir décisionnel, c'est au sein de ces

groupes que sont définies les propositions qui seront, ultérieurement ratifiées, pour l'essentiel par l'assemblée plénière.
Les députés peuvent se grouper par affinités politiques dans un groupe parlementaire.

Aucun groupe ne peut comprendre moins de dix (10) députés non compris les apparentés.
Les députés qui n'appartiennent à aucun parti peuvent s'apparenter à un groupe de leur choix, avec l'agrément du bureau de ce groupe. Ils peuvent également rester en dehors des groupes constitués. Ils sont alors dits non-inscrits.

Les groupes parlementaires se constituent librement et remettent au président de la chambre, dont il s'agit, une déclaration politique signée de leurs membres, accompagnée de la liste de ses membres et des députés apparentés, du nom du président du groupe. Ces documents sont publiés au journal officiel. Les modifications à la composition du groupe sont portées à la connaissance du président de la chambre sous la signature du député concerné s'il s'agit d'une démission, sous la signature du président du groupe s'il s'agit d'une radiation et sous la double signature du député et du président du groupe s'il s'agit d'une adhésion ou d'un apparentement. Elles sont publiées au journal officiel.

Lors de la plénière du jeudi 21 septembre 2017 à Brazzaville, le Sénat a mis en place deux groupes parlementaires notamment le groupe PCT et Alliés présidé par le sénateur Théophile Adoua et UPADS et Apparentés avec à sa tête Ange Edouard Poungui.
Le 2 août 2017 au cours de sa session inaugurale, il a été mentionné à l'assemblée nationale la création de trois groupes parlementaires, notamment le groupe PCT, le groupe UPADS, avec la possibilité de la création du groupe des non-alignés qui sera composé des députés n'appartenant pas aux deux premiers groupes.

Les groupes jouent un rôle important dans la désignation des titulaires de postes de responsabilité au sein des assemblées ; bureau, commission, rapporteur

Paragraphe 4 : Les commissions
Il est important de noter l'originalité apportée, dans la doctrine du droit parlementaire, par l'article 44 du règlement intérieur du Sénat qui

interdit la constitution, au sein du Sénat, de groupe tendant à s'identifier dans la forme, dans l'action ou, d'une manière quelconque, à une ethnie, à un département, à une religion et/ou à une secte.

1-Les Commissions permanentes

L'Assemblée nationale constitue en son sein, en séance plénière, huit (8) commissions permanentes. Ces commissions sont les suivantes :

1-Commission Economie et Finances, exécution du budget de l'Etat
2-Commission des Lois et des Affaires administratives
3-Commission Affaires étrangères et Coopération chargée des Congolais de l'étranger
4-Commission Défense et sécurité
5- Commission Education Culture Science et Technologie
6- Commission Santé Affaires sociales Famille et Genre
7- Commission Plan et Aménagement du territoire
8- Commission Environnement et Développement durable

Hormis ces commissions, il existe quelques groupes interparlementaires dont l'Union interparlementaire (UIP), l'Assemblée parlementaire francophone (APF), l'Union parlementaire africaine (UPA), l'Union interparlementaire Afrique Caraïbes Pacifique-Union européenne (UIACP-UE).

En cas de démission d'un membre du bureau d'une commission, il sera procédé, à la diligence du Bureau de l'Assemblée nationale, au remplacement du démissionnaire.

Si un des membres du bureau de la Commission ne donne pas satisfaction, il est procédé, sur rapport du Président de la Commission au Bureau de l'Assemblée nationale, à son remplacement conformément aux dispositions de l'article 29 du Règlement intérieur de l'Assemblée nationale. En cas d'absence ou d'empêchement du président d'une commission, il est remplacé par un des vice-présidents suivant l'ordre de préséance.

Des sous-commissions peuvent être créées à l'initiative des commissions permanentes de l'Assemblée nationale. Les sous-commissions relèvent d'une organisation interne des commissions permanentes.

Les bureaux des sous-commissions sont composés de :

- un président ;
- un vice-président ;
- un rapporteur.

L'Assemblée Nationale a procédé, le 2 août 2017, lors de la clôture de la session inaugurale, à la mise en place des bureaux des commissions permanentes et interparlementaires.
Les députés de la chambre basse ont, en effet, voté à main levée la liste des bureaux des huit commissions permanentes comprenant un président, un premier vice-président, un 2ème vice-président, un rapporteur et un secrétaire.
C'est ainsi que la commission économie et finance, exécution du budget de l'Etat, sera présidée par M. Maurice Mavoungou, la commission des lois affaires juridiques et administratives par M. Fernand Sabaye, la commission affaires étrangères et coopération chargée des Congolais de l'étranger par M. Benoit Bati, la commission défense et sécurité par M. Felix Ibarra Ndeli.
Les commissions Education, culture, science et technologie ; santé affaires sociales, famille et genre ; du plan et aménagement du territoire et celle de l'environnement et du développement durable seront respectivement présidées par, messieurs Boniface Ngoulou, Alain Pascal Leyinda, Dominique Ondze et Mme Marie Jeanne Kouloumbou.
Toutes les commissions interparlementaires sont dirigées par le président de l'Assemblée Nationale et les membres du bureau de la chambre basse du parlement.

Contrairement à l'Assemblée nationale qui en comprend huit (8), le Sénat comprend six (6) commissions permanentes : Ces Commissions ont été mises en place lors de la plénière du jeudi 21 septembre 2017 à Brazzaville. Il s'agit des commissions suivantes :
-Commission Economie et Finances
-Commission Défense et Sécurité
-Commission Santé Famille Affaires sociales Genre et Développement durable
-Commission Affaires juridiques et administratives
-Commission Education Science Culture Information et Technologie
-Commission Affaires étrangères et Coopération

2-Les commissions ad hoc

Des Commissions ad hoc sont créées en séance plénière sur un sujet précis ayant un caractère temporaire. La composition des Commissions ad hoc reflète la configuration politique de l'Assemblée nationale, tandis qu'au Sénat l'article 61 du règlement intérieur dispose qu'il n'y a pas de critère particulier pour la désignation des membres des commissions spéciales ; cette exigence de la configuration politique se trouve plutôt dans l'article 55 du règlement intérieur du Sénat qui dispose de la composition des bureaux des commissions permanentes.

Le mandat des commissions ad hoc prend fin après le dépôt de leur rapport sur le bureau de l'Assemblée nationale ; par contre, le règlement intérieur du Sénat en son article 62 dispose que les commissions spéciales déposent leur rapport sur le bureau de la ou des commissions dont elles sont l'émanation. Ce rapport est soumis à l'ensemble des députés pour adoption. Les membres des commissions ad hoc sont tenus au secret d'État. Les bureaux des commissions ad hoc sont élus en séance plénière de l'Assemblée nationale conformément aux dispositions des articles 8 et 9 du règlement intérieur et de l'article 62 du règlement intérieur du Sénat.

La composition des bureaux des commissions ad hoc est la même que celle prévue aux dispositions de l'article 29 du règlement intérieur de l'Assemblée nationale et 62 du règlement intérieur du Sénat :
- un président ;
- un vice-président ;
- un rapporteur ;
- un secrétaire.

3-Les travaux en commissions

Les commissions sont convoquées à la diligence du président de la Chambre si le Gouvernement le demande. En cours de session, elles sont également convoquées par leurs présidents. En dehors des sessions, les commissions peuvent être convoquées soit par le président de la chambre soit par leurs présidents après accord du bureau de la commission. Toutefois, la réunion est annulée ou reportée si plus de la moitié des membres de la commission la demande.
Sous réserve des règles fixées par la Constitution, les lois organiques et le Règlement intérieur, chaque commission est maîtresse de ses travaux. Les commissions sont saisies à la diligence du président de l'Assemblée nationale ou du Sénat de tous les projets ou propositions de lois relevant de leur compétence ainsi que des pièces du dossier s'y rapportant.

Dans le cas où une commission se déclare incompétente ou en cas de conflit de compétence entre deux ou plusieurs commissions, le président soumet la question à la décision de la plénière.

Les membres du Gouvernement ont accès à l'Assemblée nationale et au Sénat et à leurs commissions. Ils sont entendus à la demande d'un député ou d'un sénateur, d'une commission ou à leur propre demande.

Ils peuvent se faire assister par des collaborateurs. En cas d'absence du ministre titulaire, son intérimaire le remplace. Les auteurs de propositions de lois ou d'amendements peuvent être convoqués aux séances de la commission où leur texte est examiné. Les commissions peuvent décider de l'audition de toute autre personne susceptible de fournir des renseignements d'ordre technique.

S'agissant d'un membre du Gouvernement, la demande d'audition est adressée au Gouvernement par le président de l'Assemblée nationale ou du Sénat. Dans le cas où la proposition de loi déposée a donné lieu à des amendements proposés par le Gouvernement, la commission intéressée est saisie de l'ensemble du dossier.

Toute commission peut désigner l'un de ses membres à l'effet de participer avec voix consultative aux travaux de la Commission économie et finances lors de l'examen de la loi de finances pour le chapitre ou l'article de la loi qui est de la compétence de cette commission.

La Commission économie et finances dûment avisée doit obligatoirement convoquer le membre ainsi désigné lorsqu'elle procédera à l'examen en question. De même, les membres du bureau de la Commission économie et finances doivent être convoqués en vue de participer, avec voix consultative, aux travaux de toute commission étudiant un texte ayant une incidence sur les chapitres du budget de l'État.
Au cas où une commission se rend compte qu'en raison de la connexité ou de la complémentarité des questions étudiées dans une autre commission, il lui revient de donner un avis, elle en informe le président de cette commission, qui en retour lui communique la date et l'heure de l'examen de cette question. Le membre désigné par la commission intéressée participe avec voix consultative aux travaux de la commission chargée de traiter de la question.

Tout rapport de commission doit être distribué aux membres du Gouvernement et de l'Assemblée nationale ou du Sénat au moins quarante-huit (48) heures avant la tenue de la séance plénière. Toutefois, en cas d'urgence, le défaut de distribution ne peut faire obstacle à l'inscription à l'ordre du jour avec débats des conclusions adoptées en commission. Les réunions des commissions se tiennent à huis clos et leurs délibérations ne doivent porter que sur les points inscrits à l'ordre du jour de la session à l'exception des affaires étudiées dans le cadre de la commission d'enquête parlementaire.

La présence aux réunions des commissions est obligatoire. Cependant, en cas d'empêchement, un membre peut déléguer ses pouvoirs par écrit à un autre membre de la commission.

Le secrétaire de la commission tient une liste de présence sur laquelle est porté éventuellement le motif invoqué par un membre absent ; cette liste, signée du président de la commission et du secrétaire, est remise au plus tôt au président de la chambre. Les absences injustifiées sont passibles des sanctions prévues par le Règlement intérieur de l'Assemblée nationale, notamment en son article 84 et à l'article 88 du règlement intérieur du Sénat.

Aucune commission ne peut prendre des décisions si la majorité absolue de ses membres n'est pas présente ou représentée. Les décisions des commissions sont prises à la majorité des membres présents ou représentés. Lors des délibérations des commissions, la voix du président de la commission n'est pas prépondérante.

En cas de partage de voix à l'occasion d'un vote, la voix du Président de la commission est prépondérante à l'Assemblée nationale, alors qu'au Sénat l'article 112 du règlement intérieur dispose que dans ce cas précis de partage de voix, la disposition est de nouveau soumise aux voix jusqu'à ce qu'une majorité se dégage.

Les débats en commissions sont consignés dans un procès-verbal et un rapport des travaux est établi par le secrétariat de la commission. Les rapports des travaux en commissions sont déposés au Bureau de l'Assemblée nationale ou du Sénat dans les délais prévus par le calendrier de la session. Toutefois, les présidents des commissions peuvent demander une prorogation de délai.

Section IV : La vie parlementaire

Le travail parlementaire est organisé en législature divisée en sessions.

Paragraphe 1 : Les sessions
Le régime des sessions
Selon l'article 117 de la constitution, Chaque chambre du Parlement se réunit de plein droit en trois sessions ordinaires par an, sur convocation de son Président :
- la première session s'ouvre le 15 octobre et se termine le 23 décembre ;
- la deuxième session s'ouvre le 1er février et se termine le 10 avril ;
- la troisième session s'ouvre le 2 juin et se termine le 13 août

Si le 15 octobre, le 1er février ou le 2 juin est un jour férié, l'ouverture de la session a lieu le premier jour ouvrable qui suit : l'ordre du jour de chaque session est fixé par la conférence des présidents.

Chaque chambre du Parlement est convoquée en session extraordinaire par son président sur un ordre du jour déterminé, à la demande du président de la République ou de la majorité absolue de ses membres. La clôture intervient dès que la chambre a épuisé l'ordre du jour pour lequel elle a été convoquée et, au plus tard, quinze jours à compter de la date du début de sa réunion.
Les sessions sont ouvertes et closes par le président de chaque chambre ou par l'un des vice-présidents, en cas d'empêchement du président de la chambre. Les séances des deux chambres du Parlement sont publiques. Le compte rendu intégral des débats est publié au journal des débats. Toutefois, l'Assemblée nationale ou le Sénat peut siéger à huis clos à la demande du Président de la République, du président de chaque chambre ou d'un tiers de ses membres. Les séances plénières sont publiques et peuvent être retransmises en direct par la Radio et la Télévision d'État. Le compte rendu intégral des débats est publié au Journal officiel. La chambre ne peut se réunir valablement que lorsque quatre (4) membres du Bureau au moins, dont le Président ou l'un des Vice-présidents, sont présents. Elle ne peut siéger et décider qu'autant que la majorité absolue de ses membres se trouve réunie.

Paragraphe 2 : Statut et exercice du mandat
Les Parlementaires détiennent un mandat qui traditionnellement en droit public est représentatif, en général (bien qu'élu d'une circonscription, le

parlementaire représente l'ensemble de la Nation), indépendant et irrévocable. Tout mandat impératif est nul, ce qui signifie que le parlementaire n'est lié juridiquement par aucun engagement vis-à-vis des électeurs.

1- La conquête du mandat

Les règles relatives à la désignation des parlementaires sont fixées par la loi électorale. La durée du mandat des députés est de cinq ans. Ils sont rééligibles. La durée du mandat des sénateurs est de six ans. Le Sénat est renouvelable tous les trois ans de moitié par tirage au sort. Les mandats de député et de sénateur peuvent être prolongés par la Cour constitutionnelle en cas de circonstances exceptionnellement graves empêchant le déroulement normal des élections ; la Cour constitutionnelle est saisie par le Président de la République (article 109 C). Les mandats des députés et des sénateurs commencent le deuxième mardi suivant leur élection. Chaque chambre du Parlement se réunit de plein droit. Si cette réunion a lieu en dehors des périodes prévues pour les sessions ordinaires, une session extraordinaire est ouverte de plein droit pour une durée de quinze (15) jours (article 115 C).

Le mandat des députés prend fin à l'entrée en fonction de la nouvelle Assemblée. Les élections ont lieu vingt (20) jours, au moins, et cinquante (50) jours, au plus, avant l'expiration du mandat des députés. Chaque député est élu avec son suppléant.

Les candidats aux élections législatives ou sénatoriales doivent :

- être de nationalité congolaise ;
-être âgés de dix- huit (18) ans au moins, pour les députés, et de quarante-cinq (45) ans au moins, pour les sénateurs ;
-résider sur le territoire national au moment de la présentation des candidatures ;
-jouir de tous leurs droits civils et politiques ;
-ne pas avoir été condamnés pour crimes ou délits.

Les candidats aux élections législatives ou sénatoriales sont présentés par les partis politiques ou par des groupements politiques. Ils peuvent aussi se présenter comme candidats indépendants.

Il ne peut être procédé à une élection partielle dans le dernier semestre de la législature. La Cour constitutionnelle statue sur la recevabilité des candidatures et sur la validité de l'élection des députés et des sénateurs.

2- Statut des parlementaires

Dans un double souci d'indépendance du parlement et de moralisation de la vie politique, députés et sénateurs jouissent d'un statut commun qui leur impose certaines contraintes, mais leur offre aussi les garanties indispensables pour l'exercice de leur mandat.

❖ Les incompatibilités

Pour permettre aux élus d'exercer leur mandat en toute indépendance, certaines activités sont jugées incompatibles pendant la durée d'un mandat parlementaire. Incompatibilité ne signifie pas inéligibilité, mais le nouvel élu doit opérer un choix entre son mandat et ses fonctions.

Sont incompatibles avec l'exercice d'un mandat parlementaire les fonctions de :

Président de la République ;
Membre du Gouvernement ;
Médiateur de la République ;
Membre de la Cour Constitutionnelle ;
Membre du Conseil Economique et Social ;
Membre du Conseil Supérieur de la liberté de communication ;
Membre de la commission nationale d'organisation des élections ;
Membre des cabinets présidentiel et ministériel ;
Magistrat ;
Préfet ;
Sous-préfet ;
Administrateur Maire ;
Administrateur Maire de communauté urbaine ;
Administrateur délégué de communauté rurale ;
Secrétaire général des collectivités territoriales ;
Directeur général du Trésor ;
Directeur départemental du Trésor ;
Fondé de pouvoir du Trésor ;
Secrétaire général, Directeur général ou Directeur central d'Administration publique ;
Directeur général, Directeur central, Directeur divisionnaire et Directeur départemental des régies financières ;
Directeur Départemental et receveur de l'administration des entreprises publiques et parapubliques ;
Personnel diplomatique.

L'exercice des fonctions conférées par un État étranger ou une Organisation internationale est également incompatible avec l'exercice d'un mandat parlementaire.

Il est interdit à tout député ou sénateur de faire ou de laisser figurer son nom, suivi de l'indication de sa qualité, dans toute publicité relative à une entreprise financière, industrielle ou commerciale. Il est également interdit d'exciper de sa qualité dans l'exercice de quelque fonction que ce soit dans le but ou non d'en tirer un avantage personnel.
Le député ou le sénateur est protégé dans l'exercice de son mandat. À ce titre, il bénéficie d'une immunité parlementaire. Aucun député ou sénateur ne peut être poursuivi, ni recherché, détenu ou jugé à l'occasion des opinions ou votes émis par lui dans l'exercice de ses fonctions. Aucun député ou sénateur ne peut, pendant la durée des sessions, être poursuivi ou arrêté en matière criminelle ou correctionnelle sans l'autorisation de l'Assemblée à laquelle il appartient, sauf cas de flagrant délit. Aucun député ou sénateur ne peut, hors session, être arrêté ou poursuivi sans l'autorisation du bureau de la Chambre, sauf cas de flagrant délit, de poursuites autorisées ou de condamnation définitive, conformément aux articles 130 et 135 de la constitution. L'immunité parlementaire protège le député ou le sénateur au cours de son mandat et après expiration de celui-ci pour les opinions émises pendant qu'il exerçait. Pour permettre aux Parlementaires de se consacrer pleinement aux affaires publiques et de faire face aux besoins de leurs charges tout en évitant la collusion entre les « affaires » et la « politique », le député ou le sénateur a droit à une indemnité qui facilite l'exercice de son mandat, assure et garantit son indépendance. Le montant et les modalités d'attribution de ladite indemnité sont fixés par la loi. Cette indemnité en France peut faire l'objet de retenues en cas de défaut d'assiduité aux travaux de l'assemblée ou des commissions ; mais de telles sanctions il faut le reconnaître ne sont pratiquement jamais mises en œuvres[1]. En outre toujours en France, selon Maryvonne Bonnard[2], au nom de la transparence financière de la vie politique, un contrôle de la situation patrimoniale des parlementaires est effectué en début et en fin de mandat par la commission pour la transparence financière de la vie politique créée en 1988, et complété en 2017 par les lois 2017-1338 et 2017 -1339

[1] Professeur Chantebout in Droit constitutionnel, 20e éd. A. Colin, 2003, P.479.
[2]article intitulé « L'institution Parlementaire » dans INSTITUTIONS ET VIE POLITIQUE SOUS LA 5e République sous la coordination de Michel Verpaux aux éditions les Notices, la Documentation Française.

du 15 septembre 2017pour la confiance dans la vie politique, ceci est évidemment un bel exemple de la bonne gestion des deniers publics et de la moralisation de la vie publique.
Le Suppléant assiste le député dans l'exercice de son mandat.

Aucun parlementaire ne doit être empêché d'exercer son mandat. Toute dénonciation d'un contrat de travail ou tout licenciement pour ce motif est prohibé. Une telle décision est nulle et de nul effet. En cas d'hospitalisation ou d'évacuation sanitaire du député ou du sénateur, les frais y relatifs doivent être mis à la charge de l'Assemblée nationale ou du Sénat, au titre des crédits nécessaires à son fonctionnement. En cas de décès du député ou du sénateur, les obsèques sont à la charge totale de l'Assemblée ou du Sénat, jusqu'au lieu d'inhumation indiqué par la famille du de cujus.

En début de législature, le parlementaire a droit à :
- une carte d'identité parlementaire signée du président de la Chambre ;
- un moyen de déplacement ;
-un attaché parlementaire.

À l'expiration de son mandat, le député ou le sénateur bénéficie d'un congé parlementaire égal à un mois par année calculé sur la base de son indemnité et une prime de fin de législature. Le Parlementaire se distingue dans la société par les insignes suivants :
-une écharpe aux couleurs de l'emblème national ;
-un insigne de boutonnière ;
-une médaille épinglette ;
-une cocarde aux couleurs de l'emblème national placée sur son véhicule automobile et sur laquelle est portée la mention « Député ou sénateur ».

Pendant les tournées du député ou du sénateur, les autorités administratives ainsi que la Force publique lui doivent considération et assistance. Le député ou le sénateur a droit aux honneurs qui sont dus à son rang tant dans la vie civile que dans les manifestations officielles.

Paragraphe 3 : La procédure législative

Aux termes de l'article 124 de la constitution, « le parlement vote seul la loi ». La constitution pose ainsi un critère formel et organique de définition de la loi, celle-ci étant un texte issu de la délibération du parlement. La procédure législative ordinaire est très structurée. Elle permet de mettre en évidence deux acteurs-clés de l'initiative parlementaire : le Gouvernement et les membres du parlement.

1- L'initiative législative du Gouvernement

L'article 143, de la constitution dispose que le Gouvernement a l'initiative des lois, concurremment avec les membres du parlement.

Il revient aux ministres dans leur secteur d'attributions de préparer les avant-projets de loi. Cette préparation emprunte les procédures ordinaires du travail gouvernemental.

La consultation de la Cour suprême est obligatoire dans la préparation de certains textes. Il faut tenir le plus grand compte des avis donnés par celle-ci. Il s'agit d'abord d'assurer le respect du droit. Il s'agit aussi de rendre les textes parfaitement conformes à l'objectif poursuivi et d'assurer leur intelligibilité et leur lisibilité, comme leur correcte insertion dans l'ordonnancement juridique.

Dans l'élaboration des projets de loi, il faut veiller au strict respect de la Constitution, il faut à cette fin :

-faire étudier attentivement par les services des ministères les questions de constitutionnalité que pourrait soulever un texte en cours d'élaboration et de saisir le secrétariat général du Gouvernement suffisamment à l'avance pour lui permettre de se livrer également à cette étude ;

-prévoir un calendrier des travaux préparatoires laissant à la Cour suprême le temps de procéder à un examen approfondi du projet. Sauf urgence, la transmission du projet à la Cour suprême par les soins du secrétariat général du Gouvernement devra précéder d'au moins quatre semaines sa délibération par le conseil des ministres. Les ministres ne doivent pas hésiter à exposer à la Cour suprême les questions de constitutionnalité qu'ils rencontreront au cours de l'élaboration du projet qui leur est soumis.

-Tenir informé le secrétariat général du Gouvernement des amendements présentés au cours des débats parlementaires et susceptibles de poser des questions de constitutionnalité, afin d'organiser, autant que nécessaire, des réunions interministérielles destinées à prévenir tout risque de contentieux.

Sous l'autorité du Président de la République, le texte est avalisé et engage collectivement le gouvernement. Une fois le texte adopté par délibération, il devient un projet de loi, le gouvernement décide de le déposer sur le bureau de l'une ou l'autre assemblée. La constitution française ajoute à son article 99 alinéa 2 que les projets de loi des finances et la loi de financement de la sécurité sociale sont soumis en premier lieu à l'Assemblée nationale, alors que les projets de loi ayant pour principal objet l'organisation des collectivités territoriales sont soumis en premier lieu au sénat. De même, il y a désormais, depuis une circulaire du Premier ministre français du 1er décembre 1995, ainsi que la loi organique du 15 avril 2009, l'obligation pour le gouvernement de transmettre une étude d'impact d'un projet de loi. Ces études d'impact transmises au parlement à l'appui de chaque projet de loi doivent permettre d'évaluer, au préalable, les incidences économiques, financières, sociales, environnementales des réformes envisagées dans le cadre de ce projet. Cette obligation nouvelle ne s'applique pas à un certain nombre de textes spécifiques (projet de révision constitutionnelle, projets de loi des finances, projets de loi de financement de la sécurité sociale, projets de loi de programmation sur les orientations pluriannuelles des finances publiques, projets prorogeant les états de crise).

Notre procédure législative gagnerait à être complétée en ce point, afin d'améliorer la qualité de la loi et renforcer le travail parlementaire.

2-L'initiative parlementaire : proposition de loi

L'initiative parlementaire se traduit par le dépôt de propositions de loi. Les propositions de loi d'origine parlementaire ne sont pas restreintes à l'obligation de consultation de la Cour suprême. Ces propositions de loi, dont la rédaction est arrêtée par le parlement, sont avant délibération et vote communiquées pour information au Premier Ministre (art 144 alinéa 2 C). Les propositions de loi et les amendements déposés par les membres du parlement et tendant à augmenter ou à diminuer les dépenses doivent être assortis de propositions dégageant les recettes ou les économies correspondantes (art 145 de la constitution). Cet article est l'équivalent de l'irrecevabilité financière de l'article 40 de la constitution française du 4 octobre 1958, qui dispose en effet que « les propositions et amendements fournis par les membres du parlement ne sont pas recevables lorsque leur adoption aurait pour conséquence soit une diminution des ressources publiques soit la création ou l'aggravation d'une charge publique. »[1]

[1] Voir à ce sujet CC n°2009-58DC du 25 janvier 2005.

Notre droit parlementaire est plus souple, puisqu'au lieu d'une irrecevabilité pure et simple, le constituant exige aux membres du parlement d'assortir le texte définitif de proposition dégageant les recettes ou les économies correspondantes. Il y a en outre le cas de l'irrecevabilité législative de l'article 146 de la constitution. Au terme de cet article, s'il apparaît au cours de la procédure législative qu'une proposition de loi, un projet ou un amendement n'est pas du domaine de la loi, le texte sera irrecevable. L'irrecevabilité est prononcée par le président de la chambre intéressée, après délibération du bureau. En cas de contestation (art 146 al 2) la cour constitutionnelle, saisie par le premier Ministre ou par le président de la chambre intéressée, statue dans un délai de quinze (15) jours.
En pratique, il s'agit d'une irrecevabilité juridique destinée à protéger le domaine du règlement des incursions du parlement. Mais, contrairement au caractère absolu de l'irrecevabilité financière, l'irrecevabilité de l'article 146 présente un caractère facultatif, le Conseil constitutionnel, ayant admis qu'il ne lui était pas possible dans le cadre de la procédure de contrôle de constitutionnalité [1]de censurer l'empiétement du législateur sur le domaine du règlement. Cette irrecevabilité est donc épisodique. En pratique, l'irrecevabilité prévue à l'article 146 n'est qu'exceptionnellement invoquée. La dernière application qui en a été faite au sénat en France date de la session 1992-1993. Le Conseil constitutionnel est encore plus exceptionnellement saisi. Il ne l'a été que onze (11) fois en cinquante ans, la dernière session remonte à 1979. Au Congo ce cas de figure n'a jamais eu lieu au parlement.

❖ **Le droit d'amendement**

L'article 149 de la constitution dispose que le Gouvernement et les membres du parlement ont le droit d'amendement.

Les amendements ne possèdent de chances d'être retenus qu'émanant de la majorité ou avec son soutien ; ils sont la principale participation du Parlement à l'élaboration de la loi. Si les diverses irrecevabilités (articles145 et 146) peuvent leur être opposées, il n'existe au départ pas de règles particulières qui leur soient opposées ; le Conseil constitutionnel en France vint préciser leur portée. Il a d'abord été jugé que l'amendement adopté ne doit pas être dépourvu de tout lien avec le texte en cours de discussion (CC, 85-191 DC, 10 juillet 1985), puis le Conseil

[1] C.C.n°82-143DC du 30 juillet 1982 « la loi sur les prix et les revenus »

admit qu'un amendement ne devait pas dépasser une certaine dimension (CC, 86-221 DC, 29 décembre 1986, Loi de finances pour 1987). Il fut encore jugé que les amendements ne pouvaient être ajoutés à un texte après que la commission mixte paritaire se fut réunie, à moins qu'ils ne soient en relation directe avec une disposition du texte en discussion ou nécessaire à une coordination législative (CC, 2000-430-DC, 29 juin 2000, Amendement après CMP). C'est enfin qu'à l'occasion d'une décision du 19 janvier 2006 le Conseil a été amené à préciser sa jurisprudence (CC, 2005-532 DC, 19 janvier 2006, Loi relative à la lutte contre le terrorisme). Le Conseil relève donc que si le droit d'amendement doit pouvoir s'exercer pleinement au cours de la première lecture, à partir de la seconde lecture ne pourront être adoptés que des amendements en relation directe avec une disposition restant en discussion ; dès lors, des dispositions adoptées dans les mêmes termes par les deux assemblées ne peuvent être remises en cause dans la suite de la discussion parlementaire.

❖ **Le processus d'élaboration, d'adoption et de mise en œuvre des lois**

Parler du processus d'élaboration, d'adoption et de mise en œuvre des lois c'est décrire l'itinéraire qu'emprunte tout texte législatif avant de paraître dans le journal officiel pour avoir force de loi et autorité de chose légiférée. Dans tous les pays, c'est naturellement la loi qui régit toutes les relations, qu'elles soient économiques ou sociales et, elle occupe la place la plus élevée. Après la Constitution, c'est la référence normative à laquelle doivent se conformer tous les textes réglementaires ou individuels sous peine d'être entachés d'illégalité et d'être annulés par le juge de l'excès de pouvoir. C'est dire l'importance de la législation dans la régulation des relations au sein d'une société.

Le Gouvernement dépose son projet de loi indifféremment à l'Assemblée nationale ou au Sénat.

L'examen des propositions de loi débute dans l'assemblée du parlementaire qui en est l'auteur.

Au sein de l'assemblée où le texte est déposé, c'est **la commission** compétente dans le domaine concerné par le texte qui va l'examiner. Par exemple, une loi sur la formation professionnelle sera examinée par la commission des affaires sociales. Une commission spéciale peut aussi être créée. La commission désigne l'un de ses membres pour être *le rapporteur* : il analyse le texte en détail dans un rapport présenté à ses collègues et fait des propositions. À l'issue du débat, les parlementaires de la commission peuvent soit :

- adopter le texte tel qu'il leur a été soumis ;
- adopter un nouveau texte modifié par des amendements ;
- ou rejeter en bloc le texte initial.

Le texte adopté par la commission est ensuite **inscrit à l'ordre du jour** de la première assemblée où il a été déposé. Il est alors discuté dans **l'hémicycle, en séance publique** : il peut être là encore modifié par des amendements.

Les parlementaires votent d'abord pour chaque article et amendement, avant de voter sur l'ensemble du texte. Une fois adopté, le texte est transmis à l'autre assemblée qui va l'examiner selon les mêmes règles : travail en commission, puis discussion et vote en séance publique.

❖ **La navette et l'adoption de la loi**

La navette parlementaire, expression du bicaméralisme, est un dispositif inscrit dans la constitution (art 150). On la définit généralement comme un mouvement de va-et-vient entre l'Assemblée nationale et le sénat avec pour objectif d'aboutir à un texte commun.

I- La navette, un dispositif constitutionnel

1- Le principe de l'égalité des deux chambres

Les constituants congolais et français posent d'abord le principe de l'égalité entre les deux chambres en matière législative avant d'envisager l'exception à ce principe en cas de blocage.
C'est l'article 150 de la constitution qui pose le principe de l'égalité des deux chambres en matière législative. Il reprend in extenso les dispositions de l'article 45, alinéa 1 de la constitution française de 1958 : « Tout projet ou toute proposition de loi est examiné, successivement par les deux chambres, en vue de l'adoption d'un texte identique ».

Par cet article 150 de la constitution congolaise, le législateur fixe la portée du bicaméralisme institué par les dispositions de la même constitution en son article 107 : « Le parlement est composé de deux chambres : l'Assemblée nationale et le Sénat ».

Quel que soit le mode de recrutement des membres des deux chambres, et quelles que soient les prérogatives dévolues à chacune d'elles, a priori la constitution leur confère les mêmes droits en matière législative. Lorsque le vote d'une loi ne peut être acquis que par l'accord des deux chambres, on parle d'un bicaméralisme « complet ». On ne reconnaît comme loi que celle qui a été adoptée par les deux assemblées, dans les mêmes termes.

2- L'exception au principe de l'égalité des deux chambres

Mais à ce principe de l'égalité entre les deux chambres, la constitution oppose une exception. En effet, à la suite d'un désaccord entre les deux assemblées, sur l'adoption en première lecture du projet ou de la proposition de loi, le Premier Ministre dispose de la faculté de soumettre le texte à l'éclairage d'un organe restreint appelé *Commission mixte paritaire ou CMP.* La constitution congolaise ne s'embarrasse pas du régime juridique de la C.M.P. ; elle se contente de la créer. Elle n'apporte aucune précision ni sur sa composition ni sur son mode de fonctionnement ; les règlements intérieurs des deux chambres sont également silencieux sur la mise en œuvre de cet organe pour atteindre l'objectif qui lui est assigné.

3- Le processus de la navette et ses résultats

Ce texte se restreint au fil des lectures. La navette est limitée aux articles en désaccord entre les deux assemblées de sorte que les articles adoptés « conformes » ne sont plus discutés sauf pour une « coordination ». Toutefois, il faut noter deux exceptions où la discussion peut se poursuivre ;

C'est lorsqu'il s'agit :

- D'une part, de l'intitulé des projets et propositions et des titres des subdivisions internes.
- D'autre part, des dispositions nouvelles dans la mesure où elles ne remettent pas en cause les articles adoptés ou supprimés conformes.

La navette elle-même se présente sous deux formes, classique et accélérée. La navette classique est la procédure normale d'adoption des lois ; la procédure de la lecture unique ou double selon les cas se déroule normalement. Elle est accélérée lorsque le gouvernement en signale l'urgence.

La constitution congolaise ne fait nullement mention de cette deuxième forme. Les résultats de la CMP peuvent conduire aux trois hypothèses suivantes :

- La CMP a réussi à élaborer un texte identique. Celui-ci est soumis aux deux chambres pour adoption. (Alinéa 3 Art.150). Le parlement peut refuser d'adopter le texte ;
- La CMP a réussi, mais le gouvernement ne soumet pas le texte au parlement pour adoption. Ce qui est peu probable.
- La CMP n'est pas parvenue à élaborer un texte commun ou bien celui-ci n'a pas été approuvé par le parlement.

En cas d'échec de la tentative de conciliation de la CMP, le texte fera l'objet d'une dernière navette à la suite de laquelle, en cas de désaccord persistant, le Premier Ministre pourra confier à l'Assemblée nationale, le privilège de statuer en dernier ressort (Alinéa 4 Art.150). En cas de refus par le parlement d'adopter le texte de la CMP, le Premier Ministre lance une dernière navette.

4- La nécessaire implication du pouvoir exécutif dans la navette

- La place et le rôle du Gouvernement dans le processus législatif

Faut-il le rappeler, le Gouvernement, en vertu de l'article 143 de la constitution, exerce concurremment avec les membres du parlement, l'initiative des lois.

Le constituant entend faire du Gouvernement, l'une des pièces maîtresses du processus législatif. Il intervient par ailleurs dans le déroulement du travail parlementaire par divers mécanismes ; *art 119 ; art.150 ; art.85 ; art. 158 ; art. 149.*

- Art. 119. Le Président de la République peut demander la convocation d'une session extraordinaire de chaque chambre du parlement ;
- Art. 150. Le Premier ministre peut provoquer la réunion d'une commission mixte paritaire en cas de désaccord entre les deux assemblées ;
- Art.85. Le Président de la République peut déférer à la cour constitutionnelle, avant sa promulgation, une loi votée par le parlement.
- Art. 158. Le Gouvernement peut légiférer par ordonnance ;
- Art. 149. Le Gouvernement et les membres du parlement ont le droit d'amendement.

Paradoxalement, on se rend compte que les règlements intérieurs des deux chambres aménagent plutôt des procédures qui tendent à marginaliser le gouvernement dans la transmission des textes. L'article 108, alinéa 1 du règlement intérieur du sénat dispose que tout projet ou proposition de lois adoptées par le sénat, saisi en premier lieu, est transmis à l'examen de l'Assemblée nationale ; l'article 96 du règlement intérieur de l'A.N. reprend les mêmes termes, mais se rattrape à son alinéa 3 sans lequel le Président de la République n'aura pas été impliqué, la transmission se faisant de chambre à chambre.

En revanche, la transmission au Président de la République apparaît à l'article 98 du R.I. de l'A.N. Il reste que le texte utilise le terme de gouvernement pour désigner le Président de la République ; ce qui est impropre du point de vue du droit constitutionnel qui considère les deux institutions constitutionnelles comme distinctes, ayant des attributions propres et ne pouvant être confondues. Une telle option ne se justifie guère pour les projets de loi au regard des attributions d'ordre législatif conférées au président de la République, par la cour constitutionnelle ; elle est même en contradiction avec les articles 104 du R.I. du Sénat et 89 du R.I de l'A.N. qui disposent que le Président de la République peut retirer ses projets de loi ad nutum jusqu'à leur adoption définitive.

Comment le Président de la République peut-il exercer cette faculté de retrait si les projets de loi adoptés sont transmis directement à l'examen de l'autre chambre sans que le président soit impliqué ?
Une remise en ordre s'impose, d'autant plus que ces deux règlements intérieurs ont été rédigés en tenant compte de la constitution du 20 janvier 2002 qui a été déjà abrogée. Dans la nouvelle constitution, celle du 25 octobre 2015 c'est plutôt le Premier Ministre qui joue un rôle essentiel dans la procédure législative et non le Président de la République.

- La procédure du vote bloqué
La procédure du vote bloqué ou vote unique permet au gouvernement d'amener l'assemblée à se prononcer par un seul vote sur tout ou partie du texte en discussion, en ne retenant que les amendements proposés ou acceptés par lui. Elle se distingue fondamentalement de l'engagement de la responsabilité du gouvernement sur le vote d'un texte.

En France, la première procédure est prévue à l'article 44 al.3 de la constitution. Le second mécanisme est consacré par l'article 49-3 de la constitution. La première procédure celle du vote bloqué a été prise en compte par les règlements intérieurs des deux chambres du parlement et non par le constituant ; ce sont les articles 107 al.2 du R.I. du Sénat et 95 al.2 du R.I. de l'A.N. qui traitent du « vote global de tout ou partie du projet ». Cependant, il se pose un problème dans la rédaction de l'article 95 qui se veut conforme à l'article 150 de la constitution qui, chose troublante, ne fait aucune allusion à un vote global de texte. **Ce renvoi est non conforme**.

Le mécanisme de l'engagement de la responsabilité du gouvernement est consacré par l'article 159 de la constitution.

À la lumière des conséquences propres à l'une et l'autre forme du bicaméralisme, complètes ou incomplètes, les constituants selon le temps et l'espace s'inscrivent dans le mouvement nécessaire des mentalités. Le principe de la navette reste assuré et son fondement demeure encore le souci d'égalité des droits entre les deux assemblées. La primauté de la première chambre sur la seconde est une exception à la règle.
Toutefois, le gouvernement qui conduit la politique d'un état a des objectifs à atteindre ; aussi pourrait-on comprendre son refus d'une égalité absolue qui peut conduire à des conflits insolubles entre les chambres et donc à des blocages. Aussi, les constituants ont-ils doté l'exécutif d'un instrument de résolution de ce type de conflit par la mise en place d'une commission mixte paritaire.
La loi est ensuite **promulguée** par le Président de la République dans les quinze (15) jours (art 85 C).
La loi promulguée entre en vigueur après sa publication au Journal officiel.
Des décrets d'application permettent sa mise en œuvre.

CHAPITRE V

LA COUR CONSTITUTIONNELLE OU LA JURIDICTION CONSTITUTIONNELLE

La consécration constitutionnelle du principe de la séparation des pouvoirs garantit l'indépendance de la Cour constitutionnelle dans l'accomplissement de sa fonction de sauvegarde du respect de la Constitution et de protection des droits et des libertés fondamentaux du citoyen à travers l'exercice de ses différentes missions de contrôle. Chargée, en effet, aux termes de l'article 175 de la Constitution du 25 octobre 2015 et de l'article1er alinéa 2 de la loi organique n°28-2018 du 7 août 2018 portant organisation et fonctionnement de la cour constitutionnelle qui a abrogé la loi n° 1-2003 du 17 janvier 2003 portant organisation et fonctionnement de la Cour constitutionnelle, du contrôle de la constitutionnalité des lois, des traités et des accords internationaux, la Cour constitutionnelle est, légalement, indépendante des pouvoirs exécutif, législatif et judiciaire.

Le degré d'indépendance de la Cour constitutionnelle se mesure à l'accomplissement de ses missions de contrôle en tant qu'organe de contrôle constitutionnel, à la nature des éléments qui caractérisent l'indépendance de ses membres pris individuellement et aux mesures procédurales prévues par le législateur pour garantir cette indépendance.

Il convient de se référer aux données de l'histoire pour indiquer que la Cour suprême, créée par la loi n° 4-62 du 20 janvier 1962, juridiction de droit commun, avait bénéficié d'une extension de compétence dans la Constitution de la République du Congo du 8 décembre 1963 pour se constituer en « Conseil constitutionnel » aux fins de se prononcer sur la constitutionnalité des lois et des engagements internationaux. Une nouvelle institution dénommée « Conseil constitutionnel », organe politique et juridictionnel constitué auprès des pouvoirs publics, dans la Constitution du 8 juillet 1979, dépouillait la Cour suprême de ses pouvoirs en matière constitutionnelle. Une place de choix lui était consacrée par la Constitution du 15 mars 1992 qui lui reconnaissait de multiples attributions : contrôle de la constitutionnalité des lois, des traités et des accords internationaux ; régulation des activités des pouvoirs publics ; contrôle de la régularité de l'élection du président de la République...

L'Acte fondamental du 24 octobre 1997, qui abroge la Constitution du 15 mars 1992, n'avait consacré aucune disposition au Conseil constitutionnel. Il disposait que la Cour suprême, par sa chambre administrative et constitutionnelle, avait compétence pour assurer le contrôle de la conformité des lois, des traités et des accords internationaux, à l'acte fondamental. Avec l'adoption de la Constitution du 20 janvier 2002, est instituée, pour la première fois, la Cour constitutionnelle dont les missions sont celles du contrôle de constitutionnalité des lois, des traités et des accords internationaux, de contrôle de la régularité des élections et des référendums. La constitution du 25 octobre 2015 et le régime semi-présidentiel, apportent quelques nouvelles dispositions, par exemple la cour est désormais saisie aussi par le Premier Ministre (art 178 C), l'article 182 de la constitution précise les modalités de nomination des membres de la cour constitutionnelle, alors que cela ne figurait pas dans la constitution de 2002, puisque renvoyé à la loi. Il faut dire que les articles 182 à 187 sont nouveaux et traduisent la volonté du constituant de constitutionnaliser certaines règles relatives à la cour constitutionnelle qui en 2002 étaient du domaine de la loi. Une attention particulière doit être accordée à l'article 187 qui dispose que la Cour est composée d'au moins six (6) personnalités jouissant d'une expérience dans le domaine du droit ; cette disposition était absente dans les constitutions précédentes, ainsi que dans la loi organique de 2003 abrogée, par contre elle figure dans l'article 4 de la loi n°28-2018 du 7août 2018 portant organisation et fonctionnement de la cour constitutionnelle ; elle traduit de notre point de vue la volonté du constituant de faire de la cour un organe véritablement juridictionnel, composé de spécialistes. Les conditions de mise en œuvre de ces contrôles, prévues d'une part, dans la Constitution et dans la loi organique n°28-2018 du 7août 2018 portant organisation et fonctionnement de la Cour constitutionnelle et, d'autre part, dans le règlement intérieur de cette institution adopté le 25 février 2003 illustrent les aspects d'indépendance de celle-ci.

En tant qu'organe régulateur de l'activité des pouvoirs publics, la Cour constitutionnelle doit jouer son rôle en toute impartialité. Il s'ensuit son indépendance à l'égard des pouvoirs exécutif, législatif et judiciaire (art. 1er, alinéa 3, loi organique n°28-2018 du 7août 2018 portant organisation et fonctionnement de la Cour constitutionnelle). L'indépendance de l'institution transparaît, aussi, au travers des règles fixées pour la nomination de ses membres qui proviennent de quatre sources : elle est composée de neuf (9) membres nommés ainsi qu'il suit :

- trois (3) par le Président de la République ;
- deux (2) par le Président du Sénat ;
- deux (2) par le Président de l'Assemblée nationale ;
- deux (2) par la Cour suprême parmi les membres.

Dans la constitution du 20 janvier 2002, tous les membres étaient nommés par le président de la république, uniquement sur proposition des autres institutions ; le texte de 2002 dit précisément que trois membres de la Cour constitutionnelle sont nommés par le Président de la République. Les autres membres sont nommés par le Président de la République à raison de deux membres sur proposition des Présidents de chaque chambre du Parlement et de deux membres sur proposition du bureau de la Cour suprême parmi les membres de cette juridiction.

Ce nouveau mode de désignation issu de la constitution du 25 octobre 2015 est de nature à écarter toute possibilité d'inféodation de la Cour constitutionnelle à l'un de ces pouvoirs. Ici, il faut préciser que la législation congolaise ne prévoit pas des membres de droit comme en France. En effet, l'article 56 alinéa 2 de la Constitution Française du 4 octobre 1958 prévoit que sont membres de droit et à vie les anciens présidents de la République : entre autres raisons, il s'agissait de leur assurer une retraite, y compris matérielle, assez confortable. Mais aujourd'hui, le nombre désormais important des membres de droit a parfois reposé en France le problème de leur présence au sein du Conseil. Il n'y a pas de condition pour être nommé à la Cour Constitutionnelle, ni d'âge maximum ou minimum, ni de sexe (puisque la Professeure agrégée de droit public Delphine Emmanuel Adouki et l'avocate maître Nadia Josiane Laure Macosso sont membres de la Cour Constitutionnelle), ni de compétence professionnelle (à la différence des pays comme L'Italie ou L'Allemagne). La place des juristes a été toujours importante en France, puisque le Conseil a compris un certain nombre de professeurs de Droit comme Marcel Waline, le Doyen Vedel, François Luchaire et autres. Au Congo, on trouve au sein de la Cour des enseignants de droit comme madame la professeure Delphine Emmanuel Adouki, Marc Massamba-Ndilou, des praticiens du Droit comme Thomas Dhellot, Jean Bernard Anaël Samory, Auguste Iloki et madame

Nadia Josiane Laure Macosso et des hommes politiques comme Pierre Passi, Jacques Bombete et Justin Balley-Mégot. Cette indépendance est également perceptible, de manière plus visible, s'agissant de la gestion des crédits nécessaires au fonctionnement de la Cour constitutionnelle qui font l'objet d'une inscription au budget de l'État et le président de cette institution en est l'ordonnateur principal, le vice-président l'ordonnateur délégué. L'autorité des décisions de la Cour constitutionnelle, qui résulte de *l'insusceptibilité* de recours qui leur est attachée, est un trait qui renforce l'indépendance de cette institution dès lors qu'il est prescrit que lesdites décisions s'imposent aux pouvoirs publics, à toutes les autorités administratives, juridictionnelles et aux particuliers (art. 181, alinéa 2, Constitution du 25 octobre 2015 ; art. 26, loi organique n°28-2018 du 7août 2018 portant organisation et fonctionnement de la Cour constitutionnelle précitée). Le règlement intérieur de cette institution prescrit que ses décisions s'imposent au Gouvernement, à l'Assemblée nationale, au Sénat, à la Cour suprême et aux autres juridictions nationales, aux autorités civiles et militaires ainsi qu'à toutes personnes physiques et morales (art. 36, alinéa 2, Règlement intérieur de la Cour constitutionnelle du 25 février 2003).

La Cour constitutionnelle assure, à travers ses missions de contrôle, la protection des droits et des libertés fondamentaux du citoyen. La Cour constitutionnelle veille à la régularité de l'élection du Président de la République, en examine les réclamations et proclame les résultats du scrutin.

À l'occasion de l'élection du Président de la République, la Cour constitutionnelle désigne un collège de trois médecins assermentés pour constater l'état de bien-être physique et mental des candidats. La Cour constitutionnelle est également compétente pour prononcer le report de l'élection du Président de la République dans les conditions fixées à l'article 70 de la Constitution.

La Cour constitutionnelle reçoit en séance publique solennelle, en présence de l'Assemblée nationale, du Sénat et de la Cour suprême, le serment du Président de la République élu. Elle constate et déclare la vacance de la fonction présidentielle et en désigne l'intérimaire, conformément aux dispositions de l'article 78 de la Constitution. La Cour constitutionnelle statue, en cas de contestation, sur la régularité des élections législative et sénatoriale. Elle se prononce sur la recevabilité

des candidatures aux mêmes élections et peut en cas de circonstances exceptionnelles graves empêchant le déroulement normal des élections, prolonger le mandat des députés et des sénateurs. En ce cas, elle est saisie par le Président de la République. La Cour constitutionnelle veille à la régularité des opérations de référendum et en proclame les résultats. La Cour constitutionnelle, saisie par le Premier Ministre dans les conditions fixées à l'article 153 de la Constitution, donne un avis sur l'établissement définitif du budget de l'État par voie d'ordonnance. Elle peut, par décision motivée et dans les conditions fixées à l'article 158 de la Constitution, autoriser le Gouvernement à légiférer par ordonnance.
Les lois organiques et les règlements intérieurs des deux chambres du Parlement sont, avant leur promulgation ou leur mise en application, soumis à la Cour constitutionnelle pour avis de conformité. La Cour constitutionnelle donne également des avis consultatifs sur toutes les questions relevant de sa compétence d'attribution. Le mandat des membres de la Cour constitutionnelle est de quatre (4) ans renouvelable deux (2) fois (art 186 C).
La Cour constitutionnelle se renouvelle par tiers tous les trois ans. Les deux premiers tiers sont désignés par tirage au sort à raison d'un membre parmi les trois membres nommés par le Président de la République et de deux membres parmi les six autres membres. Le renouvellement des deux premiers tiers a lieu trente jours avant la fin du premier mandat. En cas de décès, de démission ou de condamnation à une peine afflictive et infamante d'un membre de la Cour constitutionnelle, il est pourvu à son remplacement dans les huit jours pour le reste du mandat par nomination d'un nouveau membre conformément aux dispositions de l'article 17 de la loi organique n°28-2018 du 7août 2018 portant organisation et fonctionnement de la Cour constitutionnelle précitée).

Avant d'entrer en fonction, les membres de la Cour constitutionnelle prêtent, devant le Parlement réuni en congrès, le serment suivant : **« Je jure de bien et fidèlement remplir mes fonctions, de les exercer en toute impartialité dans le respect de la Constitution et des lois de la République, de garder le secret des délibérations et des votes et de ne prendre aucune position publique, de ne donner aucune consultation sur les questions relevant de la compétence de la Cour. »** Acte est donné de la prestation de serment par le président du Parlement réuni en congrès qui renvoie les membres de la Cour

constitutionnelle à l'exercice de leurs fonctions. Tout manquement à ce serment constitue une forfaiture.
La Cour constitutionnelle comprend :

- un président ;
- un vice-président ;
- des membres.

Le président et le vice-président de la Cour constitutionnelle sont nommés par décret du Président de la République, conformément aux dispositions de l'article 5 alinéa 2 de la loi organique précitée.
Le vice-président supplée le président en cas d'absence ou d'empêchement temporaire de celui-ci. En cas d'absence ou d'empêchement du président et du vice-président, la suppléance est assurée par le plus âgé des membres présents de la Cour constitutionnelle. La Cour constitutionnelle dispose d'un organe technique de travail, dénommé secrétariat général de la Cour constitutionnelle, dirigé et animé par un secrétaire général et un secrétaire général adjoint nommé par décret en Conseil des ministres. Un décret du président de la République, détermine les attributions, l'organisation et le fonctionnement du secrétariat général de la Cour constitutionnelle.

Section I : Saisine de la Cour

La Cour constitutionnelle peut être saisie par le Président de la République, le président de l'Assemblée nationale, le président du Sénat, le Premier ministre ou par un tiers des députés ou des sénateurs en ce qui concerne les lois avant leur promulgation, ou pour interprétation des dispositions constitutionnelles.
Le Président de la République, peut soumettre au référendum après avis de conformité de la cour constitutionnelle, tout projet de loi quand il le juge nécessaire.
Elle peut, aussi, être saisie par tout particulier sur la constitutionnalité des lois, soit directement, soit par la procédure de l'exception d'inconstitutionnalité invoquée devant une juridiction dans une affaire qui le concerne.

Les règlements intérieurs de l'Assemblée nationale et du Sénat sont soumis à la Cour constitutionnelle, respectivement, par les présidents de chaque chambre concernée.

Le règlement intérieur du parlement, réuni en congrès, est soumis à la Cour constitutionnelle par le président de l'Assemblée nationale.
Elle peut, enfin, être saisie en matière électorale par :
-les candidats aux élections présidentielles, législatives et sénatoriales ou leurs représentants ;
-les partis politiques ;
- les groupements politiques.

Section II : Modalités de saisine

La Cour constitutionnelle est saisie par requête écrite et signée adressée à son président.

Contenu de la requête
S'agissant du recours en inconstitutionnalité, la requête peut être un écrit quelconque permettant l'identification du requérant : nom, prénoms, date et lieu de naissance, profession et adresse. La requête doit être assez explicite en ce qui concerne l'acte ou la disposition dont l'inconstitutionnalité est alléguée et la disposition ou la norme constitutionnelle dont la violation est invoquée.

Pour ce qui concerne le contentieux de l'élection du Président de la République, des députés et des sénateurs, la requête doit, sous peine d'irrecevabilité, contenir les noms, prénoms, date et lieu de naissance, profession et adresse du requérant ainsi que les noms et prénoms de l'élu dont l'élection est contestée. La requête doit, en outre, contenir un exposé des faits et les textes invoqués pour l'annulation.

À la requête doivent être annexées les pièces produites au soutien des moyens.
Cette requête n'a pas d'effet suspensif. Elle est soumise aux frais de timbre et d'enregistrement.

Section III : Délais de saisine

Les lois, avant leur promulgation, peuvent être déférées à la Cour constitutionnelle.
Le recours en inconstitutionnalité n'est soumis à aucun délai.

Le règlement intérieur de chaque chambre du parlement ainsi que celui du parlement réuni en congrès sont soumis à la Cour constitutionnelle avant leur mise en application.
Les résultats provisoires de l'élection présidentielle peuvent être contestés dans les cinq (5) jours à compter de leur publication par le ministre en charge des élections.
L'élection d'un député ou d'un sénateur peut être contestée dans les quinze (15) jours qui suivent leur proclamation.

Section IV : Instruction des affaires soumises à la Cour

Lorsque la Cour constitutionnelle est saisie d'une affaire, le président désigne un rapporteur parmi ses membres. Le rapporteur dispose des pouvoirs d'investigation les plus étendus.
Il peut, dans le respect des droits de la défense, ordonner la communication des pièces, entendre les requérants, les parties adverses, tout en sachant et ce, d'une manière générale, prendre toutes mesures d'instruction utiles.
La Cour constitutionnelle, sans instruction contradictoire préalable, peut rejeter, par décision motivée, les requêtes irrecevables ou ne contenant que des griefs qui, manifestement, ne peuvent avoir une influence sur les résultats de l'élection. La décision est, aussitôt, notifiée au requérant, à l'Assemblée nationale ou au Sénat.

Section V : Délibération de la Cour

La Cour délibère à huis clos. Elle peut rendre ses décisions au cours d'une audience publique. Ses décisions sont motivées. Elles sont publiées au journal officiel. Les décisions et avis de la Cour constitutionnelle sont notifiés, à toutes les parties intéressées, par le secrétaire général.
En matière de contentieux de l'élection du Président de la République, des députés et des sénateurs, la décision de la Cour est, aussitôt, notifiée au requérant, à l'Assemblée nationale ou au Sénat.

Section VI : Autorité des décisions de la Cour

Les décisions de la Cour constitutionnelle ne sont susceptibles d'aucun recours. Elles s'imposent aux pouvoirs publics, à toutes les autorités administratives, juridictionnelles et aux particuliers.

Section VII : Le contrôle de la constitutionnalité des lois au Congo, en France et aux U.S.A

Dans la théorie, il ne suffit pas de conférer une grande portée au pouvoir exécutif et législatif, mais encore faudra-t-il qu'existe l'indépendance du pouvoir judiciaire. Cette indépendance se justifie du fait que le juge observe une grande responsabilité à l'égard du peuple qu'il doit aussi protéger. La Cour constitutionnelle est le mécanisme qui lui permet d'assurer la protection juridique de la constitution qui elle-même est la norme suprême, l'expression de la volonté générale du peuple. Le contrôle est aujourd'hui exercé par la quasi-totalité des États modernes, dont le Congo, la France et les USA. Aux USA, ce contrôle a été l'œuvre du juge Marshall qui se prononçait en 1803 dans l'affaire Marbury contre Madison. En France, c'était pour combattre le mythe de la loi résultant de la Révolution française considérée depuis l'article 6 de la Déclaration des droits de l'homme et du citoyen de 1789 comme étant l'expression de la volonté générale du peuple, ce qui a conduit à des abus du pouvoir législatif pendant la 3e et la 4e République française. Au Congo, le mimétisme juridique a conduit à l'institution de ce contrôle dès 1962, par la loi du 20 avril 1962 portant création de la Cour suprême. Ce contrôle ainsi institué devait connaître une fortune singulière, car non seulement il avait pour conséquences le triomphe des libertés individuelles, mais aussi en ce qu'il garantit la séparation des pouvoirs, la limitation du pouvoir législatif, conduisant ainsi à la réalisation de la démocratie. La conception de ce contrôle à travers ces trois aspects n'est pas identique ; c'est-à-dire les rapports entre les organes institutionnels ne sont pas les mêmes dans ces trois États. C'est ainsi que nous allons d'une part relever les éléments divergents relatifs à la forme de l'exercice de ce contrôle (I) et les distinctions de ce contrôle dans le fond (II) au Congo, en France et aux USA.

I- Les éléments divergents de forme dans l'exercice du contrôle de constitutionnalité au Congo, en France et aux USA

Cette divergence de forme s'exerce au niveau des organes chargés du contrôle de constitutionnalité des lois (A) et de leur pouvoir (B) dans les trois espaces.

1- Les organes chargés du contrôle de constitutionnalité dans les trois (3) espaces

Le contrôle de la constitutionnalité des lois peut être un vain mot, s'il ne peut être exercé par un juge. C'est ainsi que depuis 1962, c'est la Cour suprême qui exerçait ce contrôle au Congo. Ce pouvoir de la Cour suprême a été renforcé par la constitution de 1973, celle du 15 mars 1992, mais surtout par la loi du 20 août 1992, portant organisation et fonctionnement de la Cour suprême qui prévoit dans son article 24 la création d'une chambre administrative et constitutionnelle. Mais actuellement, selon la constitution du 25 octobre 2015, c'est la cour constitutionnelle qui exerce ce contrôle. Cet organe comprend 9 (neufs) membres dont la règle de nomination a déjà été abordée dans cet ouvrage.

Aux USA par contre, c'est la Cour suprême américaine instituée depuis la constitution du 17 septembre 1787 qui est chargée de ce contrôle. Précisons toutefois que c'est depuis son arrêt Malbury contre Madison de 1803 déjà cité qu'elle en est chargée. Elle est composée de 9 membres issus de l'ordre de magistrats expérimentés nommés tous par le Président de la République. Ces 9 membres sont nommés à vie avec une possibilité de prendre une retraite à 70 ans.

En France enfin, c'est le Conseil constitutionnel dont l'organisation et le fonctionnement découlent de l'ordonnance du 7 novembre 1958 qui est chargé de ce contrôle en vertu de l'article 61-1 de la constitution du 4 octobre 1958. Il découle de l'article 56 de cette constitution que le Conseil constitutionnel est composé de 9 membres nommés par le Président de la République, le président du Sénat et le président de l'Assemblée nationale. Il est en outre admis que les anciens chefs d'État puissent siéger à volonté comme membre. Ils ont un mandat de 9 ans, renouvelable par tiers tous les trois ans. En définitive, nous devons noter que si la Cour suprême aux USA est un organe juridictionnel, le Conseil constitutionnel et la cour constitutionnelle sont des organes mi-juridictionnels et mi- politiques.

2- Les pouvoirs de ces organes

La Cour suprême aux USA est la plus haute juridiction dans l'ordre des juridictions. Elle est la juridiction de droit commun se prononçant sur tous les contentieux : constitutionnel, administratif, civil, pénal… elle juge en premier et dernier ressort et ses décisions sont revêtues de l'autorité de la chose jugée s'imposant ainsi sur les juridictions de deux degrés (T.I et T.G.I). L'étendue des pouvoirs de cet organe relève du fait que dans cet État existe un système moniste de juridiction, système relevant de la tradition anglo-saxonne. C'est donc le même juge qui se prononce sur tous les contentieux. Par contre, la particularité des systèmes français et congolais réside dans le dualisme de juridiction créé par la loi des 16-24 août 1789 et du décret du 16 fructidor AN III (ancien calendrier romain) portant séparation des pouvoirs entre les juridictions judiciaires et les juridictions administratives. Mais, ni le Conseil constitutionnel en France, ni la cour constitutionnelle au Congo ne s'inscrivent dans l'un ou l'autre ordre de juridiction ; ils se trouvent plutôt aux extrémités de ces deux ordres en ce qu'ils sont des organes spécialisés créés par les Constitutions du 4 octobre 1958 et du 25 octobre 2015. Ce sont donc des juridictions d'exception aux compétences d'attribution. En outre, une véritable distinction dans le fond existe entre ces trois organes de contrôle de constitutionnalité.

II- La distinction dans le fond du contrôle de constitutionnalité au Congo, en France et aux Etats-Unis

C'est dans les modalités de saisine (A) et dans le domaine de constitutionnalité (B) que cette distinction dans le fond s'opère.

1- Les modalités de saisine de ces trois organes

La mise en œuvre du contrôle de constitutionnalité des lois s'exerce différemment aux Etats-Unis, en France et au Congo. Ainsi, la Cour suprême américaine peut être saisie par voie d'action, c'est-à-dire directement par certaines autorités politiques habilitées, le président de la chambre des représentants par exemple. Elle peut aussi être saisie par voie d'exception par tout citoyen invoquant une exception d'inconstitutionnalité au cours d'un procès. Dans ce cas, si le juge retient l'inconstitutionnalité de la loi faisant grief, il ne l'annule pas, mais écarte simplement son application dans le procès. Il faut retenir que le contrôle de constitutionnalité des lois aux Etats-Unis, peut être mis en jeu à la fois par les gouvernants et les gouvernés, ce qui conduit à affirmer que le contrôle aux Etats-Unis est beaucoup plus démocratique qu'en France, puisque dans ce pays le Conseil constitutionnel ne peut être saisi que par voie d'action, directement par certaines autorités politiques constitutionnellement habilitées : il s'agit du Président de la République, du président du Sénat, du président de l'Assemblée nationale et du Premier ministre. Mais depuis la réforme du 29 octobre 1974, cette voie d'action est aussi exercée par 60 députés ou 60 sénateurs. La voie d'exception est inopérante en France, certainement parce que dans cette tradition les gouvernés se confrontent toujours à leurs gouvernants. Parce qu'aussi les gouvernants craignent la vigilance des citoyens français qui sont très attachés aux droits et libertés fondamentaux telle que proclamée dans la Déclaration des droits de l'homme et du citoyen de 1789. Une voie d'exception a été prévue dans la révision de la constitution déposée par le garde des Sceaux Robert Badinter en 1990 et réitérée par le groupe Vedel en 1993. C'est la révision constitutionnelle du 23 juillet 2008 qui a mis finalement en place la question prioritaire de constitutionnalité (QPC), devant permettre à tout citoyen de saisir par voie d'exception le Conseil constitutionnel (article 61-1). Elle a été complétée, par la loi organique du 10 décembre 2009 relative à l'application de l'article 61-1 de la Constitution.

2-Le domaine de la constitutionnalité des lois au Congo, en France et aux USA

Ce domaine regroupe l'ensemble des normes juridiques qui sont susceptibles de contrôle de constitutionnalité. En effet, ce domaine est très étendu aux USA, car il regroupe non seulement les lois fédérales, mais aussi des lois locales, des constitutions locales, des traités et accords internationaux et même les actes de gouvernement tel que l'atteste l'arrêt de la Cour suprême du 24 juillet 1974 relatif à l'affaire du Watergate. L'étendue du domaine de la constitutionnalité des lois aux USA se traduit par les exigences de l'État fédéral.

Au Congo, ce domaine s'étend non seulement aux lois, aux règlements des chambres parlementaires, mais aussi aux traités et accords internationaux comme l'atteste l'avis de la Cour suprême du 28 décembre 1998 relatif à la conformité à la Constitution du traité de l'OHADA et le traité de la CEMAC.

En France, par contre, ce domaine de la constitutionnalité est très restreint, il ne met en relief que les actes de nature législative que sont les lois et les règlements des chambres parlementaires. Il faut en outre souligner qu'en France les lois organiques étant le prolongement matériel de la constitution ne sont pas soumises au contrôle de constitutionnalité. Échappent aussi à ce contrôle les actes de gouvernement, les traités et accords internationaux, les actes de nature réglementaire.[1]

---

[1] C.E.19 février 1875 arrêt prince Napoléon REC 155, concl. DAVID

En conclusion, nous pouvons affirmer que le contrôle de constitutionnalité dans ces trois pays apparaît comme le garant des droits et libertés fondamentaux, surtout que depuis que sa décision du 16 juillet 1971 relative à la liberté d'association, conférait une valeur constitutionnelle à la déclaration de 1789 et au préambule de la constitution de 1946 auquel renvoie celui de 1958 formant ainsi le bloc de constitutionnalité, le Conseil constitutionnel en France, est devenu le plus grand gendarme protecteur des libertés individuelles.

3- Critiques et suggestions

Le discours politique dans notre pays accorde actuellement une place, variable, mais de moins en moins secondaire, aux considérations juridiques et aux échanges d'arguments de droit tirés de la Constitution et des interprétations dont elle fait l'objet. Les débats politiques sont portés sur le terrain du droit et privilégient « l'argument constitutionnel », signe d'un changement des esprits de la classe politique et des médias, la référence aux normes et à la légalité est devenue un passage obligé de la légitimité, tant vis-à-vis de l'opinion interne nationale que de la communauté internationale. Des conflits peuvent être résolus par le recours au droit constitutionnel et les mécanismes prévus par la Constitution trouvent à s'appliquer. Ainsi, la régulation des rapports politiques est pacifique et juridique.

Si le rôle de la Cour est de proclamer et de garantir les droits et libertés fondamentaux, de redéfinir les statuts et compétences des pouvoirs publics dans le sens de la démocratie libérale, d'engager ou réengager notre pays dans la voie du constitutionnalisme démocratique et effectif, nous pouvons affirmer que malgré les limites de l'exercice, cette mission a été accomplie. En effet, depuis sa création, la Cour est parvenue progressivement à imposer son autorité dans la gestion du processus électoral dans notre pays. Cette évolution s'inscrit dans le cadre du processus de consolidation de l'État de droit et l'affirmation des principes devant régir l'organisation des élections libres, fiables et transparentes.

Pendant le processus électoral dans un contexte politique toujours passionné, sinon tendu, la Cour Constitutionnelle a arbitré les rapports triangulaires qui se tissent entre les institutions qui organisent les scrutins, les candidats et le corps électoral, en se fondant sur les textes qui constituent l'ordonnancement juridique et en les adaptant au besoin.

4- Les faiblesses
La reprise des dispositions et modèles élaborés en d'autres lieux et en d'autres temps, prévus par un *« droit constitutionnel mondial »,* diffusé par les organisations internationales ou régionales africaines et par les États du nord et repris dans notre texte constitutionnel sans toujours tenir compte de la situation sociale, politique et économique, ne favorise toujours pas un développement harmonieux et apaisé.

Il faut dire que le recours au droit constitutionnel par le juge constitutionnel n'a pas la même signification et ne revêt pas les mêmes formes selon que l'on est en présence de régimes stabilisés ou de transitions de sortie de crise. En toute hypothèse, il revient aux juristes et au droit de dire aussi qu'il est des épisodes de la vie politique qui échappent au droit et ne sauraient se régler en pure logique du droit et sur le seul terrain des arguments juridiques et des lectures de la constitution. On n'ignore pas que la force du droit constitutionnel réside d'abord dans la volonté politique et le consensus des acteurs.

La constitution du 20 janvier 2002 n'avait pas par exemple tenu compte de ce que les géopolitiques appellent les « nouveaux conflits ». Ces conflits n'opposent plus seulement des États et leurs armées régulières, mais des milices, des populations à la fois victimes et acteurs manipulés par des seigneurs de la guerre faisant fi des règles les plus élémentaires posées par les conventions internationales. Ces conflits que personne ne souhaite appellent de nouvelles approches et de nouvelles méthodes dosant avec subtilité et selon des proportions variables la légalité, le recours au droit. Ceci a conduit le constituant de 2015 au Congo, à mettre en place des organes de concertation, d'apaisement, de recherche du consensus et de suggestions.
Par Décret n°2018-452 du 14 décembre 2018, le président de la république a nommé les membres de la cour constitutionnelle, dont trois nouveaux : les juges suprêmes Norbert ELENGA et ESSAMI NGATSE, et l'ancien Doyen de la Faculté de Droit Placide MOUDOUDOU.

<u>Au titre du président de la République :</u>
-Auguste ILOKI ;
-Delphine Edith ADOUKI, épouse EMMANUEL ;
-Nadia Josiane Laure MAKOSSO.

Au titre du président du sénat :
-Pierre PASSI ;
- Jacques BOMBETE.

Au titre du président de l'assemblée nationale :
- Marc MASSAMBA NDILOU ;
- Placide MOUDOUDOU.

AU titre de la Cour suprême :
-Norbert ELENGA ;
-ESSAMI NGATSE.

CHAPITRE VI

LE POUVOIR JUDICIAIRE

Le Pouvoir judiciaire est exercé par la Cour suprême, les cours d'appel et les autres juridictions nationales. C'est la loi n° 022-92 du 20 août 1992 qui porte organisation du pouvoir judiciaire en République du Congo. Elle a été modifiée et complétée par la loi n° 019-99 du 15 août 1999 ; elle nécessite aujourd'hui d'être modifiée eu égard aux changements intervenus dans la constitution du 25 octobre 2015.

Section I : Lacour suprême[1]

La Cour suprême est une Juridiction placée au sommet de la hiérarchie des juridictions en République du Congo. Elle a son siège à Brazzaville. Son ressort comprend l'ensemble du territoire national et son pouvoir de contrôle juridictionnel porte sur toutes les autres juridictions. Elle est régie par la loi 17-99 du 15 avril 1999 modifiant et complétant certaines dispositions de la loi 025-92 du 20 août 1992 et de la loi 30-94 du 18 octobre 1994 portant organisation et fonctionnement de la Cour suprême.

La Cour suprême est composée d'un Premier président, d'un vice-président, de cinq présidents de chambre et des juges. Le ministère public est constitué d'un procureur général près la Cour Suprême assisté d'un Premier avocat général et des avocats généraux. La Cour Suprême juge des questions de droit. La Cour suprême est composée des chambres suivantes :

- Deux chambres civiles compétentes en matière civile ;
- Une chambre pénale compétente en matière pénale ;
- Une chambre administrative et financière compétente en matière administrative.

---

[1]Pour une étude plus détaillée, nous recommandons la lecture des documents de l'AHJUCAF (L'association des Hautes juridictions de cassation des pays ayant en partage l'usage du français) qui a été créée en 2001 à l'initiative de 34 cours suprêmes francophones dont le Congo

- Une chambre sociale compétente en matière sociale ;
- Une chambre commerciale compétente en matière commerciale ;
- **La chambre mixte** compétente pour connaître les pourvois exercés dans les cas ayant donné lieu à des divergences d'interprétation de la loi par deux ou trois chambres ;
- **Les chambres réunies** compétentes pour statuer sur un deuxième pourvoi concernant la même affaire et les mêmes parties.

La Cour suprême est compétente pour connaître : des pourvois formés contre les jugements rendus en premier et dernier ressort par les tribunaux ainsi que les pourvois formés contre les arrêts des cours d'appel et des cours criminelles de Brazzaville, Pointe-Noire, Dolisie, Owando et Ouesso, des crimes et délits commis par des magistrats, des demandes de prise à partie contre une juridiction entière ou contre un magistrat. La prise à partie est une procédure diligentée contre un magistrat qui aura commis une faute lourde dans l'exercice de ses fonctions.

Le délai pour se pourvoir en cassation est de deux mois à compter de la notification à peine d'irrecevabilité. La notification est la formalité par laquelle un Huissier porte à la connaissance des intéressés d'une décision de justice. La procédure devant la Cour Suprême doit être diligentée par un avocat sous peine d'irrecevabilité. La Cour Suprême rend des arrêts de rejet ou de cassation. L'arrêt de rejet est l'arrêt par lequel la Cour Suprême rejette le pourvoi formulé par la (les) partie(s). L'arrêt de cassation est l'arrêt par lequel la Cour Suprême casse la décision d'une juridiction inférieure qui a violé les textes légaux.
La Cour Suprême peut :

- soit juger l'affaire à son niveau ;
- soit la renvoyer devant la cour d'appel autrement composée. Hormis le contrôle de l'activité juridictionnelle des cours et tribunaux, la Cour Suprême donne des avis sur toutes questions qui lui sont soumises par le Président de la République, les membres du gouvernement et ceux du Bureau des deux Chambres du Parlement.

Section II : La cour des comptes et de discipline budgétaire

La Constitution du 25 octobre 2015 a soustrait la cour des comptes et de discipline budgétaire du pouvoir judiciaire comme le disposait l'ancienne constitution. La Cour des comptes est devenue une institution

constitutionnelle à part entière comme le dispose le titre IX, aux articles 189 et 190. Une loi organique déterminera les attributions, l'organisation, la composition et le fonctionnement de la cour des comptes et de discipline budgétaire ; ce qui suppose que les dispositions du chapitre II de la loi n° 19-99 du 15 août 1999 portant organisation du pouvoir judiciaire qui traitent de la compétence, de l'organisation, des attributions, des rapports annuels et avis, infractions et sanctions de la Cour des comptes et de Discipline Budgétaire (CCDB) seront revues dans la nouvelle loi, ainsi que la loi n° 17-2004 du 27 octobre 2004, les décrets du 26 mai 2001, du 24 avril 2002 et du 24 décembre 2004 qui permettaient à la juridiction de se doter des moyens humains et matériels nécessaires à son fonctionnement.
Il sied de noter que les arrêts définitifs de la Cour des comptes qui étaient susceptibles de recours en cassation devant la Cour suprême seront désormais exemptés de ce pourvoi, puisqu'elle ne fait plus partie du pouvoir judiciaire, et n'est donc plus concernée par cet ordre de juridiction. Le constituant a certainement voulu créer un ordre de juridiction autonome, depuis les chambres départementales des comptes et de discipline budgétaire jusqu'à la Cour des comptes et de Discipline Budgétaire (CCDB) en cassation.
Toutefois, nous pouvons tout de même dire que dans son rapport sur le contrôle de l'exécution du budget de l'État exercice 2012, rendu public, la Cour des comptes et de discipline budgétaire souligne la maîtrise insuffisante de la chaîne de la dépense. Dans le secteur de l'énergie et de l'hydraulique, le rapport indique que malgré les sommes colossales investies par les pouvoirs publics, les capacités nationales de fourniture en eau et en électricité ne sont pas encore actives. Elles doivent donc être confortées. En matière de santé, en dépit de la construction de nouveaux hôpitaux et de centres de santé intégrés (CSI), l'absence des personnels qualifiés ou spécialisés et de plateaux techniques adéquats pour réaliser des diagnostics avancés a entraîné une contre-performance dans ce secteur. En outre, le rapport note des progrès réalisés en matière de recouvrement des recettes pétrolières, ceci dans un contexte de forte volatilité des cours du baril du pétrole, et subsidiairement de légère augmentation des recettes fiscales. Il sied toutefois de reconnaître que depuis 2012 la situation dans le secteur de la santé s'est vraisemblablement améliorée.

Dans le cadre d'une amélioration des performances de cette institution capitale pour le développement de notre pays, des vérificateurs et assistants-vérificateurs de la Cour des comptes et de discipline budgétaire (CCDB) ont suivi, du 14 au 21 janvier 2014 à Brazzaville, une formation sur la gestion axée sur les résultats (GAR). Ce séminaire visait à répondre au besoin des décideurs, des professionnels et techniciens du secteur public impliqués dans la planification et le suivi évaluation des politiques, programmes et projets de leurs administrations. Plusieurs thèmes ont été développés au cours de ces assises, notamment l'état d'avancement de l'implantation de la GAR au Congo, les indicateurs de performance et la démarche de planification stratégique. Les principaux bénéficiaires de la formation sont des jeunes nouvellement recrutés et détenteurs de masters en finances, en gestion et en économie.

Nous regrettons le fait que le législateur n'ait pas encore voté une loi pour créer les cours départementales de comptes et de discipline budgétaire dans notre Pays. Ce sont des organes très importants des services déconcentrés de l'État, à forme juridictionnelle. Le contrôle exercé par les chambres départementales de comptes et de discipline budgétaire, institutions d'État, indépendantes et proches des contrôlés, est une mission de régulation de la décentralisation, conformément à l'article premier de la constitution qui dispose entre autres que la république du Congo est un Etat décentralisé.
Elle contribue à assurer l'équilibre nouveau des pouvoirs et des compétences voulu par le législateur, elle veille à la régularité, à la qualité et à la probité des gestions publiques locales, elle contribue, par leurs observations de gestion et par leurs avis budgétaires, à l'équilibre des finances locales.

Outre le **pouvoir d'engager la responsabilité personnelle et pécuniaire des comptables publics** (débets), elles disposent d'un **important pouvoir : celui d'informer.** Leur mode d'intervention est éminemment démocratique. C'est en assurant la transparence des gestions publiques, en informant par des avis et des rapports d'observations (qui sont publics), à la fois les élus, les citoyens et les pouvoirs publics locaux (en plaçant ceux-ci devant leurs responsabilités), qu'elles obtiennent la correction des irrégularités et le redressement des erreurs de gestion.

Section III : La cour d'appel

Il s'agit d'une Juridiction de droit commun de second degré jugeant des appels de jugements rendus en premier ressort par les juridictions de premier degré. La République du Congo compte cinq Cours d'appel : la Cour d'appel de Brazzaville, la cour d'appel de Pointe-Noire, la Cour d'appel de Dolisie, la Cour d'appel d'Owando et la Cour d'appel de Ouesso. La Cour d'appel est composée d'un Premier président, d'un vice-président, des Présidents de Chambre et de Conseillers. Le Ministère Public est représenté par un Procureur général, un avocat général et des substituts généraux. Les formations de la Cour d'appel sont les suivantes :
Une ou plusieurs chambres civiles compétentes pour les affaires civiles ;

- Une chambre correctionnelle compétente pour les affaires correctionnelles ;
- Une chambre administrative compétente pour les affaires administratives ;
- Une chambre commerciale compétente pour les affaires commerciales ;
- Une chambre sociale compétente pour les affaires sociales ;
- Une chambre d'accusation, second degré d'instruction des affaires pénales ;
- Une cour criminelle, juridiction chargée de juger les affaires criminelles ;

La particularité de la chambre d'accusation et de la cour criminelle mérite plus d'explications en ce qui les concerne.

La chambre d'accusation, second degré d'instruction des affaires pénales.

- Elle connaît des appels des ordonnances rendues par le juge d'instruction (exemple : ordonnance refusant la mise en liberté de l'inculpé. L'inculpé est une personne soupçonnée d'une infraction interrogée par le juge d'instruction) ;
- Elle statue comme second degré d'instruction des affaires criminelles ;
- C'est l'arrêt de la chambre d'accusation qui renvoie l'accusé devant la cour criminelle.

-la cour criminelle

Juridiction spécifique de la cour d'appel, elle est compétente pour juger des crimes commis par des civils et les militaires dans le ressort de la cour d'appel où elle siège. Elle est constituée de trois magistrats et de neuf jurés qui sont des citoyens congolais âgés de vingt-cinq (25) ans au moins et jouissant de leurs droits civils et politiques. La cour criminelle rend des arrêts d'acquittement ou des arrêts de condamnation à la majorité. Les arrêts de la cour criminelle sont susceptibles de pourvoi en cassation devant la Cour Suprême.

Section IV : le tribunal de grande instance

Juridiction de droit commun de première instance, elle est compétente pour juger des actions civiles dont le montant en capital est supérieur à un million (1 000 000) francs et trois cent mille (300 000) francs en revenu ou prix de bail. En matière pénale, le Tribunal de grande instance connaît des infractions punies de peines correctionnelles. Il est constitué d'un président, d'un vice-président, des présidents de Chambre et des juges. Le ministère public est représenté par un procureur de la République, un procureur adjoint et des substituts du procureur de la République. Le Tribunal de grande instance comprend les formations suivantes :

- Une ou plusieurs chambres civiles compétentes pour connaître des affaires civiles ;
- Une ou plusieurs chambres correctionnelles compétentes pour juger des délits (infractions pénales dont la peine d'emprisonnement varie de dix (10) jours à cinq (5) ans et des Contraventions qui lui sont connexes ;
- Un tribunal pour enfants compétent pour juger des infractions qualifiées de crimes ou délits imputés aux mineurs de moins de dix-huit (18) ans ;
- Un ou plusieurs cabinets d'instruction.

Le cabinet d'instruction est une juridiction à juge unique.

Le juge d'instruction instruit les affaires pénales qui lui sont communiquées par le Procureur de la République ou par les parties civiles. Lorsqu'il y a plusieurs cabinets d'instruction, il est nommé un doyen des juges d'instruction. Le juge d'instruction est obligé d'interroger l'individu qu'il a convoqué ou qui lui a été présenté sur les faits qui lui sont reprochés avant de le placer sous mandat de dépôt

(l'envoyer en prison). Le placement sous mandat de dépôt d'une personne par le juge d'instruction sans l'avoir interrogé ou sans qu'il lui soit reproché d'infraction constitue une détention arbitraire.
Les formations juridictionnelles du tribunal de grande instance rendent des jugements susceptibles d'appel devant la cour d'appel. Le délai d'appel est d'un mois à compter de la notification pour les affaires civiles, dix jours pour les affaires pénales et quinze jours pour les affaires sociales.

Le juge d'application des peines (JAP) est un magistrat du siège du tribunal de grande instance, il est chargé d'aménager l'exécution des condamnations du condamné en prison (exemple lui accorder des réductions de peines, des permissions de sorties).

Section V : le tribunal administratif

Le tribunal administratif est, en matière administrative, juge de droit commun en premier ressort, et au plan contentieux, il est au cours des instances dont il est saisi, compétent pour interpréter les décisions des diverses autorités Administratives et apprécier leur régularité juridique, à la demande de l'une des parties, sans pouvoir en prononcer l'annulation qui est de la compétence de la Cour Suprême. A ce titre, le tribunal administratif connaît de toutes les actions tendant à faire déclarer débitrice les collectivités publiques. Le Tribunal Administratif statue toujours en premier ressort et à charge d'appel.

Le Tribunal administratif comprend des Magistrats du siège nommés par décret du Président de la République sur proposition du Conseil supérieur de la Magistrature et des Magistrats du Ministère public nommés dans les mêmes conditions. Trois Magistrats sont nommés l'un président du Tribunal Administratif, l'autre Vice-président et le troisième juge du siège.

Section VI : le tribunal de commerce

Il peut être créé un Tribunal de Commerce par district ou arrondissement. La loi de création fixe son siège et son ressort qui comprend un ou plusieurs districts, ou un ou plusieurs arrondissements.
Chaque Tribunal de Commerce comprend un Greffe.

Sauf disposition spéciale de la loi, tout acte du juge est accompli avec l'assistance d'un Greffier.
Le Ministère Public y est représenté par un Procureur de la République et un Substitut du Procureur de la République au moins.

Les Tribunaux de commerce sont juges de droit commun en première instance en matière de commerce. Ils sont compétents pour connaître :
1° des contestations relatives aux engagements et transactions entre négociants, marchands et banquiers ;
2° des contestations entre associés pour raison d'une société de commerce ;
3° de celles relatives aux actes de commerce entre toutes les personnes.
Toutefois, les parties pourront, au moment où elles contractent, convenir de soumettre à des arbitres les contestations ci-dessus énumérées, lorsqu'elles viendraient à se produire.
La loi répute actes de commerce :
- tout achat de denrées et marchandises pour les revendre, soit en nature, soit après les avoir travaillées et mises en œuvre, ou même pour en louer simplement l'usage ;
- toute entreprise de manufactures, de commission, de transport par air, terre ou par eau ;
- toute entreprise de fourniture, d'agence, bureaux d'affaires, établissements de ventes à l'encan, de spectacles publics ;
- toutes opérations de change, banque et courtage ;
- toutes obligations entre négociants, marchands et banquiers ;
- les lettres de change, entre toutes personnes.
La loi répute pareillement actes de commerce :
- toute entreprise de construction, et tous achats, ventes et reventes de bâtiments pour la navigation intérieure et extérieure ;
- toutes expéditions maritimes ;
- tout achat et vente d'agrès, apparaux et avitaillement ;
- tout affrètement ou Nolisement, emprunt ou prêt à la grosse ;
- toutes assurances et autres contrats concernant le commerce de mer ;
- tous accords et conventions pour salaire et loyers d'équipages ;
- tous engagements de gens de mer, pour le service de bâtiments de commerce.

Les tribunaux de commerce connaîtront également :
1° Des actions contre les facteurs, commis des marchands ou leurs serviteurs, pour le fait seulement du trafic du marchand auquel ils sont attachés ;
2° Les billets faits par les receveurs, payeurs percepteurs ou autres comptables des deniers publics.

Les tribunaux de commerce connaîtront de tout ce qui concerne les faillites.
Lorsque les billets à ordre ne porteront que des signatures d'individus non négociants et n'auront pas pour occasion des opérations de commerce, trafic, change, banque ou courtage, le tribunal de commerce sera tenu de renvoyer au tribunal civil, s'il en est requis par le défendeur.
Lorsque ces billets à ordre porteront en même temps des signatures d'individus négociants et d'individus non négociants, le tribunal de commerce peut en connaître.

Ne seront point de la compétence des tribunaux de commerce, les actions intentées contre un propriétaire, cultivateur ou vigneron, pour vente de denrées provenant de son cru, les actions intentées contre un commerçant, pour paiement de denrées et marchandises achetées pour son usage particulier.

Néanmoins les billets souscrits par un commerçant seront censés faits pour son commerce, et ceux des receveurs, payeurs, percepteurs ou autres comptables de deniers publics, seront censés faits pour leur gestion, lorsqu'une autre cause n'y sera point énoncée.

Les tribunaux de commerce jugeront en dernier ressort :
1° Toutes les demandes dans lesquelles les parties justiciables de ces tribunaux, et usant de leurs droits, auront déclaré vouloir être jugées définitivement et sans appel.
2° Toutes les demandes dont le principal n'excédera pas la valeur de 1.000.000 de Frs CFA.
3° Les demandes reconventionnelles ou en compensation, alors même que réunies à la demande principale, elles excéderaient 1.000.000 de Frs CFA.
Si l'une des demandes principales ou reconventionnelles s'élève au-dessus des limites ci-dessus indiquées, le tribunal ne se prononcera sur toutes qu'en premier ressort.

Néanmoins, il sera statué en dernier ressort sur les demandes en dommages-intérêts, lorsqu'elles seront fondées exclusivement sur la demande principale elle-même.

Dans les arrondissements où il n'y aura pas de tribunaux de commerce, les juges du tribunal civil exerceront les fonctions et connaîtront des matières attribuées aux juges de commerce.
L'instruction, dans ce cas, aura lieu dans la même forme que devant les tribunaux de commerce, et les jugements produiront les mêmes effets.

Le tribunal de commerce est en matière de commerce, juge de droit commun en premier ressort, il est au cours des instances dont il est saisi, compétent pour interpréter les décisions des diverses autorités administratives et apprécier leur régularité juridique, à la demande de l'une des parties sans pouvoir en prononcer l'annulation qui est de la compétence de la Cour Suprême.

En matière commerciale, le tribunal de commerce est compétent pour juger toutes les demandes principales, incidentes, reconventionnelles ou en compensation.

Il connaît, en premier ressort et à charge d'appel de toutes les actions commerciales dont le montant en capital est supérieur à 1.000.000 de frs et de 300.000 frs CFA en revenus, rente ou prix de bail.

Au cours des instances commerciales dont il est saisi, le tribunal de commerce est compétent pour interpréter les décisions des diverses autorités administratives et apprécier leur régularité juridique, lorsqu'elles sont invoquées à l'appui de la demande ou comme moyen de défense.
Le Tribunal de Commerce comprend un Magistrat du siège nommé par décret du Président de la République sur proposition du Conseil Supérieur de la Magistrature et des Magistrats du Ministère Public nommés dans les mêmes conditions.
Le Magistrat du siège en est le Président.
Outre les Magistrats, le Tribunal de Commerce comprend des assesseurs ayant voix délibérative au nombre de deux. Ils sont choisis parmi les commerçants.
Il est adjoint un suppléant à chaque assesseur.

Les Assesseurs de l'un ou l'autre sexe doivent être âgés de vingt-cinq ans au moins, savoir parler et écrire le français et jouir de leurs droits civils et politiques.

Sont incapables d'être assesseurs au Tribunal de Commerce :
1° les individus qui ont été condamnés à une peine criminelle ;
2° ceux qui ont été condamnés à un mois au moins d'emprisonnement pour crime ou délit ;
3° pendant cinq ans seulement à compter du jugement définitif ceux condamnés pour délit quelconque à un emprisonnement de moins d'un mois et à une amende au moins égale à 100.000 Frs CFA ;
4° les aliénés interdits ou internés ainsi que les individus pourvus d'un Conseil judiciaire ;
5° les faillis non réhabilités ;
6° ceux auxquels les fonctions d'assesseurs ont été interdites par décision de justice ;
7° les commerçants radiés du registre de commerce pour motif quelconque.

Les assesseurs au tribunal de commerce sont choisis chaque année sur une liste du ressort de chaque tribunal de commerce. Cette liste comporte dix noms au moins et vingt au plus et ne peut comprendre que les commerçants ayant leurs activités dans le ressort du Tribunal de Commerce.

La liste est dressée par une Commission sous la présidence du Président du Tribunal de commerce ou du juge désigné par lui.
Cette Commission est composée du Président du Tribunal de Commerce du lieu où siège le Tribunal de Commerce, de deux représentants des organisations patronales interprofessionnelles du Commerce et de l'Industrie, et des représentants des cadres dirigeants des entreprises industrielles et commerciales.
La liste des assesseurs du ressort de chaque Tribunal de Commerce est arrêtée par ladite Commission et déposée au Greffe du Tribunal de Commerce.

Section VII : le tribunal de travail

Le Tribunal de travail est juge de droit commun en matière sociale. Il connaît des différends individuels ou collectifs survenus à l'occasion du contrat de travail ou contrat d'apprentissage entre le travailleur et son employeur, l'apprenti et son maître.

Il statue sur les différends individuels relatifs aux conventions collectives.

Sa compétence s'étend aux contentieux du régime de la sécurité sociale, aux différends individuels nés entre entrepreneurs du secteur privé ou étatique ainsi qu'aux actions récursoires des entrepreneurs contre les sous-entrepreneurs lorsqu'en cas d'insolvabilité des sous-entrepreneurs, la responsabilité des entrepreneurs est substituée à celle des sous-entrepreneurs pour le versement des cotisations à la sécurité sociale.
Le Tribunal de travail est composé d'un magistrat nommé par décret du Président de la République sur proposition du Conseil supérieur de la magistrature et de deux assesseurs nommés conformément aux textes en vigueur.

Le Magistrat en est le Président.

Les Assesseurs sont choisis sur les listes établies par les organismes syndicaux les plus représentatifs de chaque préfecture ou commune urbaine.
Pour les travailleurs, ils établissent deux listes des assesseurs ainsi constituées :
1° la liste des Assesseurs travailleurs privés et des établissements publics à caractère industriel et commercial ;
2° la liste des Assesseurs artisans ou travailleurs agricoles et leurs suppléants ;
3° la liste des Assesseurs employeurs de leurs suppléants constituée par les organisations d'employeurs, des secteurs privés, mixtes et d'Etat.

Chaque liste comprend deux assesseurs et deux suppléants.

Ces listes après avoir été adoptées par les organismes syndicaux d'employeurs ou d'employés sont transmises au Ministère de la Justice qui prend un arrêté de nomination.
Le Procureur de la République près le Tribunal de Grande Instance dans le ressort duquel se trouve le Tribunal du travail occupe le siège du Ministère Public par lui-même ou ses Substituts.

Le Tribunal est assisté d'un Greffe qui est dirigé par un Greffier en Chef nommé par arrêté du Garde des Sceaux Ministre de la Justice.

Les règles autres que celles qui sont fixées par la loi portant organisation du pouvoir judiciaire et qui concernent l'organisation, le fonctionnement des Tribunaux de travail, la procédure suivie devant ces juridictions et les recours ouverts contre les jugements sont fixés par le Code de Travail, dans la mesure où les règles de ce Code ne sont pas contraires aux dispositions de la loi précitée.

Section VIII : le tribunal d'instance

Juridiction à juge unique, elle est compétente pour juger les affaires civiles intéressant les particuliers qu'elles soient personnelles ou mobilières.

Elle est compétente pour juger les affaires civiles pour les litiges jusqu'à la valeur d'un million (1000000) de FCFA en capital et trois cent mille (300000) francs CFA en revenus, rente ou prix de bail. Elle est également compétente pour juger des contraventions que la loi punit d'une peine d'emprisonnement de dix (10) jours maximum ou d'une amende dont le montant ne dépasse pas trente-six mille (36 000) francs CFA, le tribunal d'instance est aussi compétent pour juger des délits punis d'un an d'emprisonnement. Le Ministère public est représenté par un substitut du procureur près le tribunal de grande instance.

Section IX : les tribunaux militaires

La Justice, dans les tribunaux militaires, est rendue par des Magistrats civils et militaires.

Les Magistrats militaires peuvent être élus à la Cour Suprême dans les mêmes conditions que les Magistrats civils. Il peut être créé un Tribunal militaire dans une région militaire ou une garnison. La loi de création fixe son siège et son ressort qui comprend une ou plusieurs régions militaires, une ou plusieurs garnisons. Le Tribunal militaire comporte :
1° une Chambre Correctionnelle compétente pour statuer sur les délits et contraventions connexes qui relèvent de sa compétence matérielle. S'il résulte des débats que le fait comporte une qualification légale autre que celle donnée par l'ordonnance de renvoi ou la citation directe, la

Chambre Correctionnelle requalifie et renvoie l'affaire devant la Chambre compétente.
2° une Chambre de Police compétente pour statuer sur des contraventions ;
3° la Chambre Correctionnelle pour mineurs compétente pour juger les élèves des Ecoles de Formation Militaire ;
4° un ou plusieurs Cabinets d'Instruction. Le Tribunal est assisté d'un Greffe, qui est dirigé par un Greffier en Chef nommé par arrêté du Garde des Sceaux Ministre de la Justice.
Le Tribunal militaire connaît des infractions militaires punies des peines correctionnelles et des contraventions qui leur sont connexes.
Le Tribunal militaire connaît également des infractions militaires punies des peines de police, commises dans l'étendue de son ressort.

Les Tribunaux militaires sont compétents pour connaître :
- de tous les délits définis dans le Code de Justice militaire ;
- des délits aux lois et coutumes de guerre commis sur le territoire congolais ;
- des infractions prévues aux articles 430 à 433 du Code Pénal relatifs aux infractions commises par les fournisseurs à l'armée.
- des délits de droit commun commis par les militaires dans l'exécution du service. Les infractions de droit commun commises par les militaires à l'occasion de l'exercice de leurs fonctions sont de la compétence des tribunaux de droit commun ;
- les délits de droit commun commis par toute personne majeure par des militaires ou assimilés à l'intérieur d'un établissement militaire.

En temps de guerre les tribunaux militaires demeurent seuls compétents pour connaître, de toutes les infractions de droit commun. Pendant cette période le Tribunal militaire est présidé par le Magistrat militaire le plus ancien. Lorsque l'état de siège ou l'état d'urgence est proclamé, les tribunaux militaires connaîtront des infractions commises pendant cette période qui se rapportent aux événements en cours ou qui leur sont connexes. Le tribunal militaire quelle que soit sa formation, statue toujours à charge d'appel.

Dans l'exercice de leurs fonctions, les magistrats sont en étroite collaboration avec les auxiliaires de justice auxquels les citoyens ont recours. Il nous a paru indispensable de faire connaître le rôle des auxiliaires de justice afin de mieux comprendre les procédures devant nos Cours et Tribunaux.

Section X : les auxiliaires de justice

Les auxiliaires de justice sont des hommes de loi dont la mission est destinée à faciliter la marche de l'instance et la bonne administration de la justice. Il existe plusieurs catégories d'auxiliaires de justice : avocats, notaires, huissiers de justice, greffiers.

❖ **Les avocats**

En droit, l'avocat est un juriste dont la fonction traditionnelle est de conseiller et de défendre ses clients, personnes physiques ou morales, en justice, en plaidant pour faire valoir leurs intérêts et, plus généralement, pour les représenter. L'avocat s'acquitte ainsi d'une fonction de conseil et de rédacteur d'actes. Auxiliaires de justice, ils exercent une profession libérale qui consiste donc à conseiller leurs clients, les assister et à assurer leur défense devant les cours et les tribunaux. L'assistance d'un avocat est obligatoire devant la cour criminelle ainsi que devant la Cour suprême. L'avocat exerce sa profession de manière indépendante et n'est donc soumis à aucune autorité hiérarchique. Depuis la loi n° 70-9 du 2 janvier 1970, dite Loi Hoguet en France, les avocats ont la possibilité d'intervenir comme mandataire en transactions immobilières pour recueillir un mandat de vente, d'achat, de location ou de recherche de location d'un bien immobilier. Le rôle de professionnel du droit, les principes déontologiques, et les règles de représentation des fonds qui s'imposent à l'avocat mandataire en transactions immobilières sont autant de garanties pour le mandant, désireux de sécuriser sa transaction tant sur le plan juridique (rôle de conseil de l'avocat) que financier.

❖ **Les notaires**

Les notaires sont des officiers publics nommés par le Garde des sceaux investis du pouvoir de délivrer des actes authentiques dotés de la force exécutoire (actes notariés) sans qu'il soit besoin de recourir à une décision de justice.

Ils sont à ce titre investis d'une délégation de puissance publique. Le notaire éclaire le consentement des parties et a le pouvoir de conférer un caractère authentique à tous les actes qui lui sont demandés. Il assure également la conservation des minutes.

Les notaires occupent un emploi public au sens de la Déclaration des droits de l'homme et du citoyen. Le tribunal administratif de Paris l'a rappelé dans un jugement du 18 avril 2014 publié au Recueil Lebon (1 206 923) : « si les notaires ne sont pas des agents publics, les charges des titulaires des offices notariaux, en raison de la qualité d'officiers publics des notaires et des missions les faisant participer à l'exercice de l'autorité publique et à un service public qui leur sont confiées par la loi, des conditions d'accès à ces charges et des règles d'exercice de leur activité, constituent des emplois publics au sens de l'article 6 de la Déclaration des droits de l'homme et du citoyen ». Cette position a été confirmée par le tribunal administratif de Montreuil dans un jugement du 22 mai 2014 (1 308 819).

La Cour de justice (Union Européenne) a jugé dans un arrêt du 24 mai 2011 que « l'activité d'authentification confiée aux notaires ne comporte donc pas, en tant que tel, une participation directe et spécifique à l'exercice de l'autorité publique au sens de l'article 45, premier alinéa, du Traité instituant la CE. » Et que « les notaires exercent leur profession (...) dans des conditions de concurrence, ce qui n'est pas caractéristique de l'exercice de l'autorité publique ».

L'authenticité attachée aux actes signés devant un notaire permet à ce dernier d'émettre un titre exécutoire chaque fois que les parties requièrent ses services de leur propre initiative. Ce titre permet de saisir un débiteur (emprunteur, locataire, etc.) défaillant sans avoir à entamer une procédure judiciaire au préalable.
Le recours à un notaire est nécessaire pour conclure un contrat de mariage, procéder à une vente immobilière (en raison de la publicité foncière) ou à une donation, constater une mutation immobilière après décès, prendre une hypothèque, etc.

Les règles de déontologie applicables au notaire font qu'il peut agir seul pour conseiller deux parties à un même acte, par exemple le vendeur et l'acheteur d'un bien immobilier. Toutefois, chaque partie peut requérir son propre notaire, et cela sans accroître le coût de l'opération : en effet, l'émolument des notaires est essentiellement fondé sur l'objet de l'acte, de telle sorte que, si deux notaires participent à la réalisation d'une vente ou d'un prêt hypothécaire, l'émolument sera le même que s'il n'y avait eu qu'un notaire et sera partagé entre eux. L'acheteur d'un bien

immobilier, ou l'emprunteur d'un prêt hypothécaire peut se faire assister du notaire de son choix.
Au Congo, c'est la loi n°017 du 29 septembre 1989, portant institution du Notariat au Congo qui définit le statut du notaire. (Voir à ce sujet : Le notariat congolais de 1960 jusqu'à nos jours par Hygin Didace Amboulou, préface de Charles Émile Apesse, éditions Hemar 2005 ; Le notaire et le service public du même auteur, préface de Fidèle Mounguengue, L'Harmattan,2008 ; voir aussi l'article de Corneille Moukala-Moukoko, la responsabilité du notaire dans l'exercice de sa profession publié le samedi 11 octobre 2014 dans le journal la semaine Africaine).

❖ **Les huissiers de justice**

Les huissiers sont des officiers ministériels nommés par le Garde des sceaux, ministre de la Justice.

Les huissiers de justice peuvent procéder à l'établissement des actes juridiques ou donner des conseils de droit, car ce sont avant tout des professionnels du droit.
Selon la nature de l'**exploit d'huissier**, leur intervention peut être obligatoire. C'est le cas des exploits pour lesquels ils détiennent un « monopole » conféré par l'État ; pour les autres actes d'huissier, le recours à leurs services peut être simplement recommandé, mais sans obligation.

- **Exploit d'huissier obligatoire ou facultatif**

Selon la nature de l'acte, l'office d'un huissier peut ou ne pas être exigé.

- **Exploits d'huissier obligatoire**

Il est obligatoire de faire appel à un huissier pour les actes suivants :

- signification de jugement ;
- assignation par huissier ;
- voies d'exécution forcée ;
- saisie vente ;
- saisie attribution ;
- expulsion par huissier ;
- saisie immobilière, etc.

- **Exploits d'huissier facultatif**

Il n'est pas obligatoire de recourir à un exploit d'huissier pour les actes suivants :

- **constat** : n'importe qui peut effectuer un constat (c'est le cas dans un accident de voiture par exemple), les assurances pourront néanmoins demander obligatoirement un constat d'huissier ;
- **recouvrement** : il n'est pas obligatoire de procéder à un recouvrement par huissier, il peut être fait à l'amiable via le créancier lui-même ou un mandataire ;
- **courrier** : selon les cas, une lettre simple ou recommandée AR peut suffire, le courrier d'huissier est une sécurité supplémentaire pour prouver que le courrier a été remis en main propre à son destinataire ;
- aide juridique : n'importe quel professionnel du droit est en mesure de fournir des conseils juridiques (huissiers, avocats, notaires, etc.).

Avantages et inconvénient du recours aux exploits d'huissier

Le recours à un exploit d'huissier présente des avantages, mais aussi, un inconvénient :

- **Avantages** de l'exploit d'huissier :
  - En tant que professionnel du droit, l'huissier peut aviser et conseiller ses clients : lorsque son intervention est optionnelle, elle peut néanmoins être vivement conseillée en cas d'acte lourd de conséquences ou complexe.
  - L'huissier est également un officier ministériel : sa qualité confère aux actes qu'il produit une force probante supérieure.

Inconvénient de l'exploit d'huissier : faire appel aux services d'un huissier peut être coûteux.

Au Congo, c'est la loi n°027-92 du 20 août 1992 portant institution de la profession D'huissiers de justice en république du Congo qui crée un corps d'huissiers de justice dans notre pays. (Voir à ce sujet l'ouvrage de Jean Claude Olombi, la profession d'huissier de justice au Congo paru chez L'Harmattan en 2008, préface de Placide Lenga, premier président de la Cour suprême).

❖ **Les greffiers**

Le greffier a pour mission de garantir le bon déroulement des débats aux audiences, d'en rapporter par écrit les échanges, déclarations, et observations, et d'authentifier les actes juridictionnels d'une juridiction. Il travaille dans un greffe.

Le greffe est le lieu où sont déposés les minutes des jugements et les actes de procédure. Mais il désigne aussi l'ensemble des services et du personnel des tribunaux permettant aux magistrats de rendre la justice et d'assurer leurs fonctions juridictionnelles.

Le greffier authentifie les actes de la procédure à l'audience. L'audience ne peut siéger sans la présence du greffier, lequel est chargé de prendre note du déroulement des débats. La signature du greffier sur un jugement ou un arrêt est indispensable pour que celui-ci ait valeur d'acte authentique. Les greffiers sont dirigés par un greffier en chef.

Section XI : quelques instruments procéduraux

❖ **Requête**
Mode d'introduction de l'instance qui consiste à la remise au greffier d'un document signé par une (des) partie (s) ou un avocat dans lequel se trouvent exposés les points litigieux ainsi que les moyens invoqués. La Requête entraîne la saisine de la juridiction concernée.

❖ **Plainte**
La plainte est l'acte par lequel une personne qui s'estime victime d'une infraction en informe le procureur de la République, directement ou par un service de police ou de gendarmerie. Elle permet à la victime de demander à l'autorité judiciaire la condamnation pénale de l'auteur (peine d'emprisonnement, d'amende...). La plainte peut être déposée contre une personne identifiée ou contre X, si l'identité de l'auteur des faits est inconnue.

❖ **Plainte avec constitution de la partie civile**
Une plainte avec constitution de partie civile permet de saisir directement un juge d'instruction et demander l'ouverture d'une enquête appelée information judiciaire.
Elle lance à la fois :

- une action pénale, la partie adverse risquant un procès et des sanctions pénales (peine de prison et/ou amende)
- et une action civile qui permet de demander une indemnisation au nom de la responsabilité civile de la partie adverse.

Elle se distingue de la plainte simple qui saisit le procureur de la République.

❖ **Jugement**
Dans le langage courant, on désigne par « jugement » toute décision rendue par une juridiction du premier degré, qui ordonne de payer, de faire ou de ne pas faire ou encore qui prend une mesure d'instruction ou d'exécution. Cependant, au point de vue du vocabulaire appartenant à la

technique juridique, les juges de l'ordre judiciaire sont appelés à rendre différents types de décisions qui portent des appellations différentes.

Outre les jugements, les juges rendent des ordonnances. Autrefois, on dénommait « ordonnance » les décisions prises, soit par un juge d'instruction, soit par le président du tribunal lorsque ce dernier statuait sur requête ou en référé. Le critère de l'appellation « d'ordonnance » résidait dans le fait qu'ils ne statuaient pas au sein d'une collégiale, actuellement, les cas de compétence du juge statuant seul (on dit "à juge unique") ont été considérablement étendus, le mot « jugement » s'applique indifféremment à la décision prise en collégialité ou par un juge unique. En revanche, le mot « ordonnance » reste attaché aux décisions par lesquelles le juge statue au provisoire, ou encore celles au moyen desquelles il prend des mesures d'administration judiciaire.

Le mot « jugement » s'applique aux décisions des juridictions de droit commun (Tribunal d'instance, Tribunal de grande instance, tribunal de commerce), en revanche les décisions prises par des arbitres ne sont pas des « jugements », mais des « sentences arbitrales ». Ces dernières ne sont exécutoires qu'après qu'elles eurent été vérifiées par le président du Tribunal de grande instance, selon une procédure simplifiée dite "procédure d'exequatur". Les décisions collégiales rendues par les Cours d'appel et par la Cour suprême sont dénommées des "arrêts."

❖ **Minute**
C'est l'original d'un jugement conservé au greffe revêtu de la signature du président et du greffier.

❖ **Expédition**
Copie du jugement détenue en minute au Greffe, délivrée par le greffier en chef et non assortie de la formule exécutoire.[1]

❖ **Grosse**
Une Grosse d'un jugement civil est la copie exécutoire de la décision (arrêt, jugement ou ordonnance), délivrée par le greffe aux parties à la procédure. C'est cette copie exécutoire qui est transmise le cas échéant à un huissier de justice afin qu'il accomplisse les actes d'exécution forcée requis (notamment les saisies).

❖ Plumitif

Registre tenu devant le tribunal par un greffier qui relate tout ce qui se passe à l'audience (audition des parties, réquisitions du procureur, plaidoirie des avocats, décisions du tribunal).

❖ Arrêt

Par opposition aux « jugements » rendus par les juridictions de degré inférieur (Tribunal de grande instance, tribunal d'instance, tribunal de commerce, etc.), le mot « arrêt » est une expression de la technique juridique utilisée pour désigner une décision rendue par les juridictions civiles de degré supérieur, c'est-à-dire, par les Cours d'appel ou par la Cour suprême.

Les jugements qui sont déférés à la censure d'une Cour d'appel sont, soit approuvés, on dit « confirmés », soit, dans le cas d'annulation, « infirmés ». Dans le premier cas, l'arrêt rendu, il ne reste plus rien à juger, la décision du premier juge est alors exécutée après que l'arrêt eut été signifié, et ce, comme si aucun recours n'avait été engagé. Si la partie perdante devant la Cour d'appel entend saisir la Cour suprême d'un pourvoi, elle devra, pour que ce recours soit recevable, justifier de l'exécution de l'arrêt. La Cour d'appel peut aussi infirmer la décision des premiers juges. Le texte de cette annulation du premier jugement peut porter, sur toutes les dispositions du jugement critiqué et dans ce cas, la Cour d'appel substitue sa décision à celle qu'elle a annulée. Mais la Cour peut également estimer devoir maintenir une partie du jugement qui lui a été déféré, on dit que le jugement est seulement « amendé ». La Cour se limite alors à ne modifier que la partie du jugement du premier juge qu'elle a censuré. Tel est le cas lorsqu'une Cour d'appel confirme le principe de la responsabilité encourue par la personne déclarée, par les premiers juges, responsable d'avoir commis un accident, mais qu'elle augmente ou qu'elle diminue les dommages-intérêts que ces derniers avaient accordés à la victime en première instance.

❖ Les officiers de police judiciaire

La police judiciaire constitue l'un des rouages indispensables de la procédure pénale : travaillant sous le contrôle des magistrats, elle est chargée de la **mise en œuvre concrète de l'enquête**. Elle constitue à ce titre l'un des principaux auxiliaires du juge.

La police judiciaire désigne **l'autorité chargée de constater les infractions, d'en rechercher les auteurs et de rassembler les preuves**.

Ses membres sont des fonctionnaires dotés de la qualité d'officier ou d'agent de police judiciaire. Tous les policiers ne sont donc pas en charge d'une mission de police judiciaire, et la police judiciaire n'est pas uniquement composée de policiers : certains gendarmes, mais encore les maires et leurs adjoints possèdent la qualité d'officier de police judiciaire.
Dans l'exercice de leurs missions d'enquête, les officiers de police judiciaire peuvent recourir à certains **moyens de coercition** : garde à vue, perquisition, saisie. Ils exercent ces prérogatives dans un cadre juridique particulièrement précis et **sous le contrôle de l'autorité judiciaire**, gardienne de la liberté individuelle.

Concrètement, l'exercice par la police judiciaire de sa mission est dirigé pendant la phase d'enquête par le procureur de la République, et pendant l'instruction par le juge d'instruction.

Section XII : la justice internationale

Génocide, crimes contre l'humanité, des termes qui ont émaillé le siècle dernier et qui perdurent encore. Des tribunaux pénaux pour l'ex-Yougoslavie et le Rwanda ont été créés, sous l'égide de l'ONU, et une juridiction permanente a vu le jour, la Cour pénale internationale. La justice pénale internationale parviendra-t-elle désormais à punir les crimes et protéger les victimes ? Les Nations Unies ont très tôt voulu conférer un prolongement aux juridictions de Nuremberg et de Tokyo, mais la guerre froide a gelé toute avancée. Les crimes perpétrés en ex-Yougoslavie et au Rwanda contre des civils ont souligné l'urgence de la création d'une instance permanente pour en connaître.

Le 17 juillet 1998, à l'issue d'une conférence organisée par les Nations unies à Rome, le statut d'une Cour pénale internationale permanente a été adopté. 120 États ont voté pour, 7 contre et 21 se sont abstenus. Le seuil des 60 ratifications, condition juridique nécessaire à la mise en place de La Cour pénale internationale, a été franchi à peine quatre ans plus tard. Le 11 avril 2002, de nouveaux États ont ratifié le statut de Rome, la Cour pénale internationale voit alors le jour. Elle entre en fonction le 1er juillet 2002, conformément à l'article 126 du statut de Rome.

Le 11 mars 2003 a lieu la session inaugurale de la Cour pendant laquelle les 18 juges élus le 7 février 2003 prêtent serment. Le coup d'envoi effectif est donné le 16 juin 2003 avec la prise de fonctions du procureur Luis Moreno Ocampo, élu le 21 avril. Le Congo a ratifié le statut de Rome en 2004.
La CPI fait l'objet de vives critiques aujourd'hui de la part des états Africains. La plupart des dirigeants africains accusent l'institution judiciaire d'être sélective dans sa démarche. Selon eux, elle n'aurait ciblé que des chefs d'Etat et des leaders du continent noir.
Les poursuites judiciaires en série par la cour pénale internationale des dirigeants africains, ont provoqué la colère de ces derniers qui ont exprimé le sentiment d'être visés et accusent ladite institution de faire une sélection dans sa quête de justice.
Ainsi, à l'issue d'une réunion tenue le 11 octobre 2013, des ministres des affaires étrangères de l'Union Africaine avaient demandé à l'ONU la suspension des procédures de la CPI contre les dirigeants en exercice. Mais cette démarche de l'Union africaine introduite auprès du conseil de sécurité de l'ONU, pour la suspension des poursuites à l'encontre des dirigeants africains, posa problème aux organisations de la société civile sur le continent.
Dans un document rendu public, le 18 novembre 2013, à Johannesburg (Afrique du Sud) plusieurs organisations africaines et internationales avaient soutenu que « les gouvernements africains doivent rejeter l'idée selon laquelle, ils doivent bénéficier d'une immunité spéciale vis-à-vis de la cour pénale internationale (CPI) ». Les Etats Africains ont fait part en octobre 2016 de leur intention de quitter le statut de Rome de la cour pénale internationale. Ils ont notamment invoqué la critique post coloniale d'une justice de « Blancs » ne visant que des Africains. Lors d'un sommet en 2017, l'union africaine s'est faite la voix d'un retrait massif des états africains de la cour accusée de ne prendre pour cible que les dirigeants africains. Cependant, la Côte d'Ivoire, le Sénégal et le Nigéria se sont opposés en précisant que le retrait ou non de la CPI restait une décision souveraine.

Il faut toutefois reconnaître que les efforts de la CPI pour traduire en justice les dirigeants des grandes puissances occidentales s'avèrent minimes.
Neuf des situations actuellement sous enquête depuis 2016 ont effectivement eu lieu en Afrique : en RDC (enquête ouverte le 23 juin 2004, six personnes poursuivies : 2 condamnées, 1 acquittée, 1 non-lieu, 1 en fuite

et 1 en procès), en Ouganda (enquête ouverte le 29 juillet 2004, cinq personnes sont poursuivies : 3 en fuite, 1 en attente de procès, 1 décédée), en Centrafrique (RCA) (enquête ouverte le 22 mai 2007,1 personne accusée en attente de jugement), au Soudan (enquête ouverte le 6 juin 2005, sept personnes poursuivies : 5 en fuite, 1 non –lieu, 1 décédée.), au Kenya, (enquête ouverte le 31 mars 2010, six personnes poursuivies : 4 non-lieux, 2 en procès), en Libye, (enquête ouverte en 2011, trois personnes poursuivies, 1 décédée, 1 renvoyée à la justice libyenne, 1 détenue en Libye), en Côte d'Ivoire (enquête ouverte le 3 octobre 2011, trois personnes publiquement poursuivies : 2 en attente de procès,1 incarcéré en Côte d'Ivoire) et au mali (enquête ouverte le 16 janvier 2013,1 personne en attente du procès).(source journal EMMANUEL n°270- 2017, hebdomadaire congolais d'information sociale, de culture, de recherche, de discernement et d'analyse).

Il est utile, de préciser ici que les statuts de la CPI (notamment l'article 127 du statut de Rome) prévoient la procédure de retrait d'un état. C'est ainsi qu'après le Burundi, l'Afrique du Sud et la Gambie, des jeunes congolais membres du Front patriotique (FP) et du Mouvement réveil (MR 2020), deux formations de la majorité ont demandé le jeudi 3 novembre 2016 à Brazzaville lors d'une manifestation, que le Congo quitte la Cour pénale internationale (CPI) en arguant que c'était une cour à géométrie variable. Ils ont estimé que la ratification du statut de Rome est incompatible avec les dispositions prévues par l'article 10 de la nouvelle Constitution. L'article 10 stipule que « sauf en cas de perte ou de déchéance de nationalité, aucun citoyen congolais ne peut être ni extradé, ni livré à une puissance ou organisation étrangère », quel que soit le motif.

Cette démarche n'a pas du tout été appréciée par les organisations de défense des droits de l'Homme au Congo. Elles ont mis en garde contre toute velléité de sortie du statut de Rome.

Le ministre de la justice, a fait comprendre à ceux qui pensaient que le pouvoir souhaiterait retirer le Congo de la CPI, que Le gouvernement du Congo n'a pas ce sujet sur sa table, ni à l'ordre du jour d'une quelconque réunion. Il s'agit là d'une initiative populaire prise par les jeunes.

(Voir au sujet de ce débat, l'article de Jean Baptiste Jeangène Vilmer dans le journal le Monde du 31 octobre 2016 ; il est Directeur de l'Institut de Recherches Stratégiques de l'école militaire (IRSM). Lire aussi l'article d'Emeline Wuilbercq (contributrice le monde Afrique, Addis-Abeba, le Monde du 3 février 2017).

Paragraphe 1- La Cour de justice de la Communauté économique et monétaire de l'Afrique centrale (CEMAC)

Mise en place en 2000, la Cour de justice de la CEMAC se présente comme la pierre angulaire du mécanisme d'intégration.

Créée par le traité de la CEMAC du 16 mars 1994, la Cour de justice est composée de douze membres (deux pour chacun des six États membres), nommés pour un mandat de six ans, et répartis entre deux chambres (judiciaire et des Comptes). La Cour est dirigée par une treizième personnalité appelée « premier président ». Elle est chargée : d'assurer le respect des dispositions des traités de la CEMAC et des Conventions subséquentes par les États membres, les Institutions et les organes de cette communauté ; d'assurer le contrôle des comptes de la communauté ; de réaliser par ses décisions l'harmonisation des jurisprudences dans les matières relevant du domaine des traités.

La Cour de justice de la CEMAC est donc une Cour d'intégration régionale qui assure le contrôle juridictionnel et budgétaire du fonctionnement et des activités de la communauté. Elle est saisie, en cas de violation des Traités ou des actes subséquents, non seulement par les États membres, les Institutions et organes de la communauté, mais encore par toute personne physique ou morale justifiant d'un intérêt certain et légitime. La Cour est appelée à jouer le rôle de catalyseur de l'intégration économique et sociale des États parties au Traité.

La Cour de justice de la Communauté économique et monétaire des États de l'Afrique Centrale (CEMAC), a son siège à N'Djamena, dans la capitale tchadienne.

Dans le cadre des réformes institutionnelles de la communauté, les leaders des pays membres de la CEMAC (Cameroun, Congo, Gabon, Guinée Équatoriale, République Centrafricaine et Tchad) avaient décidé de la création de deux cours distinctes, en lieu et place de l'actuelle. Il s'agit d'une Cour de justice et d'une Cour des comptes.

Alors que les conventions devant régir ces deux futures institutions sont en cours de ratification, les mandats des juges de l'actuelle Cour étaient arrivés à terme à la mi-avril 2012. Pour assurer le fonctionnement régulier de la Cour et donc la continuité de service, la conférence des chefs d'État a pris l'Acte additionnel n° 1 du 11 mai 2012 autorisant les membres de la Cour de justice de la CEMAC en fin de mandat à rester jusqu'à l'installation des membres des futures Cours de justice et des comptes communautaires, après bien sûr la ratification des nouveaux textes communautaires.

La 13ème session ordinaire de la conférence des chefs d'État de la CEMAC s'est tenue à DJIBLOHO en GUINEE EQUATORIALE le 17 février 2017 ; au cours de cette session plusieurs décisions importantes ressortent du communiqué final de ce sommet : l'effectivité de la libre circulation pour les ressortissants des pays de la communauté munis de pièces d'identité biométriques, enterrement du projet de Compagnie aérienne, etc.... Au titre des mesures individuelles, la Conférence a procédé aux nominations aux postes ci-après :

Le Professeur Daniel Ona Ondo, ancien Premier ministre du Gabon, a été nommé nouveau président de la commission de la communauté économique et monétaire des Etats de l'Afrique centrale (CEMAC) ; il a remplacé à ce poste le congolais Pierre Moussa, qui a passé 5 ans à la tête de l'institution.

-A la Cour de justice communautaire de la CEMAC,

1-M. Kamtchuing, de nationalité Camerounaise
2-N'DOUBA Zacharie, de nationalité Centrafricaine,
3-Mme Elenga-Ngaporo julienne, de nationalité Congolaise,
4-M.Mouissi Divoundza désiré, de nationalité Gabonaise,
5-M. Justo Asumu Mokuy, de nationalité équato-guinéenne,
6-M. Ahmed Bartchiret, de nationalité Tchadienne.

-A LA Cour des comptes communautaires de la CEMAC,

1-M. Ebene Daniel, de nationalité Camerounaise,
2-MFouda Nkodo Achille, de nationalité Camerounaise,
3-Mme Fanga-Mbourounda Napala Clémentine, de nationalité Centrafricaine,
4-M. Mavoungou Romuald, de nationalité Centrafricaine,
5-M. Edouard Taty-Makaya, de nationalité Congolaise,
6-David Osseke, de nationalité Congolaise,
7-M. Ango Mba Joseph, de nationalité Gabonaise,
8-M. Loye Daniel, de nationalité Gabonaise,
9-M. Ela Mangue Juan Carlos, de nationalité Equato-guinéenne,
10-M. Mba Ndong Mbang Desidério, de nationalité équato-guinéenne,
11-M. Ramadane Moussa, de nationalité Tchadienne,
12-M. Djimet Arabi, de nationalité Tchadienne.

Paragraphe 2 : La Cour commune de justice et d'arbitrage de l'Organisation pour l'Harmonisation en Afrique du Droit des Affaires (OHADA)

Le droit des affaires étant en constante évolution, le corpus juridique légué en la matière par le colonisateur au lendemain des indépendances a très vite montré ses insuffisances. Ces insuffisances, qui proviennent parfois de la coexistence des textes difficilement compatibles, voire contradictoires, parfois aussi de l'inadaptation des lois de fond et de procédure, furent amplifiées par les dysfonctionnements des services judiciaires, les fantaisies et l'imprévisibilité de bon nombre de tribunaux et surtout les difficultés enregistrées dans l'exécution des décisions de justice. Il était donc devenu impérieux pour ces États de remédier à ces insuffisances sources d'insécurité juridique et judiciaire. C'est ainsi qu'ils ont entrepris un vaste chantier de modernisation de leur droit des affaires qui a abouti à la création de l'Organisation pour l'Harmonisation en Afrique du Droit des Affaires (OHADA). Le Traité instituant cette organisation a été signé le 17 octobre 1993 à Port-Louis en Ile Maurice par quatorze pays, dont le Congo.

La nouvelle organisation ainsi créée a donc pour objectifs principaux, la création d'un espace juridique commun par la promulgation d'Actes uniformes applicables dans tous les États parties au Traité, la promotion de l'arbitrage comme mode de règlement des différends contractuels, le soutien à l'intégration économique africaine et l'institution d'une communauté économique africaine. On comprend donc que l'OHADA avait pour ambition d'explorer un droit unique des affaires, simple, moderne, transnational commun aux États parties, adapté à la situation de leurs économies, et susceptible, de ce fait, de restaurer la confiance des investisseurs.
Afin de remplir les objectifs qu'elle s'est assignés, l'Organisation s'est dotée d'un système institutionnel comprenant un Conseil des ministres, un Secrétariat permanent, une École Régionale Supérieure de la Magistrature (ERSUMA) et une Cour Commune de Justice et d'Arbitrage (CCJA).

La Cour Commune de Justice et d'Arbitrage (CCJA) est l'organe juridictionnel de l'Organisation pour l'Harmonisation en Afrique du Droit des Affaires (OHADA). À ce titre, elle est appelée à veiller, à travers l'examen des recours en cassation, à l'application uniforme par les juridictions de fond des États parties de la législation harmonisée en toutes matières. Elle est une juridiction suprême de cassation dont les règles de saisine et de fonctionnement ne sont pas identiques à celles des juridictions suprêmes nationales. Elle est aussi particulière en ce qu'elle est à la fois une juridiction de cassation parce qu'elle juge en droit, et une juridiction de fond parce qu'elle juge les faits dans le cadre de l'exercice de son pouvoir d'évocation.

Les règles qui gouvernent la procédure devant la CCJA sont contenues dans le Règlement de procédure adopté à N'Djamena le 18 avril 1996. Ce texte qui fixe le cadre général du procès en cassation n'est pas maîtrisé par tous les praticiens du droit appelés à en faire usage. De plus, il n'a pas réglementé certains aspects importants de la procédure civile de cassation, laissant ainsi des vides qu'il est revenu à la CCJA de combler. Ainsi, la haute Cour a, non seulement fixé sa jurisprudence sur l'application des règles de procédure en vigueur, mais les a complétées de façon à faciliter aux parties l'accès à la juridiction communautaire.

Le Traité de Port-Louis du 17 octobre 1993 entré en vigueur en 1995 prévoit aux termes de l'article 31 la nomination de 7 juges ressortissants des États membres qui exercent en toute indépendance leurs fonctions au sein de la CCJA pour un mandat de 7 ans renouvelable une fois, sous les conditions suivantes : les magistrats ayant acquis une expérience judiciaire d'au moins quinze années et exercé de hautes fonctions juridictionnelles ; les avocats inscrits au barreau de l'un des États parties, ayant au moins quinze années d'expérience professionnelle ; Les professeurs de droit ayant au moins quinze années d'expérience professionnelle.
La Cour de Justice et d'arbitrage de l'OHADA est une juridiction communautaire dont la mission est déterminée par l'article 14 du Traité. Elle siège à Abidjan (Côte d'Ivoire).
La CCJA donne un avis préalable à l'adoption des Actes uniformes et tranche des différends entre les États quant à l'interprétation ou l'application du Traité.

En outre, la CCJA est compétente pour toutes les questions relatives à l'application des Actes uniformes, à l'exception des décisions appliquant des sanctions pénales. La CCJA bénéficie d'un transfert de compétences anciennement dévolues aux juridictions de cassation nationales, et contribue indéniablement à assurer une interprétation commune par les

juges du fond de l'espace OHADA d'un même droit substantiel communautaire.
La Cour de Justice et d'arbitrage est une Cour de cassation, se prononçant sur les décisions rendues par les juridictions d'appel des États ou sur les décisions non susceptibles d'appel, avec la particularité de statuer au fond sans renvoi devant une autre juridiction.

Elle peut être saisie directement par l'une des parties à une instance devant une juridiction nationale ou sur renvoi d'une juridiction nationale statuant en cassation.

Elle organise l'arbitrage, mais n'arbitre pas elle-même. Elle nomme ou confirme les arbitres, est informée du déroulement de l'arbitrage et examine les projets de sentence.
Elle peut prendre une décision d'exequatur pour l'exécution forcée d'une sentence arbitrale rendue dans un État. Les juges de L'OHADA jouent un rôle tout d'abord consultatif, c'est-à-dire que les États et/ou les juridictions peuvent les saisir sur une question relevant des compétences de l'OHADA. Ce rôle joué par la Cour Commune de Justice et d'Arbitrage permet d'unifier le droit OHADA, car les avis de la Cour permettent d'éviter les divergences d'interprétations issues des juridictions nationales. Le problème est que cet avis n'est que consultatif et n'a aucune valeur juridique contraignante.

D'une manière générale, la procédure devant la Cour Commune de justice et d'arbitrage est l'objet de nombreuses critiques parfois et souvent injustifiées dû beaucoup plus à une méconnaissance ou une connaissance approximative des règles de procédure, d'où nécessité pour les Pays membres de multiplier des formations de renforcement des capacités pour permettre une meilleure connaissance du Droit OHADA.
La problématique de l'application des Actes uniformes réside dans le suivi de l'insertion du droit uniforme dans l'ordre juridique interne des Etats parties, dans le contrôle de son application dans ces Etats et dans son extension à d'autres Etats que ceux composant actuellement l'espace OHADA ; l'article 10 du Traité qui décide une insertion automatique du droit uniforme dans l'ordre juridique interne des Etats parties suffit à assurer cette insertion et à l'y rendre applicable (voir à ce sujet : actes du Colloque sur l'harmonisation du droit OHADA des contrats – Ouagadougou 2007 Unif. L. Rev. 2008 Communication : L'OHADA :

défis, problèmes et tentatives de solutions par Joseph Issa Sayeghet, Paul-Gérard Pougoué).

Réunis le 26 janvier 2017 à Brazzaville à l'occasion de la 43e session du Conseil des ministres, les pays de l'espace OHADA ont adopté le nouvel acte uniforme relatif au droit comptable et à l'information financière.

La révision de l'Acte uniforme portant organisation et harmonisation des comptabilités des entreprises pour en faire l'unique référentiel comptable en vigueur dans l'espace géographique de l'OHADA avait été instruit le 17 octobre 2013 suite à la conférence des Chefs d'Etat et de gouvernement.

Adapté et en cohérence avec les autres Actes uniformes, le nouvel Acte uniforme relatif au droit comptable et à l'information financière tient compte des évolutions de la normalisation comptable internationale, dans le respect du contexte juridique et économique des Etats Parties à l'OHADA.

Il se définit, entre autres, par le maintien, aux côtés du système normal, d'un système minimal de trésorerie pour les petites entités économiques, cette coexistence permettant aux entreprises de disposer d'une comptabilité appropriée en fonction de leur chiffre d'affaires ; la reconnaissance de la spécificité du système comptable des secteurs réglementés ; l'obligation faite aux entités inscrites à une bourse des valeurs ou faisant appel public à l'épargne, de produire en sus de leurs états financiers individuels en normes SYSCOHADA ou selon le référentiel comptable spécifique à leurs activités, des états financiers en normes internationales d'information financière (IFRS) afin de garantir la qualité et la comparabilité des données produites ; la consécration de dispositions transitoires, pour permettre un passage efficient vers le nouveau référentiel révisé.

La 43e session du Conseil des ministres des pays de l'espace OHADA a donné lieu aux nominations au sein de cette institution. Ainsi, le Malien Boubacar Sidiki DIARRAH a été nommé Directeur des Affaires Juridiques, de la Documentation et de la Communication.

A la Cour Commune de Justice et d'Arbitrage, Me Jérémie Wambo Totchoum du Cameroun est nommé Juriste référendaire ; à l'Ecole Régionale Supérieure de la Magistrature, Mayatta Ndiaye Mbaye de nationalité sénégalaise est nommé Directeur Général.

Les travaux de ces assises se sont terminés par la passation de la présidence entre la République du Congo et la République de Guinée. Celle-ci présidera aux destinées de l'Organisation pendant l'année 2017, conformément au Traité OHADA.

Section XIII : Le statut des magistrats au Congo

Le statut du magistrat est réglementé par la Loi 15-99 du 15 avril 1999 modifiant et complétant certaines dispositions de la loi no 023-92 du 20 août 1992 portant statut de la magistrature.
Le corps de la magistrature comprend les magistrats du siège et du parquet de la Cour Suprême et des autres juridictions nationales, ainsi que les magistrats en service dans les administrations de l'État et les auditeurs de justice. Les règles relatives à la fonction publique s'appliquent aux magistrats dans la mesure où elles ne sont pas contraires à leur statut. La hiérarchie du corps de la magistrature comprend trois grades comportant, chacun, des échelons. Il existe, en outre, une catégorie hors hiérarchie. Les échelons, ainsi que les fonctions exercées par les magistrats de chaque grade, sont définis par un décret du Président de la République pris sur proposition du conseil supérieur de la magistrature.

Les magistrats de la Cour Suprême, des cours d'appel et de la Cour des comptes sont nommés parmi les magistrats hors hiérarchie ou les magistrats du premier grade remplissant en outre les critères de :
- ancienneté dans la profession ;
- expérience ;
- technicité et compétence ;
- cursus professionnel ;
- probité morale ;
- conscience professionnelle ;
- sens élevé du patriotisme.

Ils doivent témoigner d'une ancienneté d'au moins quinze ans, dont dix années effectives passées dans les juridictions ou dans les institutions centrales de l'État. Les chefs de cours sont nommés parmi les magistrats hors hiérarchie ou du premier grade le plus ancien dans ces catégories par un décret du Président de la République, pris sur proposition du conseil supérieur de la magistrature. Les nominations aux divers emplois de la magistrature sont faites, sur proposition du conseil supérieur de la magistrature, par décret du Président de la République.

Les magistrats sont indépendants vis-à-vis du pouvoir politique, des groupes de pression et des justiciables. Ils règlent les affaires dont ils sont saisis en toute impartialité, selon les faits et conformément à la loi, à l'abri de toute influence, de toute pression et de toute menace. Toute action concertée de nature à arrêter ou à entraver le fonctionnement des juridictions est interdite.

Le Président de la République garantit l'indépendance du pouvoir judiciaire à travers le conseil supérieur de la magistrature. L'exercice des fonctions de magistrat est incompatible avec l'exercice de toute fonction publique ou élective et de toute autre activité, professionnelle ou salariée, à l'exception des activités agricoles. Des dérogations individuelles peuvent, toutefois, être accordées aux magistrats, pour exercer des fonctions ou des activités qui ne sont pas de nature à porter atteinte à la dignité ou à l'indépendance du magistrat.
Les magistrats peuvent, sans autorisation préalable, se livrer à des travaux scientifiques, littéraires, artistiques ou d'enseignement. Les magistrats sont tenus à l'obligation de réserve définie comme l'interdiction de faire état de leurs convictions politiques, philosophiques ou religieuses dans le cadre de leurs fonctions. Ils ne peuvent point être membres d'un parti politique. Les magistrats, indépendamment des règles fixées par le Code pénal et les lois spéciales, sont protégés contre les menaces et les attaques, de quelle que nature qu'elles soient, dont ils peuvent faire l'objet, dans l'exercice ou à l'occasion de l'exercice de leurs fonctions. L'État doit réparer le préjudice direct qui en résulte. Les magistrats sont astreints à résider au siège de la juridiction à laquelle ils appartiennent. Ils ne peuvent s'absenter sans congé ou permission, si ce n'est pour cause de service. La Loi 16-99 du 15 avril 1999 modifiant et complétant certaines dispositions de la loi 024-92 du 20 août 1992 et de la loi no 29-94 du 18 octobre 1994 portant institution du Conseil Supérieur de la magistrature, ainsi que la loi organique n°22-2008 du 26 juillet 2008 portant organisation, composition et fonctionnement du conseil supérieur de la magistrature complètent en de nombreux points le statut des magistrats. La loi n° 29-2018 du 7 août 2018 fixant l'organisation, la composition et le fonctionnement du conseil supérieur de la magistrature abroge toutes dispositions antérieures contraires, notamment celles de la loi organique n° 22-2008 du 26 juillet 2008. Elle dispose qu'il est institué, au sein du pouvoir judiciaire, un organe collégial de décision dénommé conseil supérieur de la magistrature.

Le conseil supérieur de la magistrature est présidé par le Président de la République. Le Garde des Sceaux, ministre de la Justice et le premier président de la Cour Suprême en sont membres de droit, assumant, respectivement, la première et la deuxième vice-présidence. Le procureur général près la Cour Suprême, le vice-président de la Cour Suprême, le premier avocat général près cette juridiction sont également membres de droit du conseil supérieur de la magistrature. Le Président de la République nomme les autres membres du conseil supérieur de la magistrature à raison de :

- un magistrat de la Cour Suprême ;
- trois magistrats des cours d'appel ;
- deux magistrats des tribunaux de grande instance ;
- deux magistrats des tribunaux d'instance. La durée du mandat des membres désignés par voie de nomination est de trois ans renouvelables une seule fois. Lorsqu'une vacance se produit avant la date normale d'expiration du mandat, il est nommé, par le Président de la République, un autre membre relevant de la même juridiction. Le conseil supérieur de la magistrature propose au Président de la République, la nomination des magistrats du siège et du parquet des cours et tribunaux. Il veille à ce que la nomination des magistrats obéisse à la règle de l'impartialité et aux critères de :

- ancienneté dans la profession ;
- expérience ;
- technicité et compétence ;
- cursus professionnel ;
- probité morale ;
- conscience professionnelle ;
- sens élevé du patriotisme.

Le conseil supérieur de la magistrature établit et présente au Président de la République la liste des magistrats qui remplissent les conditions pour être nommés à la Cour Suprême. Sont nommés à la Cour Suprême les magistrats hors hiérarchie ou du premier grade ayant au moins quinze années d'ancienneté dont dix années effectives dans les juridictions ou dans les institutions centrales de l'État.

En France, dans le cadre de la révision constitutionnelle intervenue le 23 juillet 2008, et entrée en vigueur le 21 janvier 2011 la présidence du Conseil Supérieur de la magistrature n'est plus attribuée au Président de la République, mais par le premier président de la Cour de cassation. Ce changement n'est pas simplement formel. Il est revêtu d'une forte charge symbolique quant à l'affirmation du pouvoir juridictionnel comme troisième pouvoir dans les institutions Constitutionnelles.

Enfin, il nous a paru important de souligner que lors de la session inaugurale du Conseil supérieur de la magistrature, tenue à Brazzaville, sous la présidence du Chef de l'État, son excellence Denis Sassou-N'Guesso président de cette institution, le 4 mai 2009, il y a eu la révocation de onze magistrats des cours et tribunaux de la République, pour manquement grave aux devoirs de leur État, à l'honneur, à la délicatesse et à la dignité de leur charge. Cette session a été également marquée par la nomination des magistrats à différents niveaux des organes judiciaires à savoir : la Cour suprême, la Cour des comptes et de discipline budgétaire, les Cours d'appels et tribunaux.

Au cours de la session du conseil supérieur de la magistrature tenue à Brazzaville le 29 avril 2014, présidée par Monsieur le Président de la République, le conseil a proposé au parlement la modification de certaines dispositions relatives au statut de la magistrature et au conseil supérieur de la magistrature. La nouveauté porte sur l'institution du **principe de précaution** permettant de suspendre provisoirement de ses fonctions pour enquête, un magistrat auquel sont imputées des entorses graves et particulièrement avérées à la discipline.

Il est également prévu d'autoriser le justiciable à saisir le conseil supérieur de la magistrature par le canal du ministre de la Justice, pour dénoncer le magistrat auteur de fait contraire à la déontologie professionnelle. En outre, au cours de cette session deux magistrats ont été révoqués pour des faits d'usurpation de titre, d'escroquerie et d'abus de confiance. En sa qualité de vice-président du conseil, le garde des Sceaux, ministre d'État en charge de la justice, a rappelé que les juges devraient faire montre de civisme et de responsabilité.
« Il ne faut plus que les juges dont la conscience n'est pas tranquille continuent à avoir de beaux jours devant eux parce que la discipline n'est pas seulement l'énoncé des règles de conduite, mais aussi et surtout la punition des contrevenants », a-t-il indiqué. L'institution judiciaire est aujourd'hui confrontée dans notre pays à la révélation de faits ou de comportements isolés, commis par certains de ses représentants, qui sont apparus susceptibles de constituer de graves manquements aux devoirs de leurs charges.

Alors que les Congolais expriment des attentes fortes et très légitimes envers le corps judiciaire, ces procédures qui sont proposées et qui mettent en cause des magistrats risquent d'affecter gravement et

durablement la confiance que les populations devraient accorder à leur Justice. Dans une démocratie, la confiance dans les magistrats est un enjeu essentiel, une condition de l'efficacité et de la crédibilité du système juridictionnel.
Il serait à notre avis souhaitable de mener une réflexion approfondie sur ces nouvelles règles que l'on voudrait instituer, de peur qu'elle n'engendre des résultats contraires à ceux que l'on devrait attendre.
Le 20 février 2018, le Conseil supérieur de la magistrature s'est réuni en session ordinaire.
L'ordre du jour de cette session du Conseil comportait entre autres points le rapport de la commission de discipline des magistrats. Au sujet de ce rapport, le Conseil a examiné au total, trente-trois affaires présentées par la commission de discipline. Après avoir constaté que certains faits sont constitutifs du manquement aux obligations de dignité, de délicatesses attachées à la fonction de magistrat et au devoir de son état, le Conseil supérieur de la magistrature a décidé la révocation de sept magistrats pour des fautes professionnelles graves, la rétrogradation de deux magistrats, l'abaissement d'échelon à un magistrat, le déplacement d'office de trois magistrats, la réprimande de six magistrats, le retrait de certaines fonctions à un magistrat pour abus d'autorité. Le Conseil supérieur de la magistrature a également prononcé des relaxes lorsque les faits dénoncés n'étaient pas constitutifs de fautes professionnelles.

Pour rapprocher le juge du citoyen et favoriser ainsi le développement d'une justice de proximité, la carte judiciaire de notre pays a connu des aménagements bénéfiques pour les citoyens, puisque le Conseil des ministres du mois d'avril 2014 a procédé à l'érection de plusieurs tribunaux d'instance à travers le pays ; le conseil des ministres du 24 mai 2017, a adopté des projets de lois organiques portant création des Tribunaux d'instance de Mayéyé (département de la Lékoumou), Louingui (Pool), Lissanga (district de l'Ile Mbamou), Madingo-Kayes (Kouilou), Mbon (Plateaux), Pokola (Sangha), Kimba (Pool), Tchiamba-Nzassi (département de Pointe-Noire), Kayes (Bouenza) et Mbinzo (commune de Ouesso).

Section XIV : Une juridiction particulière : La haute cour de justice

La Haute Cour de justice est une institution judiciaire congolaise prévue par le titre X de la constitution. L'article 191 institue la Haute Cour de justice. Elle est composée de députés et de sénateurs élus en nombre égal par leurs pairs, et de membres de la Cour suprême également élus par leurs pairs. La Haute Cour de justice est présidée par le Premier président de la Cour suprême. Elle est compétente pour juger le Président de la République en cas de manquement grave à ses devoirs, manifestement incompatible avec l'exercice de sa haute fonction.

Les membres de l'Assemblée nationale et du Sénat, les ministres et les membres de la Cour suprême et les membres de la Cour constitutionnelle sont justiciables devant la Haute Cour de justice pour des actes qualifiés de crimes ou de délits commis dans l'exercice de leurs fonctions. Ils ne peuvent être mis en accusation que par le Parlement réuni en congrès, statuant par un vote au scrutin secret à la majorité des deux tiers de ses membres. Les coauteurs et les complices des personnes visées aux articles 192 et 193 sont également justiciables devant la Haute Cour de justice sans qu'il soit nécessaire que l'acte de mise en accusation les concernant émane du Parlement. Une loi organique détermine l'organisation, la composition et le fonctionnement de la Haute Cour de justice et précise les modalités d'application de cette procédure.

Dans la rédaction originale de la Constitution du 4 octobre 1958 en France, la Haute Cour de justice a pour rôle de juger le Président de la République et les membres du Gouvernement en cas de « haute trahison », et, uniquement pour les membres du Gouvernement, pour complicité « dans le cas de complot contre la sûreté de l'État ».

En 1993, une révision constitutionnelle prévoit que « les membres du Gouvernement sont pénalement responsables des actes accomplis dans l'exercice de leurs fonctions et qualifiés crimes ou délits au moment où ils ont été commis. Ils sont jugés par la Cour de justice de la République. »

En 2007, une révision constitutionnelle prévoit que « le Président de la République ne peut être destitué qu'en cas de manquement à ses devoirs manifestement incompatibles avec l'exercice de son mandat. La

destitution est prononcée par le Parlement constitué en Haute Cour. » Celle-ci est présidée par le président de l'Assemblée nationale.
En 2014, la loi organique relative à la Haute Cour de justice a été promulguée.
La Haute Cour de justice est donc compétente pour juger le Président de la République en cas de **haute trahison.** Mais cette notion de **haute trahison** n'a jamais été vraisemblablement définie avec exactitude, ni par la doctrine, ni par la jurisprudence.

Il n'y a pas de définition juridique, seulement, parfois, une énumération non limitative des cas d'ouverture quand ce chef d'inculpation est explicitement prévu, ce qui n'est pas toujours le cas. Son champ semble couvrir au moins les deux domaines ci-après : l'attentat à la sûreté de l'État et l'intelligence avec l'ennemi. Les exemples de haute trahison les plus simples sont : participer à une guerre contre son propre pays, la collusion avec une puissance étrangère, le complot visant par exemple la tentative de coup d'État ou l'assassinat du chef d'État, la sédition et l'insurrection. Mais dans l'histoire, il s'agit d'une notion élastique qui recouvre les actes les plus graves, du moins jusqu'à ce que l'on invente les notions de crimes contre l'humanité et de génocide. L'appréciation de la haute trahison est rarement impartiale. Son invocation tient beaucoup aux circonstances (temps de paix, de guerre ou de troubles) et elle est, de surcroît, souvent relative au niveau et au statut de l'accusé. L'accusation peut d'ailleurs n'être aussi qu'un prétexte pour se débarrasser d'un adversaire politique ou légitimer une révolution ou un coup d'État réussis. Enfin, l'incrimination elle-même n'est pas toujours soumise à la définition des crimes et délits pénaux du pays concerné, ce qui laisse toute latitude pour l'apprécier.

Techniquement, l'accusation de haute trahison est souvent employée à défaut pour résumer un faisceau de faits diffus, faute de pouvoir étayer suffisamment des chefs d'inculpation plus précis qui justifient des condamnations d'une gravité équivalente. Inversement, l'accumulation de ces chefs d'inculpation sera préférée à la notion vague de haute trahison surtout si celle-ci n'est pas explicitement prévue par les textes. Ce chef d'inculpation peut donc être explicite ou implicite. Lorsqu'elle est invoquée, la haute trahison s'apprécie globalement autant par son extrême gravité en soi, que par ses intentions de déstabiliser les autorités légales et l'efficacité des méthodes pour y arriver. Ajoutons l'embarras du droit et de la justice qui, à un comportement souvent de nature

politique, sont conduits à apporter des solutions généralement de nature pénale inspirées du droit commun. Par le passé, ce chef d'inculpation conduisait en général à la condamnation à mort, prononcée et mise en œuvre, parfois, dans des conditions plus ou moins régulières. Cependant, aujourd'hui, la majorité des États démocratiques prévoit des solutions plus modérées : la destitution ou la révocation, suivant qu'il s'agisse d'un chef d'État, d'un haut fonctionnaire ou d'un militaire, sans préjudice des poursuites pénales, ou seulement une peine de réclusion dans les autres cas.
Depuis 2007, la nouvelle rédaction de l'article 68 de la Constitution française du 4 octobre 1958 issue de la deuxième loi constitutionnelle de février 2007 supprime la référence explicite à la haute trahison et élargit le champ de cette responsabilité présidentielle aux « *manquements à ses devoirs manifestement incompatible avec l'exercice de son mandat* » comme une cause de destitution par la Haute Cour (nouvelle appellation). C'est certainement en tenant compte de l'incertitude de cette notion dans la doctrine, que le constituant congolais de 2015 a abandonné cette notion de haute trahison qui figurait dans la constitution du 20 janvier 2002.

Par Décret n°2018-453 du 14 décembre 2018, le président de la république a nommé les membres de la Haute cour de justice.

Sont nommés membres de la Haute cour de justice :
<u>Au titre de la Cour suprême :</u>
-M. Henri BOUKA, président de droit ;
-M- Georges MOUYABI, procureur général de droit
-M. Albert ETOTO-EBAKASSA, avocat général ;
-M. Simon William M'VIBOUDOULOU, avocat général ;
-M. Alphonse Dinard MOUBANGAT MOUKONZI, Juge titulaire ;
-M. Thaddée NDAYI, juge titulaire ;
-Mme. Hélène M'BAKI-KOUMBA, juge titulaire ;
-M. André Charles LOEMBA, juge titulaire ;
-M. Justin MANOTA, juge titulaire ;
-M. Dieudonné YOBO, juge titulaire ;
-Mme. Marie Yolande MAVOUNGOU GAMI, juge suppléant ;
-M. Jérôme Patrick MAVOUNGOU, juge suppléant ;
-Mme. Lucienne Virginie MOKOKO, juge suppléant ;
-M. Jean NGALEBAYI, membre de la commission d'instruction
-M. Albert MBON, membre de la commission d'instruction ;

-M. Narcisse GOULOU, membre de la commission d'instruction ;
-M. Théophile MBITSI, membre de la commission d'instruction ;
-M. Jean de Dieu BATCHY, membre de la commission d'instruction.

Au titre du sénat :
-M. Alphonse GONDZIA, juge titulaire ;
-Mme. Joséphine MOUTOU BAYONNE, juge titulaire ;
-M. Vincent GANGA, juge titulaire ;
-M. Maurice MBELA, juge suppléant ;
-Mme. Pauline ANGANDI, épouse IKOUROU-YOKA, juge suppléant ;
-M. Georges METOUL, juge suppléant ;
-M. Athanase MAKAYA MAKOUNDI, Juge suppléant
-Mme. Jeanne Françoise LECKOMBA LOUMETO, membre de commission d'instruction.

Au titre de l'assemblée nationale
-M. Alain MOKA, juge titulaire
-M. Blaise AMBETO, juge titulaire ;
-Mme. Marianne NKOUKA-MAGANGA YOGO, juge titulaire ;
-M. Adrien TSOUMOU MOUKASSA, juge titulaire ;
-Mme Adélaïde Rufine CHISSO, juge suppléant ;
-Mme. Théodorine KOLELAS MIAKONGO, juge suppléant ;
-M. Jeremy Sylvain LISSOUBA, juge suppléant ;
-M. Michel MBOUSSI NGOUARI, juge suppléant ;
-M. Faustin ELENGA, membre de la commission d'instruction.

CHAPITRE VII

LE CONSEIL ÉCONOMIQUE, SOCIAL, ET ENVIRONNEMENTAL

Le Conseil économique, social et environnemental est prescrit par le titre XI de la constitution, et il est institué par l'article 196. La loi organique 2-2003 du 17 janvier 2003 fixe l'organisation, la composition, les règles de fonctionnement et les modalités de désignation des membres du Conseil économique et social.

Il est, auprès des pouvoirs publics une assemblée consultative. Il peut, de sa propre initiative, se saisir de tout problème à caractère social intéressant la République du Congo. Il peut, en outre, être saisi par le Président de la République, le Président de l'Assemblée nationale ou le Président du Sénat. Le Conseil économique, social et environnemental peut, également, être consulté sur les projets de traités ou d'accords internationaux, les projets ou les propositions de loi ainsi que les projets de décrets en raison de leur caractère économique et social.

Le Conseil économique, social et environnemental est saisi de tout projet de loi, de programme et de plan de développement à caractère économique ou social, à l'exception du budget de l'État.

La fonction de membre du Conseil économique, social et environnemental est incompatible avec celle de parlementaire, de ministre, de membre de la Cour constitutionnelle, de préfet, de maire, de sous-préfet et de conseiller local.

Depuis le 30 octobre 2013, le Conseil économique, social et environnemental a été élu membre de l'Ecosoc (sigle anglais voulant dire Conseil économique et social des Nations unies) pour un mandat de trois ans, ensemble avec trois autres pays africains, à savoir : le Togo, le Botswana et la République Démocratique du Congo. Le mandat du Congo a commencé dès janvier 2014. Le Conseil économique et social travaille, depuis longtemps, avec l'Ecosoc, qui a un rôle consultatif concernant les questions de coopération économique et sociale internationale. L'Ecosoc est dirigé par un bureau composé, entre autres, d'un président et de quatre vice-présidents. Il compte 54 membres (les Conseils économiques et sociaux des pays membres des Nations unies) qui sont élus par l'assemblée générale de l'ONU, pour un mandat de trois ans, et renouvelés par tiers, le 31 décembre de chaque année.

Le Conseil économique et social a déjà bénéficié de l'assistance de l'Ecosoc et du P.N.U.D, pour l'animation d'un séminaire sur la G.A.R (Gestion axée sur les résultats).

Le Conseil économique et social apporte des avis pour aider les décideurs, dans le sens de l'amélioration des conditions de vie des citoyens. Il faut signaler que l'Ecosoc s'est assigné plusieurs objectifs, notamment favoriser la croissance économique, le plein emploi, une élévation du niveau de vie des populations et trouver des solutions aux problèmes sociaux à l'échelle planétaire. Il favorise, également, le respect des droits de l'homme et des libertés fondamentales, et travaille pour la promotion de la coopération internationale, dans les domaines comme le logement, la santé, l'éducation, la culture, le développent durable et la prévention de la criminalité.

Nous souhaitons que l'élection du Conseil économique, social et environnemental du Congo à l'Ecosoc renforce le rôle de cette institution dans la gouvernance du pays, notamment en ce qui concerne les questions socio-économiques. Le Conseil économique, social et environnemental du Congo est aussi membre des institutions suivantes : l'Union des Conseils Economiques et sociaux d'Afrique (UCESA), l'Union des Conseils Economiques et sociaux et Institutions Similaires francophones (UCESIF), l'Association Internationale des Conseils Economiques et sociaux et Institutions similaires (AICESIS).
En France, l'intitulé initial « Conseil économique et social » a été modifié par la seconde loi constitutionnelle de 2008 en Conseil économique, social et environnemental.
Le Constituant Congolais de 2015 a voulu mettre un accent particulier sur les questions d'environnement au Congo ; il faudrait dès lors songer à modifier la loi organique qui fixe le fonctionnement, l'organisation et la composition du Conseil économique, social et environnemental conformément à la nouvelle constitution.

Par Décret n°2003-216 du 13 août 2003, le Président de la République a nommé les membres du Conseil économique et social.
Le conseil des ministres du 6 décembre 2017 avait décidé de modifier la loi organique 2-2003 du 17 janvier 2003 qui fixait l'organisation, la composition, les règles de fonctionnement et les modalités de désignation des membres du Conseil économique et social. Un projet de loi organique portant organisation, composition et fonctionnement du Conseil économique, social et environnemental avait donc été adopté. Le parlement a voté la Loi n° 27-2018 du 7 août 2018 portant organisation, composition et fonctionnement du conseil économique, social et environnemental. Le nouveau texte tient compte du caractère bicéphale de notre exécutif comprenant désormais un Premier Ministre, chef du Gouvernement. C'est ainsi qu'au nombre des personnalités désignées, en raison de leurs compétences, deux (2), au lieu de quatre auparavant, sont désignées par le président de la république et une (1) par le premier ministre.
Une nouvelle commission permanente est créée, en charge des affaires environnementales. En application de l'article 17 de la constitution qui dispose en son alinéa 2 que « la loi garantit la parité et assure la promotion ainsi que la représentativité de la femme à toutes les fonctions politiques, électives et administratives », la loi consacre la composition paritaire du conseil.
Les sessions de l'assemblée générale du conseil deviennent publiques dans l'actuelle loi, alors qu'elles étaient à huis clos précédemment, et ceci en vue de garantir la pleine participation des citoyens à la vie de la nation.
Cette loi organique abroge toutes les dispositions antérieures contraires, notamment celles de la loi organique n°2-2003 du 17 janvier 2003 portant organisation, composition et fonctionnement du conseil économique et social.

CHAPITRE VIII

LE CONSEIL SUPÉRIEUR DE LA LIBERTÉ DE LA COMMUNICATION

C'est à partir de la loi N° 30/96 du 2 juillet 1996 que le Congo s'est doté d'un cadre législatif sur la presse, mais s'étant révélée trop sévère, elle fut abrogée par la loi n 8-2001 du 12 novembre 2001 sur la liberté de l'information et de la communication. Après la guerre civile du 5 juin 1997, la parole s'est davantage libérée dans les médias publics et privés, de nouveaux organes privés ont vu le jour.

Mais il se trouve que, malgré l'existence du cadre juridique régissant l'exercice de la liberté de la communication, plusieurs dérapages et des violations flagrantes des normes éthiques et déontologiques sont exercés par les professionnels des médias, ce qui constitue une menace à la démocratie et à la paix sociale. On peut observer et reprocher aux périodiques congolais une multitude de travers, à savoir :

- publication de fausses nouvelles ;
- offense au Chef de l'État ;
- atteinte à la vie privée des citoyens et à la confraternité ;
- atteinte à l'honneur et à la dignité des personnes publiques, et à la considération des institutions établies ;
- outrage aux bonnes mœurs ;
- irrespect délibéré de la Constitution et des textes législatifs et réglementaires ;
- non-respect du dépôt légal et surtout des formalités administratives préalables à la création d'un journal ;
- utilisation abusive des pseudonymes ;

Pour ne citer que ces infractions courantes dont la récidive est constante. Le renouveau démocratique a libéralisé certes le secteur des médias, la liberté de création des journaux, radio et télévision étant acquise, mais du fait de la non-effectivité de fonctionnement de l'organe de régulation, ce mouvement s'est opéré de manière anarchique. L'indépendance de ces organes de presse vis-à-vis du gouvernement est pourtant assurée. Face à certains dérapages observés, le gouvernement s'est limité à de simples rappels à l'ordre, n'imposant ni sanction, ni censure, ni poursuite.

On peut dès lors convenir qu'il était indispensable d'assurer la régulation de la presse par un organe habilité, d'où la création par l'article 161 de la Constitution du 20 janvier 2002 du conseil supérieur de la liberté de communication. Il est aujourd'hui institué par l'article 212 du titre XV de la constitution du 25 octobre 2015 ;

Présidé actuellement par Philippe Mvouo, le conseil a été institué en 2003 et est composé de professionnels de l'information ayant exercé dans des médias audiovisuels et écrits des secteurs public et privé au Congo. Le Conseil supérieur de la liberté de communication est l'organe de régulation qui garantit l'exercice de la liberté d'information et de communication au Congo. Ses missions sont entre autres, de garantir aux citoyens l'accès à une communication libre, de suivre les médias et de leur assurer une protection dans l'exercice de leur fonction d'informer, et de veiller à l'application ainsi qu'au respect des normes professionnelles, éthiques et déontologiques.

Cette institution donne également des avis techniques et fait des recommandations sur les questions relevant du domaine de l'information et de la communication.

En tant qu'organe de régulation, il a pour missions entre autres de :
- favoriser la libre concurrence et l'expression pluraliste des courants de pensée et d'opinion ;
- garantir l'impartialité du secteur public des médias ;
- veiller à l'accès équitable des partis, des associations et des groupements politiques à l'audiovisuel public ;
- répartir le temps d'antenne en période électorale dans l'audiovisuel public entre les partis, les groupements politiques et les individualités ;
- veiller au respect du principe d'équité dans le traitement de l'information.

Les Membres du Conseil supérieur de la liberté de la communication ont été nommés par décrets présidentiels n° 2012-725 et 2012-726 du 25 juin 2012.

Au terme d'un scrutin organisé le 22 septembre 2016 à Brazzaville, les hauts conseillers ont élu Zéphirin Dibangou et Adeline Ndoundou, respectivement aux postes de vice-président et de secrétaire-comptable du Conseil supérieur de la liberté de communication (CSLC), en remplacement de Claude Antoine Siassia et Gertrude Hobain Mongo.
Ce réaménagement du bureau du CSLC est justifié par le renouvellement du mandant des hauts conseillers par décret présidentiel n° 2016-63 du 29 février 2016, en application de la loi n° 4-2003 du 18 janvier 2003, déterminant les missions, l'organisation, la composition et le fonctionnement du CSLC.
Elle dispose en son alinéa 2 que : *« le président de la République nomme le président du CSLC parmi ses membres »*. Et l'alinéa 3 de ce même article, stipule en outre que : *« les membres du CSLC élisent en leur sein, le vice-président et le secrétaire comptable »*.
Le président du Conseil supérieur de la liberté de la communication *(CSLC)* Philippe Mvouo et le Ministre de la communication Thierry Moungala, ont lancé à Brazzaville le 28 mars 2017, la phase préparatoire des assises de la presse nationale. Ces assises seront l'occasion de faire le bilan du chemin parcouru, depuis 1992 (année des premiers états généraux de la corporation) par la presse congolaise en vue d'aborder les questions liées à l'amélioration du statut et des conditions de travail des professionnels des médias, d'arrimer les textes réglementaires aux mutations intervenues dans le secteur et de projeter l'avenir.
Finalement elles ont été organisées du 25 au 28 octobre 2018 à Brazzaville sous le thème : « *La presse congolaise, vingt-cinq ans après les Etats généraux : bilan, enjeux et perspectives à l'ère du numérique* ».
Elles avaient pour objectif d'asseoir les conditions durables d'une presse libre, indépendante, pluraliste et responsable en République du Congo.
Les rapports des travaux avaient portés sur l'existence du cadre juridique, de la régulation et de l'auto-régulation de la communication électronique dans le pays, la garantie de la liberté de la presse, l'injonction des pouvoirs publics ainsi que les politiques dans la régulation des médias, la presse en ligne et bien d'autres. Outre ces propositions concrètes et opérationnelles, figuraient celles portant sur l'environnement numérique, la pratique du code de déontologie.

CHAPITRE IX

LA COMMISSION NATIONALE DES DROITS DE L'HOMME

L'article 214 de la constitution du 25 octobre 2015 dans son titre XVI institue la Commission nationale des droits de l'homme. La Commission nationale des droits de l'homme est un organe constitutionnel de suivi, de la promotion et de la protection des droits de l'homme. La loi N 5-2003 du 18 janvier 2003 porte sur les attributions, l'organisation et le fonctionnement de cette institution.

Cette institution constitue, dans le domaine des droits de l'homme, un espace de consultation, de dialogue entre les citoyens, les pouvoirs publics et la société civile.
La commission nationale des droits de l'homme est une institution indépendante.

Elle a notamment pour mission d'initier des activités de sensibilisation en la matière au profit du grand public. Elle est compétente pour élaborer, collecter et diffuser la documentation dans le domaine des droits de l'homme. Elle encourage la recherche et les enseignements des droits humains et participe à la réflexion concernant leur consolidation.

La Commission exerce également un rôle consultatif en tant qu'interlocutrice privilégiée du gouvernement et des institutions publiques chargées de la défense et de la promotion des droits de l'homme.
Elle dispose également d'un pouvoir d'auto saisine qui lui permet d'attirer l'attention des autorités nationales sur les cas de violation des droits humains et de proposer des solutions pour y mettre fin.

La commission est composée de membres permanents et de membres-associés provenant d'ONG de défense des droits de l'homme, de la société civile ou d'institutions publiques.

Les membres de la commission sont nommés par décret présidentiel pour un mandat de trois ans renouvelable. Elle est dirigée par un

président soutenu par deux vice-présidents, un agent administratif et financier ainsi que par un rapporteur.
Le président de la République a publié le 26 décembre 2018 le décret n°2018-480 portant nomination des membres de la Commission nationale des droits de l'homme. Soixante personnes issues de l'administration publique, des organisations de la société civile et de la presse font partie de la nouvelle équipe.
L'ancien premier secrétaire de l'Assemblée nationale Gabriel Valère Eteka Yemet a été désigné le 9 janvier 2019 par les autres membres de l'institution au cours d'une séance plénière président de la Commission nationale des droits de l'homme. Il présidera un bureau de cinq membres dont la première vice-présidence est assurée par le Pr Alexis Raoul Thierry Ngombet et la deuxième par Saturnin Jean-Claude Ntari. Yvette Yolande Ambendet-Mbeto et Nzaou Ngnia-Ngama assurent respectivement les fonctions de trésorière et de rapporteur au sein de l'institution constitutionnelle.

CHAPITRE X

LE MÉDIATEUR DE LA RÉPUBLIQUE

L'article 200 du titre XII de la Constitution institue un médiateur de la République. Le médiateur de la République est une autorité indépendante chargée de simplifier et d'humaniser les rapports entre l'administration et les administrés. Toute personne, physique ou morale, qui estime, à l'occasion d'une affaire la concernant, qu'un organisme public n'a pas fonctionné conformément à la mission de service public qui lui est dévolue peut, par une requête individuelle, saisir le médiateur de la République. Le Médiateur de la République a pour mission de :

- Simplifier et humaniser les rapports entre les administrés et l'administration ;
- Faciliter le règlement amiable des différends en dehors de toute procédure judiciaire.

Lorsqu'une réclamation est recevable et qu'elle relève de sa compétence, le Médiateur de la République fait pour chaque cas :

- toutes les recommandations qui lui paraissent de nature à régler, en équité, le différend dont il est saisi et le cas échéant ;
- toute proposition de modification de tout texte réglementaire ou législatif en vue d'améliorer le fonctionnement de l'organisme concerné.

Le Médiateur de la République est informé de la suite donnée à ses interventions. À défaut de réponse satisfaisante dans le délai qu'il a fixé, il peut rendre publiques ses recommandations et propositions sous forme d'un rapport spécial publié et présenté notamment dans le rapport annuel remis au Président de la République et au Parlement. L'organisme mis en cause peut rendre publique la réponse faite et le cas échéant la décision prise à la suite de la démarche du Médiateur de la République. Le Médiateur de la République peut adresser à l'administration l'injonction de se conformer à une décision de justice. Le Médiateur de la République gère les crédits mis à sa disposition par le budget de l'État. Il nomme librement ses collaborateurs et ses délégués départementaux. Le Médiateur de la République est compétent pour connaître des différends qui opposent l'administré, personne physique (particulier) ou morale (association, syndicat, société commerciale, collectivité locale légalement constitués) aux administrations d'état, collectivités publiques territoriales, établissements publics ou tout autre organisme investi d'une mission de service public dans le cas de mauvais fonctionnement de ces services ou de non-exécution d'une décision de justice.

Le Médiateur de la République ne peut intervenir dans :
- Les différends entre personnes physiques privées ou entre personnes morales privées ;
- Les conflits entre les administrations de l'état, les collectivités publiques territoriales, les Établissements publics ou tout autre organisme investi d'une mission de service public et leurs agents sauf après la cessation de fonctions de ces derniers ;
- les litiges avec une administration étrangère ;
- une procédure engagée devant une juridiction.

Le Médiateur de la République ne peut mettre en cause le bien-fondé d'une décision juridictionnelle. À titre exceptionnel, le Médiateur de la République peut demander à l'administration de revenir sur une décision quand celle-ci bien que fondée entraîne des conséquences qu'il estime insupportables ou inéquitables pour le réclamant. Il adresse alors une recommandation en équité. La réclamation auprès du médiateur doit être précédée des démarches nécessaires auprès des administrations intéressées et n'interrompt pas les délais de recours devant les juridictions compétentes.

Le requérant doit s'assurer que son dossier comporte bien l'exposé clair du différend et toutes les pièces justificatives nécessaires pour le fondement de l'avis du Médiateur de la République. En vue de promouvoir une démocratie de proximité, le Médiateur de la République dispose de délégués départementaux qu'il désigne pour instruire au niveau local les réclamations qui leur sont présentées. Lorsque le délégué départemental ne peut régler un différend, il aide le réclamant à constituer son dossier en vue de le transmettre au Médiateur de la République.

Le Médiateur de la République peut demander au ministre responsable ou à l'Autorité compétente de lui donner communication de tout document ou dossier relatif à l'affaire à propos de laquelle il fait son enquête. Le caractère secret ou confidentiel des pièces dont il demande communication ne peut lui être opposé sauf en matière de secret relatif à la Défense nationale, à la Sécurité intérieure ou extérieure de l'État.

Les ministres et toute autorité publique doivent faciliter la tâche du Médiateur. Les agents placés sous leurs ordres sont tenus de répondre aux convocations et questions du Médiateur et d'accomplir les contrôles, vérifications et enquêtes demandés par le Médiateur de la République.
Au besoin, le Président de la Cour des comptes fait procéder à toutes études rendues nécessaires, sur la demande du Médiateur de la République. Le Médiateur de la République présente au Président de la République et au Parlement un rapport annuel établissant le bilan de son activité. Ce rapport est publié sans aucune mention permettant l'identification des personnes dont les noms lui auraient été révélés. Souvent, le médiateur s'est plaint que ses recommandations ne sont pas souvent suivies d'effet par les administrations.

En France, le Défenseur des droits a remplacé le médiateur, il s'agit d'une autorité administrative indépendante, créée par la révision constitutionnelle du 23 juillet 2008 et instituée par la loi organique du 29 mars 2011. Nommé par le Président de la République pour un mandat de six ans, le Défenseur des droits est chargé de défendre les droits des citoyens face aux administrations et dispose de prérogatives particulières en matière de promotion des droits de l'enfant, de lutte contre les discriminations, du respect de la déontologie des activités de sécurité. Il a de plus larges pouvoirs que notre Médiateur ; le Défenseur des droits est une autorité constitutionnelle indépendante. Ainsi, il ne peut recevoir d'instructions, alors que la loi congolaise N°9-98 du 31 octobre 1998 portant institution, attributions et fonctionnement du médiateur dispose en son article 12 alinéa 2 que c'est **dans la limite** de ses attributions qu'il ne reçoit instruction d'aucune autorité. Ensuite, le défenseur des Droits peut également se saisir d'office, ce qui n'est pas le cas du Médiateur congolais. Il décide lui-même de donner suite ou non à la saisine. Le Défenseur des droits peut demander des explications à toute personne physique ou morale mise en cause devant lui. Celles-ci doivent faciliter l'accomplissement de sa mission. Lorsque le Défenseur des droits est saisi, les personnes auxquelles il demande des explications peuvent se faire assister du conseil de leur choix. Un procès-verbal contradictoire de l'audition est dressé et remis à la personne entendue. Lorsque ces mesures ne sont pas suivies d'effet, le Défenseur des droits peut mettre en demeure les personnes intéressées de lui répondre. Lorsque la mise en demeure n'est pas suivie d'effet, il peut saisir le juge des référés d'une demande motivée aux fins d'ordonner toute mesure que ce dernier juge utile.

Si la volonté de nos dirigeants est celle de voir que la mission assignée au Médiateur soit celle d'une mise en œuvre concrète et réaliste de la volonté de justice et d'équité conformément aux lois, aux règlements, aux conventions et normes de fonctionnement de la vie publique, il serait à notre avis souhaitable de renforcer ses pouvoirs à l'instar des ceux du Défenseur des droits en France.

CHAPITRE XI

LA COMMISSION NATIONALE DE LUTTE CONTRE LA CORRUPTION, LA CONCUSSION ET LA FRAUDE (CNLCCF) ET L'OBSERVATOIRE ANTICORRUPTION

Section I : La Commission nationale de lutte contre la corruption, la concussion et la Fraude (CNLCCF)

Créée par le décret n° 2004-323 du 8 juillet 2004, pour la mise en œuvre du Plan national de lutte contre la corruption, la Commission nationale de lutte contre la corruption, la concussion et la Fraude (CNLCCF) est, à l'origine, composée des ministres et directeurs généraux des grandes administrations. Pour obtenir une plus grande efficacité dans la lutte contre la corruption, cette Commission a été réorganisée en 2007 dans sa composition actuelle, par décret n° 2007-155 du 13 février 2007.

C'est un organe technique qui assiste le Gouvernement dans la mise en œuvre de sa politique de lutte contre la corruption, la concussion et la fraude.

Les membres de la commission nationale de lutte contre la corruption, la concussion et la fraude sont nommés par décret du Président de la République sur proposition de leur administration ou organisme. Sous réserve des subventions, dons et legs, la commission nationale de lutte contre la corruption, la concussion et la fraude bénéficie d'une dotation budgétaire annuelle imputable au budget de l'État. Les membres de la commission perçoivent une indemnité dont le montant est fixé par les textes spécifiques.

Elle est chargée notamment, sans préjudice des attributions conférées aux autres administrations, de :
- centraliser toutes les informations nécessaires à la prévention et à la détection des faits de corruption et autres infractions assimilées commis dans le secteur privé ou dans le secteur public ;

-mettre en œuvre le plan d'action de lutte contre la corruption du Gouvernement ;
-apporter un appui technique à tout organisme public ou privé qui sollicite la mise en place d'un dispositif interne pour lutter efficacement contre les actes de corruption, de concussion et de fraude. La commission nationale de lutte contre la corruption, la concussion et la fraude dresse chaque année un rapport au Président de la République.

Le 5 novembre 2009, le Congo avait engagé une lutte anticorruption en lançant un plan national de lutte contre la corruption, la concussion et la fraude. La mise en œuvre de ce plan devrait permettre au pays d'éradiquer ce fléau et de renforcer la bonne gouvernance.

Le lancement de cette campagne anticorruption qui s'était étendue dans les autres départements du pays avait marqué une étape cruciale dans la lutte contre ce phénomène.

Il fallait donc au-delà et par-delà l'efficacité limitée des instances de contrôle, d'enquête et de répression traditionnelle, un plan de lutte spécifique, structuré, ordonné et coordonné en vue de combattre avec efficacité les organisations qui recourent à ces pratiques condamnables ;
La commission nationale de lutte contre la corruption, la concussion et la fraude (CNCCF) est chargée de la mise en œuvre du plan national de lutte contre la corruption, alors que l'observatoire s'occupe du suivi, ainsi que de l'évaluation de la mise en œuvre de ce plan.
Au-delà de ce plan, la lutte contre la corruption est garantie au Congo par un cadre juridique : la loi n° 5-2009 du 22 septembre 2009 sur la corruption, la concussion, la fraude et les infractions assimilées.
Nommé par décret n° 2013-17 du 30 janvier 2013, le nouveau président de la Commission nationale de lutte contre la corruption, la concussion et la fraude (CNLCCF), Lamyr Nguelet, a prêté serment le 1er mars à Brazzaville, annonçant qu'il étendrait la lutte contre la corruption, la concussion et la fraude jusqu'au secteur privé. Déjà, dans son deuxième rapport annuel publié en 2010, la CNLCCF soulignait que le phénomène de la corruption, concussion et fraude touchait tous les secteurs d'activité : administrations, institutions, entreprises privées, etc.
Dans ses missions d'enquête et d'investigation, la commission avait engagé le contrôle des recettes de l'État et sur les investissements publics à travers les marchés publics attribués dans le cadre de la municipalisation accélérée des départements de Pointe-Noire et du

Kouilou, du Niari, de la Cuvette et de la Likouala. Il a été relevé un total de 265 marchés publics à problème, représentant un montant de 82.853.948.834 francs CFA, dont 74,83 % ont été décaissés alors que le niveau de réalisation de ces projets n'était que de 43,67 %, ainsi que les cas des chantiers totalement abandonnés, mais dont 40 à 50 % du montant ont été décaissés alors que la réalisation n'atteignait pas 10 %. L'ONG internationale de lutte contre la corruption dans le monde, Transparency International (TI) a rendu public mardi 3 décembre 2013, son classement de l'Indice de perception de la corruption (IPC) dans le monde. À l'image des précédents sondages, le Congo occupe toujours une position peu réjouissante : 154e sur un total de 177 pays avec une note de 22 points sur 100, et dans le classement de 2017 notre pays a occupé la 171ème place sur 180 avec une note de 21 points.

L'indice de perception de Transparency classe les pays en fonction du degré de corruption perçue dans les administrations publiques et la classe politique, dans les pays concernés par le sondage. L'IPC de TI concentre son attention sur la corruption dans le secteur public et définit *la corruption comme l'abus d'une charge publique à des fins d'enrichissement personnel.*
Il faudrait peut-être le rappeler, le Congo a ratifié la convention des Nations unies sur la prévention de la corruption et la convention de l'Union africaine contre la corruption et la fraude, aussi, les autorités mettent-elles en pratique plusieurs schémas d'éradication de ce fléau qui gangrène véritablement le pays.

Un plan d'action de lutte contre la corruption, la concussion et la fraude et pour l'amélioration de la gouvernance en République du Congo avait donc été approuvé par le gouvernement, le 13 août 2009 et une loi du 22 septembre 2009 sur la corruption, la concussion, la fraude et les infractions assimilées font, désormais, partie de l'arsenal juridique congolais nous l'avons déjà souligné.

Conformément aux prescriptions du plan national de lutte contre la corruption, la société civile et les confessions religieuses ont signé le 20 février 2012 à Brazzaville la charte relative à la lutte contre la corruption. Cette charte constitue un espace de concertation qui permettra aux parties signataires de mutualiser leurs efforts et de proposer des actions responsables pour le combat national contre la corruption, ainsi que toutes les autres formes d'antivaleurs. Il vise également à promouvoir la création des conditions nécessaires pour faciliter la participation des citoyens à la lutte contre la corruption et pour renforcer la transparence et l'obligation de rendre compte dans la gestion des affaires publiques. Les parties signataires ont établi leur charte à partir des principes tel le respect des droits de l'homme et des principes démocratiques ; la transparence et la justice dans la gestion des affaires publiques ; la condamnation et la répression des actes de corruption et des infractions assimilées ; la lutte contre l'impunité, etc. ; la CNLCCF s'est engagée à rechercher les moyens de mise en œuvre de cette charte. De leur côté, les organisations de la société civile se sont engagées à travailler étroitement avec la population pour la promotion et la défense des intérêts collectifs. Elles se sont engagées également à assister ou accompagner la CNLCCF dans la mise en œuvre de la stratégie nationale de lutte contre la corruption, le développement des actions communes de lutte contre la corruption notamment dans la moralisation de la vie publique congolaise, l'accès des citoyens aux informations sur la lutte contre la corruption.

Le 26 avril 2014, la CNLCCF a pris l'initiative de lancer une émission bimensuelle de sensibilisation « à la gestion de la chose publique ». Le but est de sensibiliser de manière pédagogique l'ensemble de la population et d'inciter à dénoncer les faits de corruption.

Section II : l'Observatoire anti-corruption

L'Observatoire anticorruption a été créé par la loi n°16-2007 du 19 septembre 2007 afin de suivre la lutte contre la corruption, la concussion et la fraude menée par la CNLCCF.

Il s'agit d'un organe indépendant qui a pour mission de suivre et d'évaluer les mesures de lutte contre la corruption initiée par le Gouvernement et mises en œuvre par la CNLCCF, à savoir :
-les audits engagés par le Gouvernement dans tous les secteurs de la vie nationale ;
-la mise en œuvre du plan d'action gouvernementale en matière de lutte contre la corruption ;
-la mise en œuvre des réformes de gouvernance engagées par le Gouvernement.

Composé de neuf (9) membres, l'Observatoire rédige à la fin de l'année, un rapport dans lequel il dresse le bilan de son activité. Ce rapport annuel est envoyé au Président de la République, à l'Assemblée nationale, au Sénat et à la Commission nationale de lutte contre la corruption, la concussion et la fraude, il est également publié dans le Journal officiel et est disponible sur internet pour informer un grand nombre de personnes.
Le contexte politico-économique national commande plus que jamais de renforcer sans délai les moyens permettant de garantir la bonne gouvernance de la chose publique. Les réformes institutionnelles visées à cet effet concernent particulièrement la lutte contre la corruption, laquelle, quoique engagée avec force depuis plus d'une décennie, se révèle sans glorieux résultats. De ce fait, le travail de réforme devait consister à identifier les faiblesses des structures actuellement dédiées à cette lutte en vue d'aller vers une formule plus pragmatique et plus performante. Pour s'y conformer, et en bonne collaboration avec tous les partenaires au développement, le Ministre de la justice a soumis au Conseil des Ministres du 20 septembre 2018, l'avant-projet de loi portant création de la Haute Autorité de Lutte contre la Corruption, la HALC en sigle.

Les forces de ce texte tiennent à trois traits fondamentaux :

- Premièrement, il met fin à la tendance de multiplier les organes (généralement sans moyens conséquents) pour une même fin, en privilégiant désormais les moyens plutôt que les organes. Ainsi, la HALC est envisagée en remplacement de la Commission Nationale de lutte contre la Corruption et de l'Observatoire Anti-corruption. En centralisant cette matière et les moyens y afférents entre les mains d'une seule structure, non seulement disparaissent des conflits de compétence, l'on tend vers une plus grande responsabilisation de l'organe.
- La HALC se trouve par ce texte dotée de moyens d'action plus en phase avec les objectifs poursuivis. Elle a des missions de prévention très large touchant aussi les questions liées à la bonne gouvernance (puisque par exemple, elle sera chargée de recevoir les déclarations de patrimoine des élus et des hauts fonctionnaires de l'Etat). Ses pouvoirs de répression sont aussi élargis notamment en matière d'investigation.

Troisièmement et enfin, en en faisant un établissement public, la HALC va jouir d'une indépendance encore plus marquée vis-à-vis du pouvoir politique, une indépendance que renforce également la procédure de nomination retenue pour ses dirigeants, lesquels seront désignés par suite d'un appel à candidatures.

CHAPITRE XII

LA FORCE PUBLIQUE

L'article 204 de la constitution dispose que la force publique est composée de la police nationale, de la gendarmerie nationale et des forces armées congolaises.

Elle est apolitique et est soumise aux lois et règlements de la République. Elle est instituée dans l'intérêt général. Nul ne doit l'utiliser à des fins personnelles.

La force publique est subordonnée à l'autorité civile. Elle n'agit que dans le cadre des lois et règlements. Les conditions de sa mise en œuvre sont fixées par la loi.

La loi fixe les missions, détermine l'organisation et le fonctionnement ainsi que les statuts spéciaux des personnels de police, de gendarmerie et des forces armées congolaises.

La création des milices est un crime puni par la loi.

La loi n°21-2014, portant loi d'orientation et de programmation de la modernisation de la Force publique avait été votée par le parlement[1]. Initiée par le gouvernement, celle-ci annonçait la modernisation de la force publique en même temps qu'elle définit les missions de chaque entité appelée à sécuriser le pays et la population. Cette loi, qui s'étale sur dix ans, prévoyait initialement une enveloppe budgétaire de 5 185 milliards de FCFA. Ces crédits ont été revus à la baisse en accordant 1 375 milliards respectivement entre les Forces armées congolaises, la gendarmerie et la police. Ce qui représente environ 275 milliards FCFA par an. La modernisation de la force publique impliquera donc des effectifs adéquats, mieux équipés et plus entraînés. Mais aussi et surtout,

[1]Force publique : Colonel Bellarmin Ndongui : « La nouvelle loi redistribue les cartes entre la gendarmerie et la police » les dépêches de Brazzaville du samedi 17 mai 2014 –

de gros efforts de persévérance, de cohésion et de rationalité dans les choix à faire[1].

L'évolution des formes de la délinquance et des enjeux de la sécurité dans notre pays, la recherche des résultats et d'une efficacité opérationnelle commandent à adapter en permanence la police, à innover et anticiper en modernisant ses moyens, en professionnalisant ses personnels et ses méthodes de travail, afin de constituer une force d'action et de protection performante au service de tous. Ces impératifs sont à la base de l'avant-projet de loi fixant les missions, l'organisation et le fonctionnement de la police nationale que le Ministre de l'intérieur et de la décentralisation a soumis au Conseil des ministres le 21 novembre 2018.

Cet avant-projet de loi comprend neuf articles répartis en quatre titres. Il s'articule essentiellement autour des missions de la police nationale et de son organisation et reprend sur plusieurs aspects les termes de la loi n° 6-2011 du 2 mars 2011 fixant les missions, l'organisation et le fonctionnement de la police nationale.

La police nationale est une composante de la force publique, subordonnée à l'autorité civile et soumise aux lois et règlements de la République.

Elle relève de l'autorité du ministère de la police nationale sous réserve des dispositions du code de procédure pénale relatives à la police judiciaire.

La police nationale est apolitique. Nul ne doit l'utiliser à des fins personnelles.

Ces principes essentiels rappelés dans ce texte régissant la force publique, figurent dans la constitution aux articles 204 à 206, notamment sa subordination à l'autorité civile et son caractère apolitique.

La réserve relative aux dispositions du code de procédure pénale sur la police judiciaire formulée à l'alinéa 2 de l'article 1er de cet avant-projet de loi est essentielle. En effet, dans l'exercice de leurs missions de police judiciaire, les officiers de police ne relèvent pas de l'autorité du ministère de l'intérieur mais de celle du procureur de la République. Cette précision est intéressante, elle permet de rendre plus indépendante de la hiérarchie policière cette activité intimement liée à l'exercice du pouvoir judiciaire. Ainsi, ce texte se conforme aux principes fondamentaux de la police dans un Etat de droit.

---

[1] ***Vivien Tsomambet*** Master 2 Sécurité Internationale et Défense Université Grenoble 2 vivientsomambet@yahoo.fr dans les Dépêches de Brazzaville N° 2061 — mardi 15 juillet 2014

Les articles 4 et 5 de l'avant-projet de loi sont consacrés à l'organisation de la police nationale. Cette organisation est bâtie entre d'une part, des organes de coordination, d'orientation et de contrôle de l'ensemble, et d'autre part, des organes pratiques chargés de l'accomplissement matériel des tâches de la police.

En ce qui concerne la coordination, l'orientation et le contrôle, ils relèvent du ministre en charge de la police nationale qui va disposer pour ce faire de deux structures d'appoint à savoir, un conseil de commandement et un conseil de discipline. L'article 4 renvoie à un décret le soin de fixer les attributions et l'organisation de ces deux structures.

S'agissant, de l'exécution des missions de la police nationale, l'article 5 les confie à deux types d'organes : les organes de commandement et les organes de soutien et de contrôle.

Pour le commandement de la police nationale, il est institué les organes ci-après :

- Le commandement des forces de police ;
- Le commandement de la sécurité civile ;
- La centrale d'intelligence et de documentation.

Ces structures sont envisagées en remplacement des actuelles directions générales de la police, de la sécurité civile et de la surveillance du territoire. Il apparaît évident que cela procède également d'un souci d'harmonisation avec les appellations en cours dans les autres composantes de la force publique, notamment les forces armées congolaises et la gendarmerie nationale. Par ailleurs, ces changements viseraient à donner un contenu beaucoup plus opérationnel qu'administratif à ces structures.

Pour le soutien et le contrôle, les organes ci-après sont prévus :

- L'inspection générale de la police nationale ;
- La direction générale des finances et de l'équipement ;
- La direction générale de l'administration et des ressources humaines.

A propos de ces derniers organes, l'innovation consiste dans la scission en deux directions générales désormais de l'actuelle direction générale de l'administration, des finances et de l'équipement. Il est évident que pour plus d'efficacité dans la gestion des ressources de la police nationale, cette séparation est nécessaire.

Les articles 4 et 5 ci-dessus analysés contiennent les motivations essentielles de l'évolution ainsi voulue de la loi sur la police nationale.

DEUXIÈME PARTIE

LES INSTITUTIONS LOCALES, LA DÉCENTRALISATION ET LA DÉCONCENTRATION

L'article 1er de la loi du 17 janvier 2003 fixant l'organisation administrative territoriale dispose que « l'organisation administrative territoriale est structurée selon les principes de la déconcentration et de la décentralisation ».

CHAPITRE I

LA DÉCONCENTRATION

La déconcentration est un processus d'aménagement de l'État unitaire qui consiste à implanter dans des circonscriptions locales administratives des autorités administratives représentant l'État. Ces autorités sont dépourvues de toute autonomie et de la personnalité morale.

Les autorités déconcentrées sont soumises au contrôle hiérarchique de l'État qui dispose à leur égard, d'une part, du pouvoir disciplinaire permettant la sanction, la suspension ou la révocation, et, d'autre part, du pouvoir d'approbation, d'annulation ou de substitution de leurs actes.

La déconcentration est une technique d'organisation des administrations qui consiste à distribuer les agents et les compétences au sein d'une même personne morale, depuis une administration centrale vers ses services déconcentrés. Cette notion s'oppose à celle de *concentration* qui est un système administratif dans lequel le pouvoir de décision est concentré au sommet de l'appareil d'État.

La déconcentration se distingue de la décentralisation dans le sens où il s'agit d'un système de délégation vers des échelons inférieurs internes ne possédant dès lors pas de personnalité morale propre, tandis qu'une décentralisation délègue vers des collectivités territoriales possédant une personnalité morale propre.

La déconcentration est un aménagement de la centralisation : elle permet de réduire les lenteurs et lourdeurs liées à l'obligation, dans tout système centralisé, d'attendre la décision de l'échelon suprême. Elle a ainsi pour fonction de décongestionner l'administration centrale en permettant une prise de décision au niveau local, comme le traduit l'image d'Odilon Barrot *« C'est le même marteau qui frappe, mais on en a raccourci le manche »,* ou encore toujours selon cet homme politique et juriste français, « *On peut gouverner de loin, mais on n'administre bien que de près* ».

En France, la déconcentration s'est faite en plusieurs étapes :

- Création des intendants sous la Monarchie.
- Création des préfets par Loi du 28 pluviôse an VIII.
- Les décrets du 25 mars 1852 et du 13 avril 1861 ont renforcé les pouvoirs du préfet en leur transférant des attributions du chef de l'État et des ministres.
- Le décret-loi du 5 novembre 1926 a déconcentré l'État au profit des préfets, le pouvoir de tutelle sur les collectivités territoriales.
- Un décret de 1970 a déconcentré aux préfets des régions et préfets des départements la répartition des crédits.

La loi Defferre du 2 mars 1982 qui a mis en place la décentralisation a également étendu la déconcentration, étant donné que l'extension du pouvoir des élus locaux a nécessité l'extension de celui des préfets.

Dans la conception française, les processus de déconcentration et de décentralisation vont ensemble. Ainsi, la loi du 6 février 1992 relative à l'administration territoriale de la République dispose que « l'administration territoriale de la République est assurée par les collectivités territoriales et par les services déconcentrés de l'État. Elle est organisée, dans le respect du principe de libre administration des collectivités territoriales, de manière à mettre en œuvre l'aménagement du territoire, à garantir la démocratie locale et à favoriser la modernisation du service public ». Cette loi réaffirme la libre administration et renforce les prérogatives des services déconcentrés de l'État vis-à-vis des administrations centrales.

La loi du 6 février 1992 a fait de la déconcentration le principe de l'organisation administrative française. Le Décret du 16 février 2010 renforce la déconcentration à l'échelon des préfets de région.
La mise en place de la déconcentration se fait selon des principes rassemblés dans une **Charte de la déconcentration** (décret du 1er juillet 1992).

La déconcentration française repose sur le principe de subsidiarité de la loi du 6 février 1992 qui dispose que les autorités déconcentrées ont la compétence de droit commun, c'est-à-dire que l'échelon le plus élevé ne doit assurer que les missions ne pouvant être exercées à un niveau inférieur.

La déconcentration a été très poussée en France, puisque 95 % des agents de l'administration sont déconcentrés et qu'ils mobilisent les 2/3 des crédits.

L'exercice des compétences étatiques est réparti entre quatre échelons géographiques :
— L'administration centrale
— La région
— Le département, circonscription de droit commun
— L'arrondissement
Elle peut se faire également dans le canton et la commune ainsi que dans des circonscriptions spécifiques à la déconcentration comme les ressorts des cours d'appel, les académies ou encore les zones de défense et de sécurité.

Les agents et services déconcentrés sont régis par un contrôle hiérarchique. À l'intérieur de chaque entité morale s'exerce ce contrôle du haut vers le bas. Cela permet d'assurer l'unité de l'institution, et à la personne morale déconcentrée de rapprocher l'action administrative, des administrés. Ce pouvoir appartient aux chefs de service (ministres, préfets, exécutifs des collectivités territoriales, exécutifs des établissements publics) qui ont dès lors un pouvoir d'instruction (donner des ordres), de réformation (remplacer un acte administratif par un autre), d'annulation (annuler rétroactivement un acte de l'un de ses subordonnés) et de sanction.

Elle permet donc à l'État d'agir avec une plus grande efficacité et plus rapidement.
Cette organisation à double finalité repose sur l'institution préfectorale.

Section I- Le préfet

Au sommet de l'administration territoriale d'État, dans le département, il y a le préfet. De même que ce qui intéresse l'administration d'Etat sur le plan national relève du gouvernement, c'est du préfet que relève ce qui intéresse l'administration d'Etat dans le cadre du département. Délégué du gouvernement, il est à la tête du département le représentant de l'État et le dépositaire de son autorité.
Les fonctions du préfet sont multiples. Il dirige, sous l'autorité des ministres, les services des administrations civiles de l'État. Il a la charge

des intérêts nationaux, du respect des lois et de l'ordre public. Il veille à l'exécution des règlements et des décisions gouvernementales. Il assure le contrôle administratif des communes. Il a aussi des pouvoirs de police importants.

Trois textes servent de fondement à l'action des préfets au Congo :
- loi du 17 janvier 2003 fixant l'organisation administrative territoriale.
- Décret du 6 février 2003 portant fonctionnement des circonscriptions administratives territoriales, on peut ajouter au titre de la doctrine administrative, la circulaire du Président de la République en date du 2 mars 2004 relative à la coordination des structures de l'État dans les départements.

1- Le pouvoir de direction du préfet sur les services

C'est l'article 36 de la loi congolaise du 17 janvier 2003 qui le prévoit : « Les services déconcentrés sont constitués en directions ou en services. Ils sont soumis à l'autorité du préfet qui représente dans le département tous les ministres ».

« *Placée sous l'autorité* » est une formule plus énergique que celle de la coordination. À l'évidence, le législateur marque là sa volonté très ferme de renforcer l'autorité du représentant de l'État dans le département.
Le préfet est donc le chef des services déconcentrés qui lui sont directement confiés.

Ce pouvoir de direction peut être expliqué par le souci du législateur de respecter l'équilibre entre la nécessaire unité de l'État et la décentralisation.

Le préfet tire en partie ce pouvoir de direction de la mission de représentant de chacun des ministres qui lui est impartie.
C'est à ce titre qu'il a la charge de mettre en œuvre au niveau local la politique décidée au niveau central, et notamment de l'expliquer ou de la justifier.

Ce pouvoir de direction des services déconcentrés étant reconnu, encore faut-il que le préfet ait les moyens de le rendre effectif. Le préfet dispose des moyens administratifs, financiers et matériels pour exercer sa mission.

D'après l'article 36 de la loi du 17 janvier 2003 précité, les services déconcentrés sont soumis à l'autorité du préfet.

L'article 16 du décret du 6 février 2003 précité explicite en quoi consiste l'exercice de cette autorité : « Le préfet exerce sous l'autorité des ministres compétents le pouvoir hiérarchique sur les chefs des circonscriptions administratives, les chefs des services déconcentrés de l'État, et sur tous les agents de l'État, à l'exception des agents du corps judiciaire et des forces armées. Il a autorité directe sur les délégués ou correspondants de ces administrations ».

Il est reconnu au préfet la qualité de supérieur de tous les chefs des services déconcentrés. En conséquence, le préfet détient le *pouvoir de notation du personnel* en ce sens que c'est lui qui propose chaque année la note des chefs des services départementaux des administrations civiles. La note définitive est attribuée par l'autorité investie du pouvoir de nomination. Cette note définitive est notifiée au préfet (article 18 du décret) qui joue *un rôle important dans le déroulement des carrières du personnel concerné*. De même, selon l'article 19 du décret, le préfet est désormais consulté préalablement à toute mutation ou nomination des chefs de services départementaux. L'article 21 du décret du 6 février 2003 fixe ce cadre de relations entre l'administration centrale de l'État et les services déconcentrés :
« Le préfet est le point de passage de toute correspondance entre l'administration centrale de l'État et les services déconcentrés ; en particulier, il est le destinataire unique, précise le même article 21 de « toutes les instructions, notes de service, circulaires des administrations centrales de l'État, ainsi que des services soumis à son autorité ». L'article 23 du décret du 6 février 2003 fait du préfet l'unique ordonnateur délégué des administrations de l'État, il est le responsable de l'utilisation des crédits de l'État par les chefs de circonscriptions administratives et les chefs des services déconcentrés.

En tant qu'ordonnateur délégué, le préfet est responsable de la gestion du patrimoine immobilier, du mobilier et des matériels de l'État dans le département, à l'exception de ceux affectés à la défense nationale, aux collectivités locales et aux cours et tribunaux. À cet égard, pour assurer la cohérence des projets immobiliers de l'État dans le département et préciser leur localisation, *le préfet élabore*, après consultation du collège du collectif des chefs de service, un schéma départemental des implantations des services de l'État. Ce schéma indique les orientations de la politique immobilière pour une période de cinq ans (article 23).

Tous les services déconcentrés des administrations centrales de l'État ne relèvent pas de l'autorité préfectorale. L'article 38 de la loi du 17 janvier 2003 évoque les exceptions possibles lorsqu'il dispose que « dans les conditions déterminées par la loi, les services déconcentrés de l'État peuvent relever directement de l'autorité centrale compétente ».

L'article 16 du décret du 6 février 2003 spécifie que les agents du corps judiciaire et des forces armées échappent au pouvoir direct du préfet.

Toutefois, pour ce qui est des administrations militaires, l'article 16 de l'ordonnance n°1- 2001 du 5 février 2001 portant organisation de la défense nationale prévoit que le conseil de défense du département qui est l'organe de coordination et d'exécution des mesures non-militaires au niveau du département est présidé par le préfet.

De plus, l'article 33 du décret du 6 février 2003 précise, en outre, que le préfet est tenu informé par les autorités militaires et de police, de toute affaire qui peut avoir une importance particulière dans le département.

À l'échelon départemental, on peut constater que l'organisation déconcentrée de l'administration d'État se caractérise par une concentration des pouvoirs au profit du préfet et qui est fondée sur les nécessités de coordination.

Section II- Le sous-préfet

Le district est placé sous l'autorité du sous-préfet. Le sous-préfet est assisté dans l'exercice de ses fonctions d'un secrétaire général (article 53 du décret n° 2003-20 du 6 juin 2003 portant fonctionnement des circonscriptions administratives territoriales).

Le sous-préfet est placé sous l'autorité directe du préfet qu'il représente dans sa circonscription, il agit, à ce titre, par délégation du préfet. Le sous-préfet a droit au logement et à un véhicule de fonction, il a également droit à un congé annuel qui ne peut dépasser un mois. Il est soumis à l'obligation de réserve. Le sous-préfet est nommé par décret du Président de la République sur proposition du ministre en charge de l'administration du territoire, soit parmi les cadres de l'administration du territoire, soit parmi les personnes jouissant d'une notoriété publique et d'une grande expérience professionnelle. Il est mis fin à ses fonctions dans les mêmes formes.

Le sous-préfet assiste le préfet dont il est le délégué pour les affaires relevant de sa circonscription administrative. Il est dépositaire de l'autorité de l'État.
À ce titre :
- il informe régulièrement le préfet de la situation de sa circonscription ;
- il veille au respect des lois et règlements et « concourt au maintien de la sécurité, et de l'ordre public et à la protection de la population ».
- Il prend les mesures nécessaires à la prévention ou à la lutte contre les calamités susceptibles de mettre en danger la santé, la sécurité des populations et les activités socio-économiques de sa circonscription.

Il anime et coordonne l'action des services de l'État pour la mise en œuvre des politiques nationales et locales, notamment en matière d'aménagement du territoire et de développement. Il exerce, dans le district, tout ou partie des attributions dévolues au préfet. Il ne communique avec le Gouvernement que par l'intermédiaire du préfet. Le sous-préfet participe au contrôle administratif intéressant les collectivités locales, il participe à la préparation du budget du département et contribue au rapprochement entre l'administration et les citoyens. Il adresse au préfet un rapport trimestriel sur l'état de sa circonscription.
Il anime et coordonne l'activité des services des administrations civiles de l'État et il a une autorité directe sur les administrateurs-maires des communautés urbaines et des administrateurs délégués des communautés rurales et exerce le pouvoir hiérarchique sur l'ensemble des agents de l'État en service dans le district, à l'exception des agents relevant du corps judiciaire et des forces armées.

Le sous-préfet assure le contrôle administratif des communautés urbaines, communautés rurales, des services et des établissements publics de l'État dont l'action ne dépasse pas les limites du district. Il peut à cet effet, leur demander la communication des correspondances reçues, des registres et tous autres documents administratifs et comptables.

Il est soumis à une obligation de résidence. Toute absence du département nécessite l'autorisation du préfet. Toutefois, il peut entreprendre de sa propre initiative toute tournée qu'il juge nécessaire dans les limites de sa circonscription.

Le sous-préfet est officier d'état civil, il veille au fonctionnement régulier des centres d'état civil de sa circonscription. À cet effet, il tient les registres, délivre les actes originaux de naissance, de mariage et de décès et en assure la conservation. Il célèbre les mariages. Il établit les expéditions des actes administratifs et d'état civil.
Le sous-préfet prépare et organise les élections dans sa circonscription. À ce titre, il assure, le recensement administratif annuel de la population, tient les monographies et en assure la conservation, dresse les listes électorales et procède à leur révision périodique.

Il veille à l'exécution des mesures de sûreté générale. Il dispose à cet effet des forces de police, et bénéficie du concours des unités de gendarmerie stationnées dans sa circonscription. Il leur donne les directives ou les instructions nécessaires à l'exécution d'une mission déterminée.
En cas d' urgence, il prend toutes les mesures conservatoires nécessaires et saisit immédiatement le préfet.
Le sous-préfet exerce le pouvoir de police administrative.
À ce titre, ii reçoit, instruit et transmet au préfet, notamment, les dossiers ci-après :
- les demandes de naturalisation des étrangers ou de renonciation à la nationalité congolaise ;
- les demandes d'autorisation de transport public de voyageurs et de marchandises ;
- les déclarations d'associations et de congrégations religieuses ;
- les demandes d'ouverture et de gérance des débits de boissons, de salles de jeux, de spectacles, de vidéoclubs et de salles de cinéma ;
- les demandes d'autorisation d'achat d'armes de chasse ;
- les demandes d'installations des établissements dangereux, incommodes et insalubres ;
- les demandes de titre de séjour.
Il tient les fichiers y relatifs.

Il applique la réglementation sur les dépôts de vente de munitions, de poudre noire de chasse, des débits de boissons, des établissements dangereux, incommodes et insalubres, des salles de jeux, des spectacles et des vidéoclubs et des salles de cinéma ; il peut procéder à leur fermeture provisoire par décision motivée et rend compte au préfet.

Le sous-préfet est chargé de l'application de la réglementation sur la protection de l'environnement des aires protégées, des sites et édifices classés.
Le sous-préfet est officier de police judiciaire. Il est compétent pour constater les crimes et délits. Il prend toutes mesures utiles pour que les auteurs soient déférés devant les juridictions compétentes. Il peut ainsi faire procéder à des saisies, des perquisitions et des arrestations conformément à la loi.

Il assure le recensement annuel des personnes imposables, en vue de l'établissement des rôles d'impôts et de la mise en recouvrement de ceux-ci. Il propose les mesures destinées à améliorer leur rendement.

Il gère les crédits délégués mis à sa disposition.

Le sous-préfet propose ou prend toutes mesures utiles susceptibles d'assurer le développement économique, social et culturel de sa circonscription, contrôle le fonctionnement des organismes d'assistance sociale publics ou privés subventionnés.

Le sous-préfet exerce le pouvoir *réglementaire* par voie d'arrêtés et de décisions. Les actes réglementaires du sous-préfet ne sont exécutoires qu'après avoir été portés à la connaissance des intéressés par voie de notification ou de publication sans préjudice des recours prévus par les lois et règlements. Ceux-ci sont inscrits par ordre chronologique dans les registres du district.

CHAPITRE II

LA DÉCENTRALISATION

La décentralisation est un processus d'aménagement de l'État unitaire qui consiste à transférer des compétences administratives de l'État vers des entités (ou des collectivités) locales distinctes de lui.

Par un long processus de décentralisation, le Congo, qui était un état unitaire très centralisé, est aujourd'hui déconcentré et décentralisé, à travers la loi du 17 janvier 2003 notamment en son article 1^{er,} ainsi que les lois de 2003 sur les collectivités locales. Mais c'est surtout la constitution du 25 octobre 2015 qui pourrait-on dire « constitutionnalise » la décentralisation dans son article 1er.

La doctrine distingue la décentralisation territoriale et la décentralisation fonctionnelle. Dans la décentralisation territoriale, les autorités décentralisées sont les collectivités territoriales ou locales (communes et départements).

Les collectivités territoriales jouissent de la personnalité morale, de moyens et de compétences propres, donc d'une certaine autonomie locale ; celle-ci s'exerce dans le cadre de la loi et sous le contrôle de l'État.

Dans la décentralisation fonctionnelle ou technique, les entités décentralisées sont des établissements publics chargés de gérer un service public (universités, hôpitaux publics). Ils bénéficient de la personnalité morale et de moyens propres, mais ne disposent que d'une compétence d'attribution qui correspond à l'objet même du service public qui leur est transféré.

Section I- La décentralisation en France

Le processus de décentralisation, mis en œuvre en France, a marqué une rupture avec la tradition centralisatrice qui a constitué, des siècles durant, une forte spécificité de l'organisation politique et administrative de ce pays.

Pour la première fois, une constitution française, celle du 27 octobre 1946, consacre un titre aux collectivités territoriales.
La période d'après-guerre est marquée entre 1955-1956, par plusieurs décrets qui instituent vingt et une « régions de programme », circonscriptions d'action régionale tournées vers le développement économique. Ces regroupements de départements ne constituent cependant pas des entités administratives nouvelles, et encore moins des collectivités locales.

C'est sur ces bases que le général de Gaulle, après son retour au pouvoir, lance, par un décret du 14 mars 1964, la régionalisation conçue comme un des éléments de la rénovation de l'État. La crise de 1968 conduit le général de Gaulle à franchir un nouveau pas dans la conception d'une régionalisation qui s'achemine lentement vers une forme de décentralisation. Le 27 avril 1969, il soumet au référendum un projet de loi qui prévoit la transformation des circonscriptions régionales en collectivités territoriales se superposant aux départements. Ces collectivités disposaient d'un conseil régional délibératif sur le modèle du conseil général, le préfet de région jouant le double rôle de délégué du gouvernement et d'exécutif régional. Toutefois, le conseil régional n'est pas élu au suffrage universel direct, mais constitué par les députés élus dans la région, des conseillers territoriaux élus au second degré par les conseillers généraux et les délégués des conseils municipaux et des représentants désignés par les organismes socioprofessionnels représentatifs. Le non au référendum l'emporte, entraînant le départ du général de Gaulle.

Sous la présidence de Georges Pompidou, la loi du 5 juillet 1972 confère aux régions le statut d'établissement public, personne morale soumise au principe de spécialisation.

En septembre 1976, le rapport « Vivre ensemble » initié par le président Valéry Giscard d'Estaing recommande un véritable renversement des rôles entre l'État et les collectivités territoriales dans tous les domaines de la vie quotidienne.

En 1981, à la suite de l'élection de François Mitterrand, le ministre de l'Intérieur et de la Décentralisation, Gaston Defferre, s'attelle à préparer la grande réforme de la décentralisation. À partir de juillet 1981, le projet de loi, relatif aux droits et libertés des communes, des départements et des régions, premier projet de loi soumis au parlement nouvellement élu, est débattu. La loi est votée le 28 janvier 1982 et promulguée le 2 mars 1982. Complétée par la loi du 22 juillet 1982, elle introduit d'importantes modifications dans l'organisation territoriale de la France.

Jean-Pierre Raffarin, premier ministre de Jacques Chirac, lance « l'Acte II de la décentralisation » en 2003. Promulguée le 28 mars 2003, la loi constitutionnelle relative à l'organisation décentralisée de la République a été suivie de plusieurs lois organiques nécessaires à son application. Elle a précédé l'adoption d'un important transfert de compétences nouvelles au profit des collectivités territoriales.

Les réformes engagées sous le quinquennat du Président Nicolas Sarkozy marquent une certaine rupture par rapport à la stratégie des deux premiers actes de la décentralisation. Alors que ces derniers s'étaient avant tout focalisés sur les transferts de compétences de l'État vers les collectivités territoriales, l'objectif assumé est désormais de rechercher une simplification du paysage institutionnel local, un renforcement de la démocratie locale et une adaptation des structures à la diversité des territoires, favorisant ainsi l'enracinement d'une décentralisation arrivée à maturité.

La loi de réforme des collectivités territoriales a été promulguée le 16 décembre 2010. Son premier volet vise l'achèvement et la rationalisation de la carte intercommunale, ainsi que la démocratisation des intercommunalités, qui trouvera sa traduction lors des élections municipales de 2014.
Lors de sa conférence de presse du mardi 14 janvier 2014, le président François Hollande avait annoncé pour 2014 une nouvelle réforme des collectivités locales.
Parmi les pistes indiquées par François Hollande : la fusion des collectivités. *« Les régions d'abord, dont le nombre peut évoluer »,* a indiqué le président. Le projet est de se doter de régions plus puissantes, susceptibles de les rapprocher du modèle des « länder » allemands et de

faire de ces collectivités en charge du développement économique, des moteurs de la reprise économique et de la création d'emplois.

Les départements également pourraient être conduits à fusionner ou à s'intégrer aux treize nouvelles métropoles qui existeront de plein droit à partir du 1er janvier 2016. La métropole lyonnaise a montré l'exemple, intégrant une partie du département du Rhône dès 2013. D'autres départements pourraient être encouragés à fusionner avec leur métropole : dans la ligne de mire du gouvernement, la métropole parisienne et ses trois départements de la petite couronne (Seine-Saint-Denis, Val-de-Marne et Hauts-de-Seine) et Nice et les Alpes- Maritimes.

Communes, départements, régions sont « *invités à se rapprocher.* » Pour convaincre les élus locaux à jouer le jeu d'une simplification, François Hollande avait parlé des dotations d'État, qui pourraient « *varier en fonction des efforts de chacun* ».
Promulguée le 7 août 2015, la loi portant sur la Nouvelle Organisation Territoriale de la République, confie de nouvelles compétences aux régions et redéfinit clairement les compétences attribuées à chaque collectivité territoriale. Il s'agit du troisième volet de la réforme des territoires, voulue par le président Hollande, après la loi de modernisation de l'action publique territoriale et d'affirmation des métropoles et la loi relative à la délimitation des régions.
Le Président Emmanuel Macron a dit souhaiter une décentralisation à géométrie variable où chaque collectivité aurait la possibilité de choisir l'importance des compétences qu'elle souhaiterait exercer. Emmanuel Macron veut "simplifier la structure administrative, pousser la décentralisation avec plus d'autonomie pour les universités, les établissements scolaires et les hôpitaux".

Section II- La décentralisation au Congo

Le Congo a passé pendant plusieurs années une période du marxisme sous une forme de gestion *monopartite*. À la suite des vagues des conférences nationales souveraines, le Congo s'est engagé dans un processus de démocratisation avec la fin du monopartisme et ses corollaires.

Cinq années après ses premières élections démocratiques, le Congo s'est plongé dans des conflits internes tout juste au moment de la naissance de la démocratie pluraliste, ce qui a fortement fragilisé l'engagement d'instauration d'une nation démocratique.

Il fallait attendre la fin des hostilités et le rétablissement de la paix pour organiser de nouvelles élections afin de poursuivre le processus démocratique.

Et ce n'est qu'au cours des années 2003, que les premières lois de la décentralisation ont été prises, puisque la constitution du 20 janvier 2002 dans son article 174 reconnaissait l'existence des collectivités locales.

Cette disposition constitutionnelle accompagnée par la volonté politique puis des encouragements des partenaires bilatéraux du Congo Brazzaville, a déclenché la dynamique pour que le processus de la décentralisation soit lancé et mis en œuvre à travers une démarche progressive qui aboutira avec plus de détermination et de volonté à une décentralisation effective à toutes les échelles du territoire national.

La décentralisation au Congo est la résultante d'une combinaison de facteurs tant internes qu'externes. Nous soulignons quelques repères des facteurs internes de ce processus de décentralisation.
On peut les situer comme suit :

- La volonté politique impulsée par des dynamiques internes en termes d'orientations politiques, mais aussi par des effets de la mondialisation et des bailleurs extérieurs ;
- Le lourd passé de la période du marxisme et du parti unique avec toutes les pratiques contraires aux logiques de décentralisation ;
- La centralisation du pouvoir dans les grands centres plus particulièrement dans la ville capitale Brazzaville siège des institutions voire Pointe-Noire, capitale économique ;
- Le processus de démocratisation engagé dans l'ensemble du territoire national ;
- L'émergence des associations à assise locale.

Les facteurs externes sont essentiellement l'expression à la fois des effets néfastes de la crise mondiale sur les économies africaines très fragiles et la pression ou les exigences des bailleurs financiers et partenaires bilatéraux et multilatéraux du Congo Brazzaville.
Les institutions internationales comme la Banque mondiale, le fonds monétaire international et autres, ont exercé des pressions sur les gouvernants africains afin de les amener à opter de nouveaux modes de

gouvernance de la « chose publique » ; et le Congo faisait partie de ces pays visés par ces bailleurs, etc.

À cet effet, une dynamique des mouvements de décentralisation a gagné beaucoup de pays africains, dont le Congo, dans le but d'améliorer la gouvernance et réduire la pauvreté et les inégalités.
Le dispositif juridique de la décentralisation au Congo est centré sur un ensemble de lois, décrets et arrêtés.

❖ **Les lois sur la décentralisation au Congo Brazzaville**

- Loin°3-2003 du 17 janvier 2003 fixant l'organisation administrative territoriale ;
- Loin°7-2003 du 6 février 2003 portant organisation et fonctionnement des collectivités locales.
- Loi n°8 -2003 du 6 février 2003 portant loi organique relative à l'exercice de la tutelle sur les collectivités locales ;
- Loin°9-2003 du6 février 2003 fixant les orientations fondamentales de la décentralisation ;
- Loi n°10-2003 du 6 février 2003 portant transfert de compétences aux collectivités locales ;
- Loi n°11-2003 du 6 février 2003 portant statut particulier de la ville de Brazzaville et de la ville de Pointe-Noire ;
- Loi n°30-2003 du 20 octobre 2003 portant institution du régime financier des collectivités locales ;
- Loi n°31 -2003 du 24 octobre 2003 portant détermination du patrimoine des collectivités locales ;
- Loi n°5-2005 du 25 mai 2005 portant statut de la fonction publique territoriale.

❖ **Les décrets et arrêtés sur la décentralisation**

- Décret n°2003-108 du 7 juillet 2003 relatif aux attributions du ministre de l'Administration du territoire et de la décentralisation ;
- Décret 2003-149 du 4 août 2003 portant organisation du ministère de l'Administration du territoire et de la décentralisation ;
- Décret n° 2003-148 du 4 août 2003 portant attributions et organisation de la direction générale des collectivités locales ;
- Décret n° 2004-237 du 13 mai 2004 portant attributions, organisation et fonctionnement du comité technique d'évaluation de la décentralisation ;

- Décret n° 2003-20 du 6 février 2003 portant fonctionnement des circonscriptions administratives territoriales ;
- Décret n° 2004-37 du 26 février 2004 fixant le traitement de fonction des membres des bureaux des conseils départementaux et municipaux ;
- Décret n° 2004-11 du 3 février 2004 fixant le traitement de fonction des administrateurs-maires des arrondissements, des administrateurs-maires des communautés urbaines, des administrateurs délégués des communautés rurales, des secrétaires généraux de départements, des conseils de départements et de communes, des arrondissements, des communautés urbaines et des secrétaires administratifs des communautés rurales.

❖ **Les arrêtés sur la décentralisation au Congo**
- Arrêté n° 8185/MATD/CAB du 24 août 2004 portant nomination des membres du comité technique d'évaluation de la décentralisation ;
- Arrêté n° 1549 /MATD/CAB du 3 février 2005 portant attributions et organisation du secrétariat général du conseil départemental ;
- Arrêté n° 1550 /MATD/CAB du 3 février 2005 portant institution, attributions et composition des secrétariats des membres du bureau du conseil autre que le président ;
- Arrêté n° 2716 MATD/MEFB du 26 mars 2004 fixant le montant des indemnités de service des conseillers départementaux et municipaux ;
- Arrêté n° 627 MATD/CAB du 3 mars 2003 portant institution, attribution et composition du cabinet du président du Conseil départemental ou municipal.

Le dispositif d'appui à la décentralisation est basé d'abord sur l'ensemble des lois, arrêtés et décrets, ensuite sur le comité technique d'évaluation de la décentralisation en lien avec la direction générale des collectivités locales et enfin par l'organisation des formations, journées d'échanges, séminaires-atelier en faveur des élus locaux et des cadres des services déconcentrés de l'État.

A cet effet, la direction générale des Collectivités locales, instrument technique du gouvernement est chargée d'accompagner le processus de décentralisation de manière complémentaire avec celui de la déconcentration. Cette direction générale participe de façon régulière aux activités des conseils départementaux dans le strict respect des lois et règlements. Par conséquent, des rencontres conjointes sont organisées en vue d'harmoniser les actions entreprises par les uns et les autres.

Le comité technique d'évaluation de la décentralisation dont les attributions sont définies par le décret n°2004-237 du 13 mai 2004 portant attributions, organisation et fonctionnement du comité technique d'évaluation de la décentralisation, permet de faire régulièrement le point sur les avancées de la décentralisation dans notre pays.

Ce comité avait tenu deux sessions capitales en septembre 2004 et en mars 2007 qui ont permis de faire le point sur les avancées et les difficultés majeures rencontrées dans la mise en œuvre de la décentralisation dans notre pays. Des formations sont organisées en direction des élus locaux et des préfets et sous-préfets dans le cadre de la mise en œuvre du processus de décentralisation ; les partenaires d'appui à l'État de droit, à la bonne gouvernance et au développement du Congo se mobilisent pour soutenir les efforts de décentralisation.

Le mardi 7 février 2017, lors de la 44e session ordinaire dite administrative du sénat, les sénateurs ont examiné et adopté, six projets de loi, dont celui portant création de neuf nouvelles communes, celui élevant Kintelé au rang de commune, et ceux relatifs à la création de deux nouveaux districts, Kabo (Département de la Sangha) et Bokoma (Département de la Cuvette).

La création de dix nouvelles communes, qui concerne les chefs-lieux de département, lesquels étaient jusque-là des communautés urbaines, et la création de deux districts obéit à la loi n°3-2003 du 17 janvier 2003 fixant l'organisation administrative du territoire.

Neuf communautés urbaines sont érigées en communes. Il s'agit de Madingou, Owando, Ewo, Sibiti, Impfondo, Djambala, Kinkala, Oyo et Pokola. Elles seront dotées, chacune, d'un conseil municipal élu au suffrage universel direct et d'un bureau exécutif au suffrage universel indirect. La loi électorale fixera, pour chaque commune, le nombre de conseillers municipaux. Ainsi, l'érection de ces communautés urbaines en communes consacrera leur passage à une gestion décentralisée.

La volonté du gouvernement est d'améliorer le cadre de vie des populations et de créer des conditions d'émergence d'une administration orientée vers le développement.

La création de ces communes est une exigence de la Constitution du 25 octobre 2015, en vue de l'approfondissement de la décentralisation.

Le ministre de l'intérieur, de la décentralisation et du développement local a laissé entendre au cours de l'échange avec les sénateurs que le Premier ministre, chef du gouvernement, a donné des instructions pour réformer la fiscalité locale. Cette réforme permettra d'élargir l'assiette

fiscale au bénéfice des communes, en faisant de sorte que tous les contribuables locaux soient assujettis aux taxes et impôts locaux.
Enfin, notons que dans le cadre du processus de mise en œuvre de la décentralisation et l'appui au développement local, les cadres des administrations publiques, de la société civile et les partenaires au développement, ont procédé le jeudi 13 avril 2017, à Brazzaville, à l'examen et à l'adoption du document stratégique portant sur la politique nationale sur la décentralisation et développement local.
Le document ainsi adopté, en trois parties, récapitule la politique nationale de la République du Congo en matière de décentralisation et développement local. Les participants ont adopté, après débat et discussion, ce document qui devrait permettre au gouvernement congolais de réaliser un développement local, cohérent et équilibré. Ce document va donner au gouvernement congolais une feuille de route dans la conduite du processus et sur la base de laquelle se focaliseront les interventions et les aides des partenaires au développement.
Il est un instrument de référence pour la synergie des actions des acteurs étatiques et non étatiques qui œuvrent aux côtés des populations engagées dans la quête du mieux-être.
En fait, ce document est la traduction dans les faits, de l'esprit et la lettre du Titre 1er de la constitution du 25 octobre 2015, sur l'Etat et la souveraineté.

Anatole Collinet Makosso, dans son ouvrage intitulé *Le régime consensualiste dans la constitution du 25 octobre 2015 commentée article par article,* paru aux éditions l'harmattan-Congo en janvier 2017, nous dit à la page 120, que « la décentralisation est la volonté du peuple congolais de traduire dans les faits la valeur ‘‘ partage ’’ en vue de la redistribution des richesses et des compétences nationales aux entités locales ».
Ce document de politique nationale sur la décentralisation et le développement local vise le renforcement de la décentralisation, l'amélioration de l'environnement institutionnel local, le développement durable local et humain.
Pour une étude plus approfondie sur la décentralisation au Congo nous renvoyons le lecteur à notre ouvrage, « Décentralisation, démocratie et développement local au Congo-Brazzaville » paru aux éditions l'Harmattan-Congo en janvier 2013.
Le passage de la décentralisation des autorités commencée en 1973 et achevée en 2003 avec l'instauration de la libre administration locale, à la

décentralisation des compétences, ouverte par les lois charnières de 1995 et confirmée par les lois de 2003, ne constitue pas une simple évolution naturelle, mais une profonde transformation voulue par l'autorité politico administrative pour une meilleure aire géographique de gestion des activités publiques, et une nouvelle conception des affaires locales.

Il faut continuer davantage par le droit, et notamment par le droit comparé à construire le cadre théorique de la décentralisation afin de perfectionner le statut des collectivités locales au Congo.

De nombreuses difficultés entravent encore le fonctionnement des collectivités locales notamment :

Le caractère encore incomplet du cadre juridique de la décentralisation, l'insuffisance des capacités des élus locaux, les conflits de compétences et les relations conflictuelles, l'irrégularité et le faible niveau du déblocage des subventions de l'État, l'irrégularité du reversement par le trésor public des taxes destinées aux conseils départementaux et municipaux, la précarité des ressources humaines, etc.

La décentralisation étant un processus, il n'est pas possible de tout réussir d'un seul coup. En outre, il s'agit d'une activité transversale qui nécessite l'implication de toutes les institutions. Toutefois, il sied de retenir que la gestion des affaires locales par les citoyens et leurs élus constitue une école de formation civique et une préparation à l'exercice de la démocratie dans le cadre national.

TROISIÈME PARTIE :

LES PARTIS POLITIQUES
ET LA SOCIÉTÉ CIVILE AU CONGO

CHAPITRE I

LA PROBLÉMATIQUE DES PARTIS POLITIQUES AU CONGO

Le concept de parti politique fait l'objet de plusieurs analyses qui se rattachent pour l'essentiel à trois questions :
- Pourquoi crée-t-on un parti politique ?
- Qu'est-ce qu'un parti doit faire pour accéder au pouvoir ?
- Quels doivent être l'attitude et le comportement d'un parti politique au pouvoir et à l'opposition ?

Ces trois questions posent trois types de problèmes :
1-Le problème de la légitimation de la lutte pour la conquête du pouvoir, qui se rapporte à la fonction institutionnelle du parti et qui consiste à définir le parti comme une structure d'organisation de la démocratie ;
2-Le problème de la méthode et des moyens nécessaires dont doit disposer un parti pour se lancer à la conquête du pouvoir ;
3-Le problème de la mission d'un parti politique au pouvoir et à l'opposition.

Les différentes définitions de la notion de parti politique dégagées par différents chercheurs en la matière se rapportent pour l'essentiel à ces préoccupations. On peut donc retenir qu'un parti politique est un groupement de volontaires qui ont pour prétention l'accession au pouvoir ; un parti politique n'est pas une institution de droit public, mais une institution politique, un groupe d'associés qui sont libres d'appartenir ou non, et qui sont liés par un sentiment déterminé et engagé dans une action politique commune. Le parti politique est un produit et une représentation des différents courants de l'esprit politique, une force qui résulte de la mobilisation des individus dans une action collective menée contre d'autres, pareillement mobilisés, afin d'accéder seul ou en coalition, à l'exercice des affaires de l'État.

Les critères qui servent à définir un parti sont : l'organisation, la revendication du pouvoir politique au nom d'un projet.

La construction démocratique dans notre pays, amorcée semble-t-il depuis la Conférence nationale souveraine, au lieu d'apaiser les tensions sociales internes n'a fait qu'exacerber les rivalités partisanes et ethno régionales qui ont conduit le Congo en 1993, 1997, 1998 et 1999 à des guerres civiles très meurtrières qui ont endeuillé bon nombre de familles.

Au lendemain de l'indépendance de notre pays, la tentative de création d'un parti unique par le président Fulbert Youlou a conduit à son éviction du pouvoir. Cette idée d'instauration d'un régime monopartite a été effective, à la faveur de la révolution des « trois glorieuses » des 13, 14, et 15 août 1963, sous le régime du Mouvement national de la Révolution (MNR) du président Alphonse Massamba-Débat qui fut renversé en juillet - août 1968 par le Capitaine Marien Ngouabi. Celui-ci prône le « réajustement » de la révolution et crée le 30 décembre 1969 le parti congolais du Travail (PCT). Il réaffirme plus nettement que son prédécesseur la prééminence du parti sur les organes étatiques. Cette prééminence du parti conduit à mettre en place des structures parallèles à celles de l'administration classique. Ce dédoublement du parti s'explique par le fait que celui-ci entend être sûr que l'administration agira conformément à ses orientations politiques. On est alors conduit à adopter un système de confusion de l'appareil administratif et de l'appareil politique. Les militants du parti sont chargés des fonctions administratives, mais en même temps les agents de l'administration sont introduits dans la hiérarchie du parti. Cette cohabitation entre militants et fonctionnaires au sein même de la structure du parti permet d'endiguer ou d'éliminer les conflits, mais au prix de la disparition de la neutralité politique de l'administration.

L'évolution vers le régime de parti unique est donc apparue aux yeux des dirigeants, comme le moyen privilégié de réduire les antagonismes tribaux, de promouvoir l'unité et la construction nationale.

Le 18 mars1977, le président Marien N'gouabi meurt assassiné.

Le 6 avril 1977, le général Yhombi-Opango prête serment comme Président de la République du Congo. Il déclare œuvrer dans la ligne de Marien Ngouabi pour l'édification d'une société socialiste.

Le 5 février1979, le Comité Central du Parti Congolais du Travail dépose le Comité Militaire du Parti et Yhombi-Opango est démis de sa fonction de Président de la République.

Le comité central du Parti Congolais du Travail (PCT) désigne au cours de sa session du 5 février 1979, Denis Sassou Nguesso, comme

président de ce comité, il exerce en même temps les fonctions de président du conseil des ministres et de chef de l'État. Il apparaît clairement que les principes fondamentaux émis par la constitution du 8 juillet 1979 s'articulent autour de la prépondérante du chef du parti qui est en même temps Président de la République. Mais, dès juillet 1989, suite à plusieurs contradictions internes, le parti s'ouvre à des éléments dits « modérés » et, c'est ainsi qu'en novembre 1989, le président Denis Sassou Nguesso annonce la fin du rôle dirigeant du parti, le 24 décembre 1990 l'Assemblée nationale populaire vote la loi qui introduit le multipartisme au Congo. L'instauration effective du multipartisme intervient avec la **conférence nationale souveraine** qui réunit 1100 délégués représentant 67 partis politiques, 34 associations ou ONG.
Une période de transition est mise en place et trois institutions sont chargées de gérer cette période, il s'agit de la présidence de la république, du conseil supérieur de la république et du gouvernement.

Cette période de transition a été le théâtre d'affrontements, de querelles partisanes et de rivalités politiques entre les différents protagonistes en course pour l'élection présidentielle. Elle a été parsemée de cactus, notamment sur le double terrain socio-économique et politique. Elle prend fin avec la victoire, au deuxième tour de l'élection présidentielle, de Monsieur Pascal Lissouba qui obtient 61,32 % de voix. Mais l'atmosphère politique restait tendue, le pays déjà gangréné par de nombreux contentieux et meurtri par la guerre de 1993-1994, rentre dans deux guerres aussi meurtrières l'une autant que l'autre, celle du 5 juin 1997 et celle de 1998.

La guerre du 5 juin prend fin le 15 octobre 1997 avec la victoire du président Denis Sassou Nguesso et des forces démocratiques patriotiques. Le président prône l'unité et la réconciliation nationale et déclare que la victoire des FDP ne doit pas être considérée comme celle d'une partie du pays sur une autre, mais comme celle du peuple congolais tout entier sur les vieux démons de la division. C'est pourquoi dit-il personne n'est autorisé à entreprendre la chasse aux sorcières, ni à cultiver le sentiment de la haine tribale contre d'autres citoyens.
Aujourd'hui encore, comme aux aurores de la démocratie pluraliste des années 90, des alliances politiques se sont formées autour de grands partis politiques : l'alliance PCT-MCDDI a été réactivée depuis le 24 avril 2007, avec la naissance du Rassemblement pour la Majorité présidentielle (RMP), cette alliance tend à se muer en alliance MCDDI-

RMP. Le RMP regorge d'une panoplie de partis qui se réclament fidèles au président Denis Sassou Nguesso. Le 29 février 2009, le RDD et le PCT s'engagent dans un accord à créer les conditions de l'épanouissement intégral du peuple congolais et assurer la promotion d'une démocratie apaisée. À l'opposition, il existe d'abord l'ANR et l'ARD qui sont composées de plusieurs petits partis.
Ensuite sera créé en janvier 2015 le FROCAD (Front républicain pour le respect de l'ordre constitutionnel et l'alternance démocratique). Le 1er août 2015 à Brazzaville, des responsables des partis politiques et certaines individualités opposés au changement de la constitution du 20 janvier 2002 (qui du reste rappelons-le a déjà été abrogée par celle du 25 octobre 2015) s'étaient réunis et ont signé une convention portant création de l'IDC (l'Initiative pour la démocratie au Congo).
Aujourd'hui, les Plateformes Politiques *FROCAD-IDC* et la *Composante J3M* constituent la principale plateforme de l'opposition congolaise.
Le président du Rassemblement des jeunes républicains (RJR), Paul-Marie Mpouele a lancé le 30 juillet 2016 à Brazzaville, le Rassemblement pour l'opposition congolaise (ROC), une nouvelle coalition d'une dizaine de partis se réclamant de l'opposition.
Mathias Ndzon dirige le collectif des partis de l'opposition congolaise (CPOC) que préside un collège de cinq (5) présidents, à savoir Mathias Dzon, Jean Itadi, Raymond Serge Mviri, Christophe Moukoueké et Henri Bounkoulou. Cette coalition fait aussi partie de l'opposition congolaise.
Notons qu'il existe aussi aujourd'hui « Le Pôle de consensus de Sibiti », en référence au dialogue politique tenu au mois de juillet 2015, dans le chef-lieu du département de la Lékoumou au sud-ouest du Congo. Il s'agit d'une mosaïque des partis et associations politiques soutenant le Président de la République dont le Parti congolais du travail est la principale formation de cette famille politique. On peut aussi citer *la coalition des partis du centre* que dirige Digne Elvis Tsalissan Okombi, ainsi que la Convention des partis républicains (Copar) que préside Nick Fylla de Saint-Eudes.
De notre point de vue, ces partis politiques qui s'allient sur le triptyque : « conquérir ensemble le pouvoir, le gérer ensemble et le conserver ensemble », doivent créer les conditions en vue de permettre à notre pays d'affronter, de manière conséquente, les défis majeurs de notre temps. Ils doivent pour cela proscrire entre autres, l'ethnocentrisme.

Pour éviter une telle dérive, il incombe aux élites politiques et intellectuelles d'assumer pleinement leur responsabilité.
C'est dans ce cadre qu'a été initiée et votée, en application de la constitution, la loi n° 21-2006 du 21 août 2006 sur les partis politiques.
Elle réglemente, entre autres, la création et le financement des partis politiques et met un accent particulier sur :

- L'origine ethnique ou départementale des fondateurs du parti politique ;
- La prise en compte de la représentativité et de la promotion de la femme ;
- La création ou l'entretien des milices privées ;
- Le contrôle de l'état sur la création des partis politiques ;
- La protection juridique de l'activité des partis politiques ;
- L'usage de la religion à des fins de propagande politique.

En effet, afin d'éviter la création des partis politiques sur la base essentiellement ethnique ou départementale, les partis politiques outre le siège national, doivent avoir des membres et des sièges permanents dans tous les départements. La composition des organes dirigeants à tous les niveaux doit refléter la diversité ethnique du Congo (articles 8-9 de la loi).
En application de l'article 17 de la constitution, les partis ou groupements politiques doivent garantir et assurer la promotion et la représentativité de la femme à toutes les fonctions politiques, électives et administratives (article 17 dernier alinéa).
Pour garantir la conquête et l'exercice pacifiques du pouvoir, la création ou l'entretien des milices privées est prohibé (art. 39 à 40 de la loi précitée).
La création du parti politique est soumise au contrôle de l'état par le biais du ministre chargé de l'administration du territoire ou du préfet.
Le financement public ou privé des partis politiques est désormais réglementé et soumis au contrôle de la cour des comptes et de discipline budgétaire. Il est interdit de financer les activités des partis politiques au moyen des fonds acquis par des pratiques illégales et de corruption (article 35).
Aux mêmes fins, il est interdit aux partis ou groupements politiques de recevoir des personnes publiques ou privées étrangères, des entreprises, des églises ou des confessions religieuses, des dons, des legs et des libéralités. Aux termes de l'article 8 de la loi, les partis politiques exercent leurs activités dans le strict respect de la Constitution et des lois

en vigueur. Les actes de l'autorité administrative relative à la suspension ou à la dissolution d'un parti politique sont soumis au contrôle de la chambre administrative de la Cour suprême (article 16, 2,21).

En son article 44, la loi dispose qu'il est interdit aux confessions religieuses de s'ériger en partis politiques ou en instruments de propagande politique.

Afin d'organiser des élections crédibles au Congo, libres et transparentes sans violence un « dialogue républicain » inter Congolais, une concertation politique avait eu lieu à Ewo du 15 au 17 décembre 2011 à l'invitation du Gouvernement. Y avaient pris part : les membres du Gouvernement et leurs collaborateurs, les membres des partis et groupements politiques de la majorité, des partis et groupements de l'opposition et du centre, les représentants de la société civile, les présidents des groupes parlementaires, les représentants des institutions et administrations publiques, les représentants du corps diplomatique, ainsi que les organismes internationaux invités à cet effet.
Prélude à l'organisation des élections locales, le gouvernement a organisé, du 23 au 26 mars 2013, à Dolisie, chef-lieu du département du Niari, une concertation politique nationale pour faire le point des recommandations formulées à Ewo, en 2011, afin d'apprécier le niveau de mise en œuvre desdites recommandations, ainsi que débattre sur la méthodologie de détermination du corps électoral, en vue d'envisager les thérapeutiques saines pour les futurs scrutins. Trois commissions ont été mises en place, à savoir :
- leçons à tirer sur l'organisation des élections législatives de 2012, dirigée par Henri Bouka ;
- réflexion sur les partis politiques et leur financement, dirigée par Gaston Ololo ;
- méthodologie de détermination du corps électoral, dirigée par Antoine Evoundou.

L'opposition dite « radicale » avait opté pour le boycott de cette concertation. Pour le chef de la délégation de l'UPADS, « ce serait une aberration politique que de ne pas venir à Dolisie, faire le bilan, le point de toutes les résolutions prises à Ewo, celles qui ont été appliquées, et celles qui ne l'ont pas été, mais également poser de nouvelles revendications à savoir : une commission d'organisation des élections indépendantes, l'organisation d'un recensement administratif spécial, l'adoption de listes uniques et de bulletins biométriques ». Toutefois, précisons que certains vice-présidents de l'Upads pensaient que ce dialogue ne présentait pas des vertus d'apaisement dans le processus de démocratisation de notre pays.

Le secrétaire général du Parti congolais du travail (PCT), Pierre N'golo, a réaffirmé, le 11 avril 2013 à Brazzaville, au cours d'une conférence de presse, l'engagement du parti à respecter les conclusions de la concertation politique tenue du 23 au 26 mars 2013 à Dolisie, dans le département du Niari. Les partis de l'opposition dite républicaine, membres de la convention d'appui aux conclusions d'Ewo ont salué les conclusions de la concertation politique tenue à Dolisie ; c'était au cours d'un point de presse qu'ils ont organisé le 28 mars 2013 à Brazzaville, le coordinateur de cette convention, Nick Fylla de Saint-Eudes a déclaré que « la concertation de Dolisie s'est voulue une brise de fraîcheur pour contredire ceux qui prétendent que le processus électoral est impossible ».
Un an après la concertation politique de Dolisie, le Parti congolais du travail (PCT) et l'Union panafricaine pour la démocratie sociale (Upads) ont procédé le 29 avril 2014, à Brazzaville, à l'évaluation des recommandations de cette rencontre. Cette réunion, placée sous le signe de la promotion du consensus et des valeurs démocratiques, a permis aux deux partis d'arrêter le chronogramme de mise en application des recommandations de la concertation de Dolisie.
Dans le cadre des élections législatives, sénatoriales et municipales de 2017, que les autorités congolaises et toute la classe politique souhaitent apaisées et transparentes, le ministre de l'Intérieur, de la décentralisation et du développement local, a entamé, des échanges avec les responsables politiques et de la société civile. Ces entretiens ont eu pour objectif, de convaincre les acteurs politiques et de la société civile à comprendre qu'une concertation politique est nécessaire avant la tenue des scrutins législatif, sénatorial et municipal prévues pour le mois de juillet.
Le ministre de l'Intérieur et ses hôtes ont convenu de la convocation de ces assises à Ouesso courant première quinzaine du mois de mars.
La concertation politique de Ouesso, a eu lieu du 4 au 7 mars 2017. Les participants aux travaux de Ouesso ont retenu que les circonscriptions électorales vont passer de 139 à 151. Donc désormais, l'Assemblée nationale aura 151 députés imposés par la création de nouvelles communes de plein exercice et l'érection de deux villages en communautés urbaines.

Ils se sont prononcés unanimement pour la révision extraordinaire des listes électorales. De même, ils ont repoussé l'introduction de la biométrie dans le processus électoral pour les prochaines échéances électorales au motif que ce procédé technologique nécessite suffisamment du temps pour obtenir de bons résultats.
En ce qui concerne le plafonnement des dépenses des campagnes électorales, le plenum des participants à la concertation nationale de Ouesso ont convenu que la question devrait être examinée minutieusement par le gouvernement en vue de la publication le moment venu d'un décret ou d'un arrêté y afférent.

De même, les participants à la concertation de Ouesso ont été édifiés sur les conditions de création d'un parti politique et ses critères de financement par l'Etat. Le parti politique, ne peut bénéficier du financement de l'Etat qu'à condition qu'il ait des élus dans les institutions électives ; ainsi que la représentativité nationale.

La concertation de Ouesso a également examiné la question relative à la réorganisation des Commissions électorales indépendantes locales dirigées par les préfets et sous-préfets. Il a été convenu, à ce sujet, que l'Etat devrait procéder à la formation du personnel électoral indépendant.

Le Président de la République a promulgué la loi organique n° 20-2017 du 12 mai 2017 Portant loi organique relative aux conditions de création, d'existence et aux modalités de financement des partis politiques. Cette nouvelle loi a été initiée en application de l'article 62 de la Constitution du 25 octobre 2015, et a pour objet de reprendre, de renforcer et de compléter les dispositions de la loi n°21-2006 du 21 août 2006 sur les partis politiques.

Dans cette nouvelle loi les partis politiques ayant des élus au Parlement, bénéficieront d'un financement de l'Etat.
« *La subvention est allouée proportionnellement aux partis politiques représentés au Parlement. Celle-ci est calculée en fonction du nombre de députés ou sénateurs qui appartiennent ou déclarent se rattacher à un groupement politique bénéficiaire* », souligne la loi.
Le même texte précise que cet argent n'est alloué qu'aux partis politiques représentés au Parlement, ayant positionné les candidats dans plus de la moitié des circonscriptions électorales, et bénéficiant d'au

moins 5% des suffrages exprimés sur l'ensemble des circonscriptions électorales.

Ce texte prescrit en outre, que les partis politiques se créent librement sur la base des principes politiques, éthiques et d'un certain nombre d'exigences, notamment avoir un caractère national, promouvoir la paix et l'unité nationale, proscrire l'ethnocentrisme, l'intolérance et la xénophobie.

Dans la nouvelle loi, les partis politiques peuvent aussi se constituer en union ou groupements politiques, en alliance, en fusion de partis.

La nouvelle loi définit la procédure de reconnaissance des partis politiques sur la base d'un dossier et d'enquêtes administratives et de moralité. Il définit leurs droits, parmi lesquels l'accès aux médias publics, l'acquisition et l'administration libre de leurs biens et immeubles, la capacité d'ester en justice, d'être consultés sur les grandes questions d'intérêt national. De même, la loi définit les devoirs des partis politiques, entre autres, la contribution à la préservation de la paix et à la promotion des valeurs républicaines.

Il est interdit aux partis politiques de recevoir des dons et legs des personnes publiques ou privées étrangères, des entreprises, des églises ou des confessions religieuses.
Avec cette nouvelle loi, le ministère de l'intérieur disposera de six (6) mois d'enquête pour reconnaître la création d'un parti politique. De même, les associations politiques n'auront d'entité morale qu'à l'intérieur des partis. Ce qui voudrait dire qu'on ne peut être candidat à une élection que pour un parti politique ou en indépendant.

Si l'existence de plusieurs partis politiques, ce que l'on appelle couramment le multipartisme a montré la mise en œuvre effective, au Congo, des libertés individuelles et collectives, qui est un des fondements d'une démocratie pluraliste, force est de reconnaître que, d'un autre côté, sur le plan socio-économique, la société congolaise a récemment compris qu'il était temps de se prendre en charge et de s'organiser en réseaux, organisations, associations, coopératives, groupes d'appui et groupes de pression et de plaidoyer afin de venir à bout des problèmes qui entravent le décollage socio-économique de notre pays.

CHAPITRE II

LA SOCIÉTÉ CIVILE AU CONGO

Longtemps réduites à des organisations de défense des droits de l'homme, ou des mouvements de femme, les sociétés civiles se sont, depuis quelques années, élargies à d'autres secteurs. L'exercice désormais effectif, à quelques exceptions près, des principales libertés individuelles et collectives a eu un effet catalyseur sur les forces sociales qui souhaiteraient peser sur les décisions qui engagent le pays.

La notion de société civile est une notion très ambiguë qui dans beaucoup de débats, ne fait pas l'unanimité à telle enseigne que beaucoup de personnes préfèrent parler d'acteurs non étatiques (ANE).

Tout compte fait, la notion de société civile renvoie à beaucoup de connotations positives notamment : l'autonomie, la responsabilité, la prise en charge par les individus eux-mêmes de leurs propres problèmes.

La société civile désigne la partie de la société dont l'objectif n'est pas la conquête du pouvoir. Ainsi, dans le paysage congolais nous pourrons considérer comme faisant partie de la société civile les associations, les syndicats, etc.

Dans tous les pays démocratiques, la société civile a pour mission de mobiliser la population à la base, dès que les intérêts de celle-ci sont menacés. Elle anticipe les événements afin d'influer de manière significative sur les débats relatifs à la conduite de la Nation.

Comme on peut le constater, la société civile a le devoir d'influencer le pouvoir en faveur du bien-être de la population et non de l'exercer. C'est ce dynamisme revendicatif qui, quand il est concret, influence les dirigeants à prendre des décisions favorables.
Quel est le rôle joué par la société civile congolaise ?

La société civile congolaise bien qu'embryonnaire a organisé de nombreuses activités dont par exemple des cultes avec les responsables des confessions religieuses, des forums, des rencontres, etc. sans oublier le rôle important que cette composante a joué à la Conférence nationale souveraine (CNS).
La Conférence nationale souveraine avait pour mission d'identifier tous les maux qui rongeaient la société congolaise ; ramener la paix intérieure, installer la démocratie et faire redécoller l'économie du pays. Malheureusement, force est d'admettre qu'elle n'a pu ni résorber la crise, ni ralentir la descente aux enfers de la population congolaise comme l'illustrent les guerres fratricides que nous avons connues. En dépit de cela, l'on devra reconnaître que ce forum national a eu le mérite d'avoir apporté une contribution significative aux spéculations politiques et proposé des solutions à certains problèmes.

Dans le même registre, on a vu la société civile se battre pour l'instauration d'un État de droit dans le pays. Cela, en organisant des conférences, et des manifestations de toutes sortes à travers notamment, la CARESCO (Coordination des Associations et Réseaux de la Société Civile du Congo), celle-ci rassemble des associations, ONG, confessions religieuses, sociétés savantes, corporations professionnelles, mutuelles, fédérations et individualités pour l'accomplissement des activités d'utilités publiques destinées au bien-être des populations.

Cependant, le rôle de la société civile reste limité quoique stratégiquement important. Malgré les succès enregistrés au niveau national dans les domaines des droits de la femme, des droits de l'homme et de l'instruction civique, de la santé et de l'action humanitaire, de l'insertion des peuples autochtones, du micro crédit, la société civile congolaise est encore au stade de l'émergence et est susceptible de connaître des transformations importantes avant d'atteindre le stade de maturation.

Bien sûr, il y a des associations qui se distinguent par leur sérieux, leur professionnalisme, leur sens de l'organisation et leurs résultats aussi bien au niveau rural qu'urbain, c'est par exemple le cas de l'association des infirmières et sages-femmes du Congo dont les activités sont financées par la Banque Mondiale et la FAO.

Par ailleurs, il est évident que les associations qui sont efficaces et professionnelles sont celles qui ont su capitaliser leur expérience et se spécialiser dans un seul domaine : les enfants de la rue, les droits de l'homme, les droits de la femme, etc. celles qui veulent faire tout, et elles sont nombreuses, se voient tiraillées dans diverses directions et ratent l'occasion de devenir des leaders dans leur domaine d'intervention et d'affiner leurs modèles d'intervention.

Dès la fin des conflits armés, les ONG et Associations caritatives se sont retrouvées aux avant-postes auprès des populations victimes rentrant à Brazzaville ou restées dans les zones de conflits (Pool, Bouenza, Lékoumou, Niari). La gestion commune des premières années consacrées aux actions d'urgence (réhabilitation psychologique, distribution de vivres, vaccinations et nutrition) a tissé des relations de collaboration et de confiance qui ont scellé la coopération active entre la société civile et l'Etat.

Il n'est pas étonnant de retrouver plusieurs ONG dans le premier programme de coopération 2004-2008 consacré aux activités régulières de santé, éducation, réhabilitation psychologique, nutrition, vaccination, protection sociale des plus vulnérables. On peut citer entre autres :
- pour la défense des droits civils et des libertés :
APTS, AFJC, AEMO, Urgences Afrique, APASU, ADHUC ;
-Pour la santé et le bien-être :
ACBEF, ARIPS, AED, Congo Assistance, Médecins d'Afrique ;
-Pour l'éducation :
APEEC, RENATO ;
-Pour la Protection sociale des enfants vulnérables, des femmes et des peuples autochtones :
FEFCO, ACOLVF, ACEJ, Espace Jarrot, REIPER, CADFM, APASU, Espoir renaît, RENAPAC;
-Pour la justice :
AFJC, association MIBEKO, Comptoir juridique junior.

En outre, parmi les institutions non gouvernementales développant les programmes spécifiques de protection et de promotion des groupes défavorisés, on peut citer (certaines ont déjà été citées) : AFJC : Association des Femmes Juristes du Congo ; OCDH : Observatoire congolais des droits de l'homme ; RENAPAC : Réseau national des Associations

des Peuples autochtones du Congo ; ACOLVF : Association congolaise de Lutte contre les Violences faites aux Femmes ;
REIPER : Réseau des Intervenants sur la Problématique des Enfants de la Rue ; APTS : Association Panafricaine Thomas SANKARA ; — APEEC : Association des Parents d'Élèves et Étudiants du Congo ; UNHACO : Union Nationale des Handicapés du Congo ; AEMO : Association pour l'Éducation en Milieu ouvert ; parlement des enfants ; ADHUC : Association des Droits de l'Homme en l'Univers carcéral ; Association MIBEKO : Comptoir juridique junior ; ainsi que les Associations caritatives des confessions religieuses.

En réalité, le vrai problème des ONG aujourd'hui consiste essentiellement en la spécialisation et la professionnalisation.
De leur côté, les bailleurs de fonds, y compris et surtout le gouvernement, doivent être plus exigeants envers les associations. Faire un suivi rigoureux, demander un feed-back permanent, demander des comptes, budgétiser des audits, exiger des rapports d'activité des associations, ce sont là certaines mesures à prendre dans ce sens. Les bailleurs de fonds devront donc devenir de plus en plus exigeants quant à la professionnalisation et au développement des capacités de gestion des associations.

Pour conclure, je dirai que le Congo connaît une renaissance fulgurante de la société civile. Cependant, il ne suffit pas qu'il y ait des structures légalement reconnues, il faudrait les rendre capables de fonctionner et de réaliser leurs objectifs.
Bien qu'il soit nettement moins développé que dans des pays voisins, le secteur des ONG au Congo connaît les mêmes grandes dynamiques, avec deux tendances repérables :
- d'une part, une volonté de structuration et de professionnalisation, au moins pour les ONG nationales, mais qui concerne l'ensemble de la société civile (églises, médias, syndicats) ;
- d'autre part, une grande fragilité au quotidien, plus grande que dans d'autres pays.
L'utilité d'un programme de renforcement des capacités des ONG est cruciale, afin de permettre la consolidation du secteur, ainsi qu'offrir à l'État comme aux bailleurs des interlocuteurs de qualité, permettre aux ONG à la fois de mieux négocier leur accès aux financements locaux, et de rentrer dans des consortiums plus larges, pour un accès futur à des financements internationaux.

Il sied ici de noter que conformément aux dispositions de de la constitution, le Président de la république a promulgué la loi organique n°30-2017 du 7août 2017 déterminant l'organisation, la composition et le fonctionnement du conseil national du dialogue, la loi n°31-2017 déterminant l'organisation, la composition et le fonctionnement du conseil consultatif des sages et des notabilités traditionnelles, la loi n°32-2017 déterminant l'organisation, la composition et le fonctionnement du conseil consultatif de la société civile et des organisations non gouvernementales, la loi organique n° 14-2018 du 15 mars 2018 déterminant l'organisation, la composition et le fonctionnement du Conseil consultatif de la femme, la loi organique n° 15-2018 du 15 mars 2018 déterminant l'organisation, la composition et le fonctionnement du Conseil consultatif de la jeunesse, la loi organique n° 26 -2018 du 7 août 2018, déterminant l'organisation, la composition et le fonctionnement du Conseil consultatif des personnes vivant avec handicap.

Le Conseil national du dialogue est un organe de concertation, d'apaisement et de recherche du consensus entre les forces vives de la Nation, sur les grands problèmes politiques d'intérêt national. Le conseil consultatif des sages et des notabilités traditionnelles émet des avis sur la gouvernance démocratique, culturelle et sociale de l'Etat et fait au gouvernement des suggestions pouvant contribuer à la gestion politique solidaire. Le conseil consultatif de la société civile et des organisations non gouvernementales émet des avis sur les questions liées à la participation des citoyens à la vie de la nation en vue de la promotion des droits et libertés des citoyens et des valeurs républicaines. Le Conseil consultatif de la femme est chargé d'émettre des avis au président de la République sur les questions liées à la condition de la femme, et de faire des suggestions au gouvernement visant la promotion de l'intégration des femmes. Le Conseil consultatif de la jeunesse est un organe chargé d'émettre des avis au président de la république et des suggestions au gouvernement sur les questions liées au plein épanouissement de la jeunesse dans le cadre d'une gouvernance intergénérationnelle. Le Conseil consultatif des personnes vivant avec handicap ouvre l'espace public de notre pays à des personnes, catégories et groupements se sentant jusque-là exclus du champ institutionnel.

QUATRIÈME PARTIE

LA DIMENSION SOUS-REGIONALE

CHAPITRE I

LA COMMUNAUTÉ ÉCONOMIQUE ET MONÉTAIRE DES ÉTATS DE L'AFRIQUE CENTRALE (CEMAC)

La Communauté économique et monétaire des États de l'Afrique Centrale (CEMAC) regroupe six (6) pays, à savoir le Cameroun, le Congo, le Gabon, la Guinée Équatoriale, la République de Centrafrique et le Tchad. Elle se donne comme mission de promouvoir un développement harmonieux des États membres dans le cadre de l'institution d'un véritable marché commun.

L'actuelle CEMAC est née des cendres de l'ancienne UDEAC l'Union douanière et économique de l'Afrique Centrale (UDEAC), précédée par l'Union Douanière équatoriale (UDE). Son cycle historique se présente comme suit :

- Juin 1959, Création de l'Union Douanière équatoriale (UDE).
- 1961, adhésion de l'État du Cameroun.
- 8 décembre 1964, signature à Brazzaville du traité instituant l'Union douanière et économique de l'Afrique Centrale (UDEAC).
- 1983, adhésion de la Guinée Équatoriale à l'UDEAC.
- 16 mars 1994, signature à N'Djamena du Traité instituant la Communauté économique et monétaire de l'Afrique Centrale (CEMAC).

Les pères fondateurs de l'organisation se sont fixé plusieurs objectifs à atteindre, notamment :

- Créer un marché commun basé sur la libre circulation des personnes, des biens, des capitaux et des services.
- Assurer une gestion stable de la monnaie commune ;
- Sécuriser l'environnement des activités économiques et des affaires en général ;
- Harmoniser les réglementations des politiques sectorielles nationales.

❖ **Statistiques**

Selon les statistiques de 2010, les actifs de l'organisation communautaire se présentent comme suit :

- Population (estimation) : 36,7 millions
- Taux de croissance (PIB réel) : 4,08
- Taux de croissance démographique (moyen) : 2,79
- Taux de croissance PIB/Hbt : 1,28
- Principaux produits d'exportation : Pétrole, bois et diamant
- Inflation (prix à la consommation, en moyenne annuelle) : 2,33

❖ **Vision**

Les activités de la CEMAC s'articulent aujourd'hui autour du Programme économique régional (PER) qui vise à *« faire de la CEMAC un espace économique intégré émergent, où règnent la sécurité, la solidarité et la bonne gouvernance, au service du développement humain »*.

Le PER présente un agenda d'émergence (2010 — 2025) en trois phases quinquennales pour la réalisation de la vision 2025 de la CEMAC : la phase (2010-2015), consiste en la construction des fondements institutionnels de l'émergence ; la phase (2016-2020) vise l'ancrage des piliers de la diversification économique de la communauté.

La période (2021-2025) aura pour but de consolider les phases précédentes. Au terme de sa réalisation, il conduira à la création d'un espace économique émergent au niveau de la CEMAC à l'horizon 2025.

Le schéma de financement de la mise en œuvre du PER repose sur le principe de la création d'un « Fonds Émergence CEMAC ». Raison pour laquelle, la Conférence des Chefs d'État tenue à Bangui, les 16 et 17 janvier 2010 demanda la réalisation de l'étude de faisabilité d'un tel Fonds.

En fin de compte, le plan opérationnel (2011-2015) du PER présente trois atouts majeurs : un cadre institutionnel clair caractérisé par la déclinaison des axes en objectifs stratégiques, en programmes puis en projets ; un plan cohérent, dans lequel les projets des différents axes se renforcent et convergent vers un même objectif ; une approche programme permettant l'élaboration d'un budget programme pluri annuel qui facilite la recherche, la mobilisation et l'affectation des ressources aux projets déjà identifiés.

Quant au dispositif institutionnel de mise en œuvre du PER, il est constitué d'un Comité de pilotage, d'un Comité régional des experts et des cellules nationales du PER.

Pour assurer un suivi rapproché et efficace d'une animation dynamique du programme et d'assister au quotidien le Comité de pilotage, il est décidé de mettre en place une Cellule d'appui à la mise en œuvre du PER. Le PER CEMAC se décline en 5 axes, 12 objectifs stratégiques, 29 programmes et 86 projets.

❖ **La commission**

Considérée comme la locomotive de l'organisation, la Commission de la CEMAC, ancien Secrétariat exécutif, est animée par un effectif de 130 personnes dirigées par une équipe de six membres dont le président de la commission, son vice-président et 4 commissaires.

Les employés sont répartis entre les directions techniques relevant du cabinet de la présidence et les quatre départements à savoir :
- Le Marché Commun ;
- Infrastructure et Développement durable ;
- Politiques économiques, monétaires et financières ;
-Droit de l'homme, Bonne Gouvernance, Développement humain et social.

À ces services, il faut ajouter les représentations de la commission dans les pays membres assurées par une équipe d'environ six personnes.

❖ **Institutions spécialisées**

Pour mener à bien les activités concourant toutes vers l'intégration effective et un développement harmonieux de la sous-région, des organismes spécialisés ont été mis en place. A ce jour, on en dénombre dix :
- EIED : École inter états des douanes ;
- CEBEVIRHA : Commission économique du bétail, de la viande et des ressources halieutiques ;
- ISSEA : Institut sous-régional de statistique et d'Économie appliquée ;

- ISTA : Institut sous-régional Multisectoriel de Technologie appliquée ;
- CICOS : Commission internationale du bassin Congo-Oubangui-Sangha ;
- IEF : Institut de l'Économie et des Finances ;
- IHT- CEMAC : École d'Hôtellerie et de tourisme de la CEMAC ;
- Planification et évaluation de Projets OCEAC : Organisation de coordination pour la lutte contre les endémies en Afrique centrale ;
- PRASAC : Pôle régional de recherche appliquée au développement des savanes d'Afrique Centrale.
- Carte Rose CEMAC : Service d'assurance responsabilité civile automobile.

❖ **Quelques textes officiels**

Directive n° 01/12-UEAC-190-CM-23 portant additif à la directive n°03/11- UEAC-190-CM-22 relatif à l'adoption du guide d'application du plan comptable de l'État.
Acte additionnel n°01 autorisant les membres de la cour de justice de la CEMAC, en fin de mandat, à rester en fonction jusqu'à l'installation de leurs remplaçants.
Acte additionnel n°2 CEMAC- CCE portant nomination du président de la commission de la CEMAC.
Acte additionnel n° 3 CEMAC-CCE portant nomination du vice-président de la commission de la CEMAC.

Acte additionnel n° 4 CEMAC-CCE excluant de champs d'application du principe de rotation intégrale, l'État membre qui abrite le siège d'une institution de la Communauté.

Acte additionnel n° 5 CEMAC-CCE portant harmonisation des mandats des Institutions, Organes et Institutions spécialisées.
Acte additionnel n° 6 CEMAC-CCE portant érection de l'agence de supervision de la sécurité aérienne en Afrique Centrale en Institution spécialisée de l'UEAC.

Acte additionnel n° 7 CEMAC-CCE portant érection du comité inter états des pesticides d'Afrique Centrale en Institution spécialisée de l'UEAC.

Acte additionnel n° 8 CEMAC-CCE portant nomination de monsieur Paul Tasong Njukang au poste de commissaire à la commission de la CEMAC.

Acte additionnel n° 9 CEMAC-CCE portant nomination de monsieur Jean Eudes TEYA au poste de Commissaire à la Commission de la CEMAC.

Décision n° 01/11/CEMAC/UEAC-CM-EIED portant virement de crédits de groupes de comptes à groupes de comptes à l'intérieur du Budget de l'École inter-états des Douanes Exercice 2011.

Décision n° 02/11-UEAC-070 U-CM-22 portant Extension de l'accès aux services d'Interpol 1-24/7.

Décision n° 03/11-UEAC-181-CM-22 portant adoption du Plan opérationnel (2011-2015) du programme économique régional (PER) de la CEMAC.

Décision n° 04/11-UEAC-068-CM-22 portant adoption du procès-verbal de la 21e session ordinaire du Conseil des ministres de l'UEAC.

Décision n° 05/11-UEAC-033-CM-22 portant adoption du programme d'actions 2012 de la Commission de la CEMAC.
Décision n° 06/11-UEAC-176-CM-22 invitant la Commission de la CEMAC à élaborer les Termes de référence de l'étude et la feuille de route pour la fusion des quatre Institutions spécialisées de la CEMAC, EIED, ISTA, ISSEA, IEF-Pôle Régional.

Décision n° 07/11-UEAC-027-CM-22 portant modification des articles 12 et 13 de la Décision N° 29/01-UEAC-027-CM-07 du 5 décembre 2001 fixant les conditions de reversement des Comptables agréés dans la catégorie des Experts comptables.

Décision n° 08/11-UEAC-210-CM-22 portant institution d'une Commission mixte de contrôle des conditions d'exercice de la profession de Conseil fiscal dans la zone CEMAC.

Décision n° 09/11-UEAC-210-CM-22 fixant les modalités des prestations de la commission de la CEMAC en matière d'agrément.

Décision n° 10/1 l-UEAC-093-22 portant adoption du rapport d'exécution de la surveillance multilatérale pour l'année 2010 et perspectives pour 2011.

Directive n° 01/11-UEAC-190-CM-22 relative aux Lois des finances.

Directive n° 02/11-UEAC-190-CM-22 relative au Règlement général sur la comptabilité publique.
Règlement n° 01-CEMAC-UMAC-CM portant diverses dispositions relatives au taux effectif global et à la publication des conditions des banques.

Règlement n° 01/11/CEMAC/UMAC/CM relatif à l'exercice de l'activité d'émission de monnaie électronique.

Règlement n° 01/12-CEMAC-046-CM-23 portant création de brigades communautaires de contrôle de la liquidation et du recouvrement de la TCI.

Règlement n° 02-CEMAC-UMAC-CM portant définition et répression de l'usure dans les États de la CEMAC

Règlement n° 02/12-CEMAC-213-CM-23 portant adoption du TEC de la CEMAC selon la version 2012 du SH.

Règlement n° 03-CEMAC-UMAC-CM portant institution d'un manuel de procédures d'évaluation mutuelles du GABAC

Règlement n° 03/12-CEMAC-214-CM23 portant adoption de l'utilisation d'unité de quantité normalisée de l'organisation mondiale des douanes.

Règlement n° 04-CEMAC-UMAC-CM portant création du comité de stabilité financière en Afrique Centrale

Recommandation N° 01/11-UEAC-066-CM-22 relative à la Compagnie communautaire de transport aérien Air CEMAC.

Recommandation n° 02/08-UEAC-PC-CM-17 relative à l'installation du Parlement communautaire.

Recommandation N° 02/09-UEAC-CM-20 relative à certains dossiers inscrits à l'ordre du jour de la 20e session ordinaire du Conseil des ministres de l'UEAC.

Recommandation N° 02/11-UEAC-176-CM-22 relative à l'institution des Agences d'exécution de la Communauté.

Recommandation n° 03/07-UEAC-070 U-CM-16 relative à l'élargissement de la connexion 1-24/7 au-delà de BCN.
Recommandation n° 03/08-UEAC-PRAS AC-CM-17 relative à la nomination à titre de régularisation, de M. Seiny Boukar Lamine au poste de Directeur général du PRASAC.

Recommandation N° 03/11-UEAC-176-CM-21 relative à l'institution de la CEBEVIRHA et de l'OCEAC en Agences d'exécution de la Communauté.

Recommandation n° 04/07-UEAC-046 U-CM-16 relative à l'amélioration du fonctionnement du FODEC.

Recommandation n° 04/08-UEAC-EIED-CM-17 relative à la nomination à titre de régularisation, de M. André Ngogniaga au poste de Directeur général à l'EIED.

Recommandation N° 05/08-UEAC-196-CM-16 relative à la Crise financière internationale.

❖ **Bilan des vingt ans de la communauté économique et monétaire de l'Afrique centrale (CEMAC)**

Le dimanche 16 mars 2014, la communauté économique et monétaire de l'Afrique Centrale (CEMAC) a fêté son vingtième anniversaire sur le thème : « promouvoir la paix et la solidarité des peuples en zone CEMAC pour une intégration renforcée. »
Vingt ans après, le bilan de la CEMAC présente des avancées et des insuffisances.

❖ **Des avancées** :

Au plan de l'intégration sous-régionale.

- Le processus d'intégration, avec les instruments tels que le fonds de développement économique (FODEC/CEMAC) dont l'objectif est de

donner au secteur privé local les versements compensatoires dédiés au financement des PME et PMI ;
- L'adoption des dispositions de la libre circulation des produits industriels, agricoles, d'élevage et de l'artisanat ;
- l'harmonisation des droits d'affaires, du code des assurances, d'une carte d'investissement communautaire et du code de la marine marchande ;
- des projets communautaires tels que : le centre phytosanitaire d'Afrique centrale (CPAC), le programme de lutte contre la trypanosomiase, le projet d'oléoduc Doba–Kribi (Tchad-Cameroun), la construction de quelques routes transfrontalières (Okoyo- Lékiti-frontière Gabon et Ouesso-Ketta Djoum frontière Cameroun) ;
- L'existence d'un marché financier d'Afrique centrale, notamment la bourse des valeurs mobilières de l'Afrique centrale (BVMAC).

❖ *Au plan diplomatique*
- Les efforts dans la recherche de la paix en zone CEMAC à l'instar de l'intervention des pays de la CEMAC en RCA ;
- La mission internationale de soutien à la Centrafrique (MISCA).
- Le communiqué final du sommet extraordinaire des chefs d'Etat et de gouvernement de la Communauté économique et monétaire de l'Afrique centrale (CEMAC), tenu le 30 juillet 2016 à Malabo (Guinée Equatoriale), indique que le Cameroun, le Congo, le Gabon, la Guinée Équatoriale et le Tchad ont décidé d'apporter un soutien supplémentaire de quatre milliards de francs CFA à la République Centrafricaine (RCA), dans le cadre de la mise en œuvre du programme de désarmement, démobilisation et réinsertion (DDR).
- Ces Etats ont également décidé d'octroyer, à travers la Banque des Etats de l'Afrique centrale (BEAC), une avance exceptionnelle de neuf milliards de francs CFA à la RCA, un pays qui connaît depuis 2013 des troubles. Lors de ce sommet, les chefs d'Etat et de gouvernement ont planché sur l'Accord de partenariat économique (APE), qu'ils sont appelés à signer au plus tard le 1er octobre 2016. Cet accord vise à dynamiser les échanges commerciaux entre l'Europe et l'Afrique centrale, affirme le communiqué. En clair, l'Accord de partenariat économique (APE) instaure une zone de libre-échange. Les produits des deux zones devront avoir accès aux marchés respectifs sans quotas ni droits de douane. L'UE a fixé au 1er octobre 2016 l'arrêt des préférences d'accès au marché européen de ses partenaires africains signataires

d'accords de partenariat économique intérimaires qui n'auraient pas mis en œuvre leurs engagements.
De son côté, la CEMAC plaide pour un accord *« complet, juste et équilibré »*. Le chef de l'Etat gabonais, Ali Bongo Ondimba, a été mandaté par ses pairs comme interlocuteur officiel de cet Accord en mai 2015. En juin dernier déjà, un rapport sur le processus à suivre à l'approche de cette échéance lui avait été remis.
Les négociations devant aboutir à un accord de partenariat économique entre la CEMAC et l'UE avaient démarré en 2003. La signature du document devrait intervenir au plus tard le 31 décembre 2007. Il semble que les pays de la CEMAC traînent le pas pour éviter l'envahissement de leur tissu national par les produits fabriqués en Europe, le plus souvent subventionnés.
Pour éviter les perturbations de ses exportations après la date butoir de décembre 2007, le Cameroun a signé un accord avec l'UE en janvier 2009. Cet accord, selon des experts, devrait constituer un document de travail principal dans les discussions entre la CEMAC et l'UE.

❖ **Des insuffisances :**

- L'insuffisance des infrastructures routières plaçant la zone CEMAC, parmi les dernières du continent. Car, la circulation des personnes et des biens demeure tributaire de visas ;
- L'absence d'une compagnie aérienne sous-régionale ;
- Le marché financier : plus de dix ans après la création de la BVMAC, la CEMAC peine à s'imposer devant la place boursière du Cameroun avec Douala stock-exchange (DSX) ;
- L'Afrique centrale est l'une des sous-régions les moins intégrées en termes de flux commerciaux inter état ;
- La xénophobie dans certaines capitales ;
- Le scandale de la banque des États de l'Afrique centrale.

Afin de rétablir les équilibres macro-économiques dans la zone CEMAC, le programme des réformes économiques et financières de la CEMAC a tenu sa deuxième réunion du comité de pilotage, le 6 mai 2017 à Brazzaville. Les experts financiers de la sous-région ont examiné et affiné la matrice des réformes devant permettre à la zone CEMAC de rétablir les équilibres macro-économiques. Au cours des travaux, le comité de pilotage (copil) a affiné la principale matrice des actions à mettre en œuvre. Il s'agit en effet d'un guide professionnel des politiques économiques, financières et monétaires à initier au sein des états membres de la CEMAC, afin de vite rétablir les équilibres macro-économiques.

Il est très important de noter que la Conférence des Chefs d'Etat de la Communauté Economique et Monétaire de l'Afrique Centrale (CEMAC) qui s'est réunie en session extraordinaire le 31 octobre 2017 à N'Djamena (République du Tchad), sous la présidence de Son Excellence Idriss DEBY ITNO, Président de la République du Tchad, Président en Exercice de ladite Conférence, avait pris acte de la décision d'ouverture intégrale de leurs frontières, prise par les Etats membres en application de l'Acte additionnel N°01/13/CEMAC-070 U-CCE-SE du 25 juin 2013 portant suppression des visas pour tous les ressortissants de la CEMAC circulant dans l'espace communautaire. Elle s'est félicitée de ces avancées remarquables enregistrées dans le domaine de la libre circulation.
En vue d'accompagner la mise en œuvre de cette mesure, elle a décidé d'autoriser la BDEAC à prélever, sur les ressources du Fonds de Développement de la Communauté (FODEC), le montant de 1,7 milliard de francs CFA pour le paiement du reliquat dû à INTERPOL au titre de la sécurisation des frontières de la CEMAC. Elle a également instruit la Commission de la CEMAC de prendre toutes les dispositions pour la création des postes sécurisés aux frontières, afin de réserver le bénéfice exclusif de la libre circulation aux ressortissants de la Communauté. En outre, la Conférence a exhorté les Etats membres, qui n'ont pas encore produit leur passeport CEMAC, à le faire dans les meilleurs délais. Les prévisions de la CEMAC estiment le taux de croissance du PIB réel à 2,1 % en 2018 contre -0,1 % en 2017.
La CEMAC espère le maintien des tensions inflationnistes sous le seuil communautaire à 1,8 %, contre 0,9 % un an plus tôt, la réduction du déficit budgétaire (base engagements, hors dons) à 2,4 % du PIB, contre 3,3 % en 2017, tandis que le déficit extérieur courant (hors dons) s'accentuerait à 4,4 % du PIB, contre 3,3 % en 2017.
L'institution prévoit la remontée du taux de couverture extérieure de la monnaie à 64,2 %, contre 57,5 % en 2017.
Toutes ces mesures tiennent compte des programmes conclus par les pays membres de la CEMAC avec le Fonds monétaire internationale (FMI) et les autres partenaires au développement, indique la BEAC.
Selon le gouverneur de la Banque des États de l'Afrique centrale (BEAC), monsieur Abbas Mahamat Tolli qui a déclaré le mercredi 21 mars 2018, cette amélioration s'explique par la hausse des prix du

pétrole brut, ainsi que par la mise en œuvre accélérée des réformes économiques, monétaires et financières prescrites par la banque.
« Ce regain de vitalité est la conséquence de la stabilisation des réserves de change grâce à un afflux de devises favorisé par des aides financières octroyées par le Fonds monétaire international (FMI) avec d'autres bailleurs de fonds internationaux, suite à la signature par la RCA, le Cameroun, le Gabon et le Tchad d'un programme économique et financier chacun, en vue de la relance de leurs économies respectives en crise » a-t-il commenté.

CHAPITRE II

LA COMMUNAUTÉ ÉCONOMIQUE DES ÉTATS DE L'AFRIQUE CENTRALE (CEEAC)

Lors d'un sommet en décembre 1981, les dirigeants de l'UDEAC (Union douanière et économique de l'Afrique Centrale) se sont accordés sur le principe de former une communauté économique plus large des États d'Afrique centrale. La CEEAC a été créée le 18 octobre 1983 par les membres de l'UDEAC, Sao Tomé et Principe et les membres de la communauté économique des pays des Grands Lacs (CEPGL créée en 1976 par la République démocratique du Congo, le Burundi et le Rwanda). Aujourd'hui, les pays membres sont : Angola, Burundi, Cameroun, République du Congo, République démocratique du Congo, Gabon, Guinée Équatoriale, Tchad, Sao Tomé-et-Principe, République Centrafricaine.

L'objectif fondamental poursuivi par la Communauté concerne la promotion et le renforcement d'une coopération harmonieuse et un développement dynamique, équilibré et auto entretenu dans tous les domaines de l'activité économique et sociale en vue de réaliser l'autonomie collective, d'élever le niveau de vie des populations. La CEEAC conduit le processus d'intégration régionale de l'Afrique Centrale et est reconnue par l'Union africaine.

Les Institutions de la CEEAC sont les suivantes :
- la Conférence des chefs d'État et de gouvernement, qui est l'organe suprême de la CEEAC.

La Conférence des Chefs d'État et de gouvernement, organe suprême de la communauté, se compose des chefs d'État et de gouvernement des États membres de la communauté. Elle définit la politique générale et les grandes orientations de la communauté, oriente et harmonise les politiques socio-économiques des États membres.

La Conférence se réunit une fois par an en session ordinaire. Elle peut être convoquée en session extraordinaire à l'initiative du président de la conférence ou à la demande d'un État membre sous réserve de l'approbation des deux tiers de ses membres.

La présidence de la conférence est assurée chaque année par l'un des chefs d'État selon l'ordre alphabétique de désignation des États membres établi dans son Traité.

- Le Conseil des ministres.

Le conseil des ministres de la communauté se compose des ministres chargés des questions de développement économique ou de tout autre ministre désigné à cette fin par chaque État membre.

Il est chargé de formuler des recommandations à l'intention de la conférence sur toute action tendant à la réalisation des objectifs de la communauté dans le cadre de la politique générale et des grandes orientations définies et arrêtées par la Conférence.
Le Conseil se réunit deux fois par an en session ordinaire. L'une des sessions doit précéder la session ordinaire de la conférence. Toutefois, il peut se réunir en session extraordinaire à l'initiative de son président ou à la demande d'un État membre, sous réserve de l'approbation des deux tiers de ses membres.
La présidence du Conseil est assurée par le ministre de l'État dont le chef d'État préside la Conférence.

- La Cour de justice.

La Cour de justice assure le respect du droit dans l'interprétation et l'application du Traité instituant la Communauté et statue sur les litiges dont elle peut être saisie en vertu des dispositions du Traité.
La composition, la procédure, le statut et les autres questions concernant la Cour sont déterminés par la Conférence. La Cour de justice n'est pas encore opérationnelle au sein de la Communauté.

- Le Secrétariat général est l'organe exécutif de la communauté, il comprend, un secrétaire général, des secrétaires généraux adjoints, un contrôleur financier, un agent-comptable et le personnel que peut exiger le fonctionnement de la Communauté. Le Secrétariat général de la CEEAC est le principal administrateur exécutif de la communauté, il établit annuellement le programme d'action de la communauté, prépare et exécute les décisions et les directives de la conférence et les règlements du Conseil, assure la promotion des programmes de développement et les projets communautaires.

- la Commission consultative étudie ou instruit, sous la responsabilité du Conseil des ministres, les questions et les projets que lui soumettent les autres Institutions.

-Les comités techniques spécialisés sont créés dans les domaines spécifiques et agissent dans le cadre des missions confiées à chaque domaine.

La CEEAC s'est donné, outre ses missions traditionnelles de coopération et d'intégration régionale, celle de la promotion de la paix et de la stabilité en Afrique centrale, ainsi que celle de l'appui au processus électoral dans les États membres. Elle représente un marché de plus de 124 millions de personnes.

Son siège est à Libreville, au Gabon. Lors de sa création, la CEEAC avait pour objectif de « promouvoir et renforcer une coopération harmonieuse et un développement équilibré et autonome entretenus dans les domaines de l'activité économique et sociale, en vue de réaliser l'autonomie collective, d'élever le niveau de vie des populations, d'accroître et de maintenir la stabilité économique, de renforcer les étroites relations pacifiques entre ses membres et de contribuer au progrès du continent africain ». Le Traité de la CEEAC, entré en vigueur le 18 décembre 1984 et fonctionnel depuis 1985, a d'abord constitué pour les États membres un cadre approprié pour promouvoir l'intégration économique et le renforcement de la confiance entre eux. C'est bien plus tard que la CEEAC a élargi sa vision de l'intégration pour y inclure la promotion de la paix, de la sécurité et de la stabilité dans la sous-région. Resté inactif entre 1992 et 1997, alors que sept de ses États membres sur onze étaient confrontés à des crises internes, le sommet de Libreville de 1998 a permis à la CEEAC, alors inopérante, de sortir de sa léthargie et de reprendre de l'activité. L'organisation a par la même occasion, étendu ses objectifs traditionnels à la promotion de la paix, de la sécurité et de la stabilité, faisant du développement des capacités sous-régionales une priorité.

Les Instruments juridiques de la communauté économique des États de l'Afrique Centrale sont les actes juridiques pris par les États membres pour la réalisation de leurs objectifs communautaires (coopération, développement économique et social, intégration régionale) en Afrique Centrale.

Il s'agit de :

- Déclarations ;
- Résolutions ;
- Décisions ;
- Directives ;
- Accords intergouvernementaux

Les Instruments juridiques du Département Intégration physique, économique et monétaire sont le support juridique des activités d'intégration, de coopération et de développement des domaines :

- Infrastructures ;
- Environnement ;
- Agriculture et Développement rural ;
- Commerce, Douanes et Industrie

Les Instruments juridiques du Département Intégration Humaine, Paix, Sécurité et Stabilité sont le support juridique des activités d'intégration, de coopération et de développement des domaines :

- Élection et bonne Gouvernance
- Justice et Droit de l'Homme
- Lutte contre la Criminalité
- Libre Circulation
- Diplomatie préventive et médiation
- Mécanisme d'Alerte rapide en Afrique Centrale (MARAC)

Les Instruments juridiques du Département Intégration sociale et culturelle sont le support juridique des activités d'intégration, de coopération et de développement des domaines :

- Éducation et culture
- Sciences et technologies
- Santé
- Sport

Les Instruments juridiques du Département, programme, budget, administration et ressources humaines, sont le support juridique du

fonctionnement du Secrétariat général et des activités d'intégration, de coopération et de développement.
- Ressources humaines
- Programme
- Budget
- Administration

Les organismes spécialisés de la CEEAC sont créés en application des protocoles annexes au Traité de la CEEAC ou peuvent être créés par la Conférence sur recommandation du Conseil.
Ils agissent dans le cadre des missions qui leur sont confiées. Sous réserve des règlements du Conseil, les organismes spécialisés se réunissent aussi souvent que nécessaire à la bonne exécution de leurs missions. Ils élaborent leur règlement intérieur et le soumettent au Conseil pour approbation. Actuellement, la CEEAC compte trois (3) organismes spécialisés :

- **COMIFAC**

De par la volonté des chefs d'État exprimée lors de la Déclaration de Yaoundé de mars 1999, la COMIFAC est l'unique instance politique et technique d'orientation, de coordination, d'harmonisation et de décision en matière de conservation et de gestion durable des écosystèmes forestiers et de savanes en Afrique Centrale.

La COMIFAC a élaboré et adopté en février 2005 un Plan de Convergence pour une meilleure gestion et conservation des forêts d'Afrique Centrale.

❖ **Quelques chiffres clés sur le bassin du Congo**
- 100 millions d'habitants ;
- 204 millions d'hectares de forêts humides, soit 46 % de la superficie forestière ;
- 12 millions de m^3 de bois produits par an, 20 millions d'hectares de forêts marécageuses ;
- 400 espèces mammifères ;
- 1300 espèces d'oiseaux ;
- 336 espèces d'amphibiens ;
- 400 espèces de reptiles ;
- 20 000 espèces de plantes répertoriées, dont 8000 environ sont endémiques.

-PEAC

Le Pool énergétique de l'Afrique Centrale, en sigle PEAC, est un organisme spécialisé de la Communauté économique des États de l'Afrique centrale (CEEAC).

Il est chargé de la mise en œuvre de la politique énergétique, du suivi des études et de construction des infrastructures communautaires et de l'organisation des échanges de l'énergie électrique et des services connexes dans l'espace CEEAC.

- **Vision du PEAC**

Valoriser l'énorme potentiel hydroélectrique de l'Afrique Centrale pour satisfaire, à l'horizon 2025, toutes les formes de demandes en électricité au sein et en dehors de l'espace CEEAC via des boulevards énergétiques interconnectés et des marchés libres d'échange d'énergie électrique efficace et prospère.

- **Missions du PEAC**

— Renforcement de la sécurité d'approvisionnement en électricité des différents pays de la CEEAC

- Accroissement du taux d'accès à l'électricité des populations et réduction de la pauvreté ;
- Amélioration de la fiabilité du système électrique et de la qualité de la fourniture d'électricité dans l'ensemble de la sous-région ;
- Existence d'un forum sous-régional où les problèmes du secteur de l'énergie sont examinés et des solutions appropriées trouvées dans le cadre des procédures et politiques définies en tenant compte des impacts sur l'environnement.
- Création d'un marché régional libre échange de l'énergie électrique.

-COREP

La Commission régionale des Pêches du Golfe de Guinée, COREP en sigle, a été créée par la ***Convention relative au développement régional des pêches dans le golfe de Guinée*** signée le 21 juin 1984 à Libreville (Gabon).

La COREP est une Organisation Intergouvernementale chargée de la réalisation des objectifs visés par la Convention : coordonner, harmoniser et développer l'exploitation des pêcheries dans les Zones économiques exclusives (ZEE) des pays membres.

La COREP est un outil sous-régional de concertation et de coopération en matière de gestion durable du secteur des pêches.

Le Siège de la COREP est à Libreville au Gabon.
La Convention créant la COREP s'applique aux sept États africains riverains du golfe de Guinée situés entre la République du Cameroun (incluse) et la République d'Angola (incluse) que sont : *la République d'Angola, la République du Cameroun, la République du Congo, la République Démocratique du Congo, la République Gabonaise, la République de Guinée Équatoriale et la République démocratique de Sao Tomé et Principe.*

La sous-région COREP totalise près de 3.690 km de côtes, avec près de 150.120 km^2 de plateau continental et 1.303.600 km^2 de zones économiques exclusives.

Le potentiel halieutique global de la sous-région est estimé à 1.832.600 tonnes, dont 1.055.000 dans les eaux marines. Ce potentiel est constitué de poissons pélagiques (tant côtiers que hauturiers), de poissons démersaux, de crustacés et de céphalopodes.

La COREP assiste les États membres à protéger et à mettre en valeur les ressources halieutiques ainsi qu'à promouvoir le développement de l'aquaculture, en vue de maximiser l'exploitation des potentialités des milieux aquatiques et de garantir le bien-être du plus grand nombre des habitants.
Le choix de cet objectif global est lié au fait que le secteur des pêches joue un rôle multiple dans l'économie des États parties de la COREP, notamment par :
- Sa contribution à la sécurité alimentaire.
- Sa participation à la lutte contre la pauvreté.
- Le fait que le poisson est la principale source de protéines d'origine animale.
- Son apport en devises étrangères.

Les possibilités liées à la création de richesses et d'emplois durables.

La Commission est appelée à initier des recommandations ainsi que des programmes et des projets visant la valorisation, l'utilisation optimale et la durabilité des ressources halieutiques.

Le Conseil des ministres est l'organe d'orientation et de décision de la COREP. Il se réunit en session ordinaire tous les deux (2) ans et en session extraordinaire à la demande de la majorité des Parties.

Le Comité technique est l'organe consultatif et d'expertise du Conseil des ministres. Il est composé des directeurs des Pêches, de l'aquaculture, ou de tout autre expert désigné par les États Parties.

Le Secrétariat exécutif est l'organe permanent exécutif de la COREP. Il est composé d'un Secrétaire Exécutif et d'un Secrétaire Exécutif Adjoint.

Le sous-comité scientifique est composé de chercheurs et de scientifiques désignés par leurs États respectifs à raison de deux par État. Il émet des avis au comité technique et au secrétariat exécutif sur les questions scientifiques et techniques.

Le processus de redynamisation de la commission donne déjà des résultats très encourageants :
- ***L'érection de la COREP en une institution spécialisée de la CEEAC par*** Décision N° 9/CEEAC/CCEG/XIII/07 prise par la Conférence des Chefs d'État et de gouvernement de la CEEAC au cours de la 13e Session ordinaire tenue à Brazzaville au Congo le 30 octobre 2007 ;
- La mise en place auprès de la COREP, par l'Union européenne, du Programme ACP Fish II.

Les trois derniers Conseils des ministres, Brazzaville en juillet 2008 et janvier 2009 ainsi que Pointe-Noire en mai 2009, ont permis d'adopter le Plan d'Action stratégique 2009-2015 (PAS) ainsi que son Premier programme et de procéder à l'adoption et l'entrée en vigueur provisoire de la Convention révisée de la COREP.

En cohérence avec le PAS et en conformité avec les besoins exprimés par les États membres pour ce qui concerne les pêches maritimes, quatre projets de travail sont soumis à financement :
- Préparation d'une conférence scientifique régionale sur l'état et la dynamique des stocks et ressources de la région COREP.
- Consolidation des législations nationales pour une pêche responsable et durable et préparation d'une Convention sur les conditions minimales d'accès aux ressources de la zone COREP.

- Renforcement des capacités des États de la COREP, pêche responsable et durable à travers la mise à niveau pour la préparation de plans d'aménagement de pêcheries pilotes.
- Mise en place des bases pour le développement d'un observatoire d'appui à l'harmonisation des politiques des pêches et au renforcement de la coopération dans le cadre de la COREP.

Fort de cette avancée très significative, le Conseil des ministres a par la suite, statué sur les dispositions suivantes :
- La mise en place d'un nouveau cadre organique du Secrétariat exécutif de la COREP, en vue de renforcer ses capacités techniques ;
- L'assainissement des comptes de la Commission et la structure de gestion plus efficace.

-Plan d'action stratégique 2009-2015 (PAS)
Le PAS constitue pour la COREP un outil d'orientation et de planification de ses activités, il est appelé à renforcer et à faciliter leur mise en œuvre à long terme.

Le PAS propose aux partenaires de la COREP un cadre propice à la formulation commune de programmes ou des projets d'appui plus cohérents, à promouvoir au travers de sept (7) composantes ci-après :
- Évaluation et caractérisation du potentiel halieutique et caractérisation des stocks.
- Évaluation et caractérisation du potentiel économique associé aux ressources halieutiques (rente).
- Renforcement institutionnel aux échelles 1) de la région COREP tout entière, 2) des États parties, 3) et des pêcheries d'intérêt économique principal ou commun.
- Évaluation des coûts et étude des voies et moyens de structuration régionale et de renforcement des services de la recherche, du suivi, contrôle et surveillance des pêches.
- Harmonisation des conditions d'accès et d'exploitation des ressources halieutiques prenant en compte les accords de pêche internationaux et les migrations humaines.
- Assistance technique et financière à l'échelle de la région COREP et des régions littorales dépendantes de la pêche.
- Information, communication, formation.

Depuis 2007, la CEEAC est responsable de la gestion de la politique sous-régionale en matière d'environnement et de gestion des ressources naturelles. Ce qui lui confère le rôle de coordonnateur de toutes les initiatives sous-régionales en matière d'environnement et de gestion des ressources naturelles dans les dix États membres de la Communauté économique des États de l'Afrique centrale.

Pour mettre en œuvre cette politique dans les États, la CEEAC procède à l'élaboration et la mise en œuvre des programmes sous-régionaux seule ou avec l'appui des Partenaires techniques et financiers. C'est le cas du programme ECOFAC V, fruit de la collaboration avec la Commission européenne, dans le cadre du Programme d'Indicatif régional (PIR) 10ème FED gestion des ressources naturelles renouvelables.
Les échanges entre la Commission européenne et la CEEAC pour le lancement du processus de l'élaboration du Programme d'Indicatif régional (PIR) 10ème FED Gestion des ressources naturelles renouvelables ont été amorcés en 2008.

En 2009, une étude de faisabilité était conduite par des experts internationaux et des experts sous-régionaux dans six pays de la sous-région (Cameroun, Congo, Gabon, RCA, RDC, Sao Tomé & Principe et Tchad). Après échange avec les parties prenantes dans les États, les experts sont parvenus à proposer les trois axes d'intervention (Appui aux aires protégées, renforcement des capacités et gouvernance environnementale), les résultats à atteindre, le cadre institutionnel et le cadre logique de ces trois axes d'intervention. Le but ultime de cette étude de faisabilité était de collecter des informations pour la production des dispositions techniques administratives (DTA) à annexer à la convention de financement. En septembre 2010, le programme était présenté aux États membres de la CEEAC venus participer à la clôture du programme ECOFAC à Libreville et aux ambassadeurs des États membres de la CEEAC et de ceux de l'Union européenne sous le patronage du ministre des Eaux et forêts du Gabon.

La convention de financement entre la commission européenne représentée par le chef de délégation de l'Union européenne à Libreville et les États membres de la Communauté économique des États de l'Afrique centrale (CEEAC) représenté par le secrétaire général était signée le 17 décembre 2010 à Libreville.

Le Programme de conservation et de valorisation des écosystèmes fragilisés d'Afrique Centrale (ECOFAC V) était financé à hauteur de 30 millions d'euros par la commission Européenne 4 ans durant.

À ces trois volets, il faut ajouter la composante savane au premier volet aires protégées et intégration des populations. Il couvre exclusivement le Nord Cameroun, le sud du Tchad et le Nord-est de la RCA. Les activités y afférentes sont focalisées sur la lutte anti braconnage, notamment celle des éléphants de plus en plus massacrés par les braconniers de type soudanais et des groupes rebelles munis des armes de guerre et bien organisés, menaçant ainsi la paix et la sécurité des États de l'Afrique centrale. Sur le plan institutionnel, la CEEAC assure la maîtrise d'ouvrage du programme. La maîtrise d'œuvre incombe au Réseau des Aires protégées d'Afrique Centrale (RAPAC).

Le programme ECOFAC V vise à s'appuyer sur les enseignements tirés des acquis des quatre phases antérieurs d'ECOFAC et établir des complémentarités avec les autres programmes et initiatives sous-régionales à l'image du programme d'Appui à la conservation des Écosystèmes du bassin du Congo (PACEBCO), les Programmes indicatifs nationaux, le programme CARPE et le programme CAWFI de l'UNESCO. Le programme ECOFAC V s'inscrit dans la continuité des FED antérieure. Il prend en compte des réponses à des questionnaires apparus au fil des expériences passées à savoir le renforcement de la gouvernance au sens large et dans le cas particulier de ce projet, le renforcement de la gouvernance environnementale et de ses acteurs régionaux, l'intégration active des populations au processus de gestion des aires protégées, une vision élargie à une approche de terroir de la gestion des aires protégées et enfin une ouverture à d'autres écosystèmes que les seules forêts humides.

Le programme ECOFAC V vise à pallier certaines déficiences dans la gestion des aires protégées. On peut citer les problèmes liés à la coordination des actions de préservation des ressources naturelles et de la biodiversité ainsi que la gouvernance environnementale ;

- les capacités dans le secteur de la gestion durable des forêts et de la biodiversité ;
- les populations riveraines des aires protégées ;

La mise en place du programme est justifiée par :

- l'absence d'une solution durable à la pression anthropique exercée par les populations rurales aux ressources naturelles en raison de l'augmentation de la pauvreté ;
- les risques de la raréfaction voire la disparition des espèces exploitées de façon non durable par les populations pour leur subsistance et la recherche des revenus ;
- la baisse des fonctions de la forêt du bassin du Congo face à la lutte contre les changements climatiques ;
- la recherche des outils de mise en œuvre de la politique générale de la sous-région en matière d'environnement et de gestion des ressources naturelles de la CEEAC que du Plan de convergence de la COMIFAC ;

Les problèmes à résoudre sont les suivants :
- L'absence de coordination des actions de préservation des ressources naturelles et l'amélioration des conditions de vie des populations dans la sous-région ;
- La faiblesse des capacités des acteurs impliqués dans le secteur de la gestion durable des forêts et de la biodiversité.
- La faiblesse de l'intégration active des populations dans les processus de gestion des aires protégées et des territoires riverains.
- La faiblesse du lien entre les activités de conservation et le développement des activités économiques.

L'objectif de la coopération régionale de l'Union européenne dans le domaine de l'environnement et des ressources naturelles renouvelables en Afrique Centrale sous le Programme Indicatif régional du l0ème FED est de contribuer à améliorer la bonne gouvernance du secteur forestier, des aires protégées et du potentiel halieutique, en portant également attention aux problèmes spécifiques transfrontaliers et de braconnage. Les activités principales concernent :
- la conservation des ressources naturelles et de la biodiversité (faune et flore) à travers un réseau d'aires protégées et la valorisation économique de cette conservation au bénéfice des populations riveraines les plus pauvres, ainsi que de gestion commune dans les zones transfrontalières ;
- une meilleure gouvernance de la gestion des ressources naturelles et de l'environnement à travers des institutions régionales renforcées dans leurs capacités de collecte et de gestion de l'information sur l'état et l'évolution des ressources, sur l'application des législations et sur l'impact des politiques régionales et des grandes conventions internationales relatives à l'environnement et aux forêts. Des appuis pour la mise en œuvre d'une dynamique de concertation au niveau régional

des accords volontaires de partenariat FLEGT négociés au niveau national sont prévus, en cohérence avec les programmes nationaux ;

- le renforcement des capacités humaines en matière de gestion durable des ressources naturelles, par un appui ciblé à des centres de formation régionaux d'excellence fonctionnant dans le cadre d'une mise en réseau (RIFFEAC). En complémentarité, la région s'engage : 1) à soutenir les institutions spécialisées dans les efforts d'harmonisation de leurs stratégies et programmes d'action ; 2) à appuyer ces institutions dans leur recherche de financements durables.

La CEEAC est l'une des huit Communautés économiques régionales (CER) reconnues par l'Union Africaine (UA). Elle a été chargée par les instances de l'UA d'appliquer la politique continentale au sein de la région Afrique Centrale et elle a la mission d'exécuter dans sa région les décisions et activités de la Conférence des ministres africains de l'Environnement (CMAE). Les axes d'orientation stratégique de politique générale de la CEEAC en matière d'environnement et de gestion des ressources naturelles sont au nombre de douze :

- Lutte contre la dégradation des sols, la sécheresse et la désertification
- Conservation et gestion durable des zones humides et des ressources en eaux douces
- Prévention et contrôle des espèces allogènes envahissantes
- Conservation et gestion durable des ressources forestières
- Lutte contre les changements climatiques
- Conservation et gestion durable des ressources naturelles transfrontalières
- Renforcement des capacités pour la mise en œuvre des conventions internationales
- Population, santé environnement
- Commerce et environnement
- Transfert de technologies environnementales durables
- Évaluation et alerte rapide pour la gestion des catastrophes naturelles ou provoquées
- Banque de données environnementales

Les objectifs spécifiques de la CEEAC dans ce domaine sont :

— Harmoniser les politiques et stratégies de gestion durable de l'environnement et des ressources naturelles ;

— Favoriser la coopération avec les organisations régionales et internationales sur l'environnement de la région Afrique Centrale, d'autres régions de l'Afrique telles que l'Afrique de l'Ouest, du Nord, de l'Est, du Sud, et d'autres régions du monde ainsi que les autres institutions du Système des Nations Unies œuvrant dans le même domaine ;

– Développer les capacités humaines et institutionnelles des pays concernés pour la gestion de l'environnement et des ressources naturelles avec l'établissement d'un centre ou laboratoire d'excellence régional en matière d'environnement ;

– Adopter une approche concertée et convergente des thèmes environnementaux majeurs dans la région, notamment : le cadre juridique et institutionnel, la gestion des ressources naturelles, la gestion de l'environnement urbain et industriel, la gestion des questions d'énergie et de transports, la gestion des pollutions et nuisances, la gestion des déchets, la gestion des impacts liés à l'exploitation des ressources minières, la gestion des risques de catastrophes naturelles, la gestion des conséquences et des impacts sur les changements climatiques, etc.

– Suivre la mise en œuvre des conventions internationales.

La COMIFAC a défini en juillet 2004 un « Plan de Convergence pour *la Conservation* et la Gestion durable en Afrique Centrale ».

Pour la mise en œuvre, le principal partenaire est le Réseau des Aires protégées d'Afrique Centrale (RAPAC). Le RAPAC est une organisation sous-régionale à but non lucratif, de caractère technique et scientifique et à vocation environnementale, constituée de membres gouvernementaux et non gouvernementaux. La COMIFAC l'a mandaté en qualité de structure spécialisée pour les questions des aires protégées dans le cadre de la mise en œuvre du Plan de Convergence. Le RAPAC compte aujourd'hui 8 pays membres (le Gabon, où son siège régional est installé, le Cameroun, le Congo, la République Démocratique du Congo, la Guinée Équatoriale, la République Centrafricaine, le Tchad et Sao Tomé et Principe) et regroupe un réseau de 82 aires protégées, dont 33 aires protégées sont considérées comme des sites pilotes couvrant une superficie de 17 600 574 ha.

-Le programme ECOFAC

L'objectif global d'ECOFAC (V) est de contribuer à la conservation et la gestion durable des écosystèmes forestiers de l'Afrique Centrale et ainsi à garantir la pérennité des services environnementaux et à contribuer à la réduction de la pauvreté.

L'objectif spécifique de l'appui communautaire portera sur le renforcement des capacités de gestion des Aires protégées, des sites d'intérêt biologique et des forêts du Bassin du Congo ainsi qu'à la mise en place des outils d'appui au développement socio-économique durable des populations riveraines. Le programme a été conçu dans le strict respect du principe de subsidiarité. Dans cette logique, la stratégie du programme recherche la cohérence des actions régionales et la mise en œuvre sur le terrain d'actions concrètes complémentaires aux politiques nationales, conçue et mise en œuvre dans le respect du profil environnemental.

La finalité de l'appui communautaire est le renforcement des capacités de gestion des aires protégées, des sites d'intérêt biologique et des forêts du bassin du Congo ainsi que la mise en place, des outils d'appui au développement économique durable des populations riveraines. Elle est conforme aux recommandations du sommet mondial sur le développement durable (Johannesburg 2002) qui a fixé pour objectif la réduction des taux de perte en ressources naturelles et en biodiversité. Cet objectif s'intègre également dans l'objectif de réduction des effets du changement climatique.

Le cadre institutionnel retenu est de soutenir les organisations régionales dans leurs efforts pour garantir à long terme la conservation de la biodiversité et la gestion durable des ressources naturelles nécessaires au développement intégré de l'Afrique centrale. Le programme contribuera donc aussi à renforcer l'intégration régionale et à rationaliser les moyens déployés par la communauté internationale dans le secteur de la conservation des écosystèmes forestiers d'Afrique Centrale.

Enfin, en intégrant les populations et leurs représentants aux stratégies de préservation des services environnementaux, le projet participera directement à la lutte contre la pauvreté en permettant à ces populations de valoriser de manière durable et à leur bénéfice les ressources naturelles disponibles.

La stratégie de réponse aux problèmes posés s'articule, dans une approche globale, autour de trois volets principaux d'activités : (1) l'appui à la conservation des Aires protégées de la zone (2) le renforcement des compétences ; (3) l'amélioration de la gouvernance, y compris le renforcement des capacités de gestion.

-Le FIPAC (forum International sur les peuples autochtones d'Afrique Centrale).

La République du Congo, qui a toujours joué le rôle de pionnier en matière de gestion durable de la biodiversité en Afrique centrale, a organisé en 2007 le premier FIPAC visant à traiter la question autochtone dans sa politique forestière.

Ce Forum avait pour objectifs :

- l'amélioration du statut juridique et politique des populations autochtones d'Afrique centrale ;
- la reconnaissance des liens ancestraux entre les autochtones, les forêts et les terres ;
- l'amélioration des conditions de vie des communautés autochtones ;
- la valorisation de la culture et des connaissances des peuples autochtones d'Afrique centrale.

Le deuxième forum a visé l'organisation du débat avec la participation de toutes les parties prenantes, l'évaluation du niveau de mise en œuvre des recommandations issues de la première édition, l'implication des peuples autochtones dans la conservation et la gestion durable des écosystèmes forestiers d'Afrique Centrale, l'institutionnalisation du forum, le renforcement du REPALEAC (Réseau des Populations Autochtones et Locales pour la Gestion des Ecosystèmes Forestiers d'Afrique Centrale), et l'adoption d'un plan d'action pour la protection des droits et l'émancipation des peuples autochtones d'Afrique centrale, en vue de sa mise en œuvre par les Gouvernements.

L'organisation du débat avec la participation de toutes les parties prenantes a été faite, l'évaluation du niveau de mise en œuvre des recommandations issues de la première édition a été réalisée, l'implication des peuples autochtones dans la conservation et la gestion durable des écosystèmes forestiers d'Afrique Centrale a été discutée et documentée, l'institutionnalisation du forum a été discutée et documentée, le renforcement du REPALEAC et l'adoption d'un plan d'action pour la protection des droits et l'émancipation des peuples autochtones d'Afrique centrale ont été largement discutées et documentées, en vue de leur mise en œuvre par les Gouvernements.

La 3e édition du forum International sur les peuples autochtones d'Afrique centrale (FIPAC 3), a tenu ses travaux à Impfondo au mois de mars 2014, à 800 km, au nord de la capitale congolaise, Brazzaville. Pendant deux jours, experts, responsables de la société civile, politiciens et organismes internationaux se sont réunis à Impfondo autour des peuples autochtones de la Communauté économique des États de l'Afrique centrale (CEEAC) pour échanger et débattre sur le thème central des « Peuples autochtones, savoir-faire traditionnel et économie verte ».

Le « Savoir-faire traditionnel », la « politique et la diplomatie », le « cadre juridico-institutionnel », la « recherche et l'innovation », en passant par le « renforcement des capacités et la formation », les « activités économiques et entreprises », le « partenariat et le financement » et les « produits forestiers non ligneux » ont été les sept thématiques sur lesquelles se sont concentrés durant deux jours les experts en vue de dégager des recommandations pertinentes permettant d'accélérer l'intégration sous régionale des peuples autochtones dans le processus de développement économique de chaque état membre de la CEEAC.
Ce troisième Forum a été conçu pour être un haut lieu d'échanges et de partage d'expérience sur la problématique autochtone en Afrique centrale. Il a offert une opportunité d'expression des valeurs culturelles et traditionnelles susceptibles de soutenir le développement durable et de promouvoir la coopération et l'intégration sous-régionales sur la question autochtone dans le bassin du Congo. Pour le Secrétariat de la communauté, le FIPAC constitue un outil de promotion de l'économie des savoir-faire traditionnels des populations tant autochtones que locales de l'Afrique Centrale. Patrimoine de tous les États membres de la CEEAC, les savoir-faire traditionnels constituent une ressource au potentiel économique et commercial insuffisamment pris en compte dans les stratégies de développement de la sous-région. Cependant, leur valeur culturelle et sociale a fait l'objet de nombreux travaux de recherche relevant de plusieurs disciplines (ethnologie, anthropologie, ethnobotanique...) depuis des décennies.

Sur le plan institutionnel et politique, la reconnaissance de ces savoir-faire est illustrée par la création des centres de recherche dans les États (cas de l'Institut de la Pharmacopée et de la Médecine traditionnelle IPHAMETRA au Gabon), l'adhésion des États à la Convention de la biodiversité (CDB), l'adhésion des États au protocole de Nagoya et la validation de la stratégie sous-régionale en matière d'accès aux ressources génétiques et le Partage juste et équitable des Avantages (APA) relatif à l'accès aux ressources biologiques et génétiques et au partage juste et équitable des avantages découlant de leur utilisation.

Il ressort que le développement et la promotion des savoir-faire traditionnels relève de plusieurs disciplines et présente à la fois un caractère multidimensionnel (politique, juridique, scientifique, économique, culturel, etc.) qu'intégrateur. Pour leur intégration dans les économies de la sous-région, le Secrétariat de la Communauté économique des États de l'Afrique Centrale (CEEAC) a initié le système de l'économie des Savoir-faire traditionnels en Afrique Centrale. Un système qui représente à la fois une vision et une approche systémique pour opérationnaliser cette économie dont l'outil de promotion est le FIPAC initié en 2007 par la République du Congo.

Après les éditions de 2007 et 2011 consacrées à la promotion de la valeur sociale et culturelle des savoir-faire traditionnels, le FIPAC est entré en 2014 dans sa phase de maturité. Son organisation a été assurée à partir de cette année par le Secrétariat général de la Communauté. La 3e édition a marqué une transition vers la promotion de la valeur économique de ces savoirs. Cette édition a débouché principalement sur : (1) la signature du texte portant sur le transfert de la gestion du FIPAC du Gouvernement Congolais au Secrétariat général de la CEEAC (2) l'adoption de la Déclaration des ministres de la CEEAC sur le développement et la promotion de l'économie des savoir-faire traditionnels (3) l'adoption du système de l'économie des savoir-faire traditionnels (4) l'adoption des programmes sectoriels pour le développement de cette nouvelle économie au service de la valorisation des ressources naturelles de la sous-région et (5) l'adoption d'une feuille de route.

Associée à l'économie de l'artisanat et des petites entreprises et à l'économie verte initiée par la CEEAC, l'économie des savoir-faire traditionnels, dans laquelle les populations autochtones ont un rôle primordial à jouer, constitue pour le Secrétariat de la communauté une des voies pour l'amélioration des conditions de vie des populations, la création d'emplois et la diversification des économies des États dont la majorité aspire à l'émergence à partir de 2025.
Les plus grandes communautés des peuples autochtones habitent dans les départements de la Sangha et de la Likouala, à l'extrême nord du Congo.
Les peuples autochtones sont répartis en Afrique centrale au Burundi, au Cameroun, au Congo, au Gabon, en RCA, en RDC, au Rwanda ; on les

retrouve également en Afrique de l'Est en Tanzanie, en Ouganda et au Kenya.

Selon les pays, on les appelle soit, les « Batwa » au Burundi, au Rwanda et en Ouganda et dans l'est de la RDC ou encore « Bambuti », « Baka » en RCA et au Gabon, » Yaka » et « Babendjelle » au Congo, « Baka » et « Bagyeli » au Cameroun.

Les peuples autochtones d'Afrique Centrale se divisent en plusieurs groupes et sous-groupes : ils connaissent des évolutions et des fortunes diverses, selon les pays ; leur habitat est en forêt ou à proximité des autres communautés nationales. Ils sont employés généralement dans les travaux agricoles, l'élevage et la chasse lucrative, ils sont recrutés également dans l'exploitation forestière où ils excellent en botanique et travaillent comme des pisteurs, des prospecteurs ou des manœuvres.

Les peuples autochtones utilisent également pour la chasse l'arbalète, les flèches et la sagaie. La pêche est pratiquée pendant les décrues. Les outils utilisés sont la ligne de fond, les pièges, les nasses, les épuisettes. L'artisanat fournit aux besoins de tissage de vêtement, de fabrication du mobilier, de pirogues et pagaies, des armes de chasse et de filets, du travail de fer.

La rencontre entre le Secrétaire général de la Communauté Economique des Etats de l'Afrique Centrale (CEEAC), l'ambassadeur **Ahmad ALLAM-MI** et le Président de la Commission de la Communauté Economique des Etats de l'Afrique de l'Ouest (CEDEAO), son Excellence Marcel DESOUZA à Kigali, le 15 juillet 2016 aura permis de magnifier la nouvelle ère qui s'ouvre dans les relations de coopération entre les deux Communautés Economiques Régionales. La coopération dans le cadre de la sécurité et la sûreté maritime, l'installation de l'équipe dirigeante du Centre Interrégional pour la Coordination de la lutte contre la piraterie et l'insécurité dans le Golfe de Guinée, l'organisation de la réunion des donateurs, la relance de l'organisation de la Conférence des Chefs d'Etat et de gouvernement sont les dossiers qui ont été examinés.

De cette rencontre il ressort :

- Le lancement et l'installation, avant la fin du mois d'août 2016, de l'équipe dirigeante du Centre Interrégional pour la Coordination de la lutte contre la piraterie et l'insécurité dans le Golfe de Guinée(CIC) ;
- L'organisation de rencontres, deux fois par année par les deux communautés, pour échanger leurs expériences dans différents domaines, notamment celui de la paix et sécurité et celui ayant trait à l'instauration et au fonctionnement des Zones de Libres échanges ;
- Un mémorandum d'Entente sera signé par les deux parties pour préciser les domaines de coopération ;
- La tenue en fin septembre 2016, de la réunion des donateurs ;
- Relancer les chefs d'Etat, présidents en exercice de la CEEAC et de la CEDEAO sur l'initiative de la tenue d'une Conférence conjointe CEEAC-CEDEAO.
- Le Secrétaire général de la CEEAC a informé son homologue de la CEDEAO de la réforme institutionnelle et organisationnelle en cours à la CEEAC. « Nous voulons revisiter l'ensemble de l'arsenal administratif et juridique qui régit l'organisation et le fonctionnement de notre institution, afin de lui insuffler un sang nouveau… » a précisé l'ambassadeur Ahmad ALLAM-MI.

Le Rwanda a confirmé sa réintégration au sein de la CEEAC, par la remise officielle le 18 août 2016, d'une lettre de réintégration au secrétaire général de la CEEAC, Ahmad Allam-Mi, par sa ministre des Affaires étrangères, Louise Mushikiwabo ; *« Je suis ici au nom de mon pays, le Rwanda, pour officiellement réintégrer d'une manière définitive la CEEAC. Nous sommes très heureux de réintégrer l'Afrique centrale, c'est un héritage important pour le Rwanda. Nous sommes ici à une étape plutôt juridique. Mais, ce qui est clair c'est que le Rwanda fait partie de cette région »,* a déclaré la ministre.
Le Rwanda redevient le onzième Etat membre de la CEEAC.
La CEEAC est composée désormais des pays suivants : Angola, Burundi, Cameroun, Congo, Gabon, Guinée Equatoriale, République Centrafricaine (RCA), République démocratique du Congo (RDC), Rwanda, Tchad et Sao Tome & Principe.
Sur convocation et sous la présidence d'Ali Bongo Ondimba, président du Gabon et président en exercice de la CEEAC, les chefs d'Etat et de gouvernement des Etats membres de la Communauté économique des Etats de l'Afrique centrale, ont tenu le 29 janvier 2018, à Addis-Abeba

(Ethiopie), en marge du 30e sommet de l'Union africaine, une réunion de concertation.

A l'issue de leurs échanges, les chefs d'Etat et de gouvernement se sont accordés sur l'urgence de la convocation, courant février 2018, d'un sommet du Conseil de paix et de sécurité (Copax). En Ethiopie, Ali Bongo et ses pairs ont également convenu de l'opportunité d'organiser la 17e session ordinaire de la Conférence des chefs d'Etat et de gouvernement de la CEEAC à Libreville, dans la 3e semaine du mois de juin 2018, avant le sommet de l'Union africaine.

La 5e Session du Copax, convoquée le 3 mars 2018, a rassemblé dans la capitale gabonaise les représentants de tous les pays membres de la Communauté économique des Etats de l'Afrique centrale (CEEAC). Au terme de deux jours de travaux, les délégués ont exhorté les Etats membres de la CEEAC à traduire en actes la solidarité régionale, notamment en mettant en œuvre le Pacte d'assistance mutuelle et la mise en place d'une politique de défense commune.

Concernant la situation en République centrafricaine (RCA) et en République démocratique du Congo (RDC), le Conseil des ministres a réaffirmé l'engagement des Etats membres à contribuer davantage aux efforts de pacification et de stabilisation de ces pays, y compris en ce qui concerne la présence de leurs contingents dans les différentes composantes de la Minusca et de la Monusco.

Quant aux questions électorales, le Conseil a exprimé son soutien aux Etats membres engagés à différents niveaux dans des processus électoraux au cours de l'année 2018. Il a réfuté toute ingérence extérieure dans cette question qui relève de la souveraineté des Etats, et a demandé au Secrétariat général de la CEEAC, en collaboration avec l'Union africaine (UA), de renforcer l'appui aux Etats membres concernés.

Sur la question du terrorisme et des activités déstabilisatrices en Afrique Centrale, le Conseil des ministres a adopté la stratégie de prévention et de lutte contre le terrorisme en Afrique Centrale et a condamné les actes des groupes terroristes, des groupes armés et des autres forces négatives dans la sous-région. A cet effet, il a demandé au Secrétariat Général de proposer un mécanisme régional permettant d'identifier et de classifier les groupes terroristes opérant en Afrique centrale.

Un sommet conjoint de la communauté économique des Etats de l'Afrique de l'ouest (CEDEAO) et de la communauté économique des Etats de l'Afrique centrale (CEEAC), s'est tenu à Lomé au Togo le 30 juillet 2018.

Une vingtaine de chefs d'Etat et de gouvernement ont pris part à ce sommet.
Les débats ont été axés sur la paix, la sécurité, la stabilité et la lutte contre le terrorisme et l'extrémisme violent.
Il a été question pour les deux organismes d'avoir une forte implication dans la sécurisation des deux espaces communautaires, gage de toutes perspectives de croissance ou de développement des nations.

CHAPITRE III

LE FONDS BLEU POUR LE BASSIN DU CONGO

Les 8 et 9 mars 2017, les ministres représentants de douze états du bassin du Congo se sont réunis à Oyo en République du Congo, pour créer le fonds bleu pour le bassin du Congo, projet initié par le président Denis Sassou N'Guesso lors de la Cop 22 à Marrakech, au Maroc.
L'amélioration de la vie des populations locales, la sauvegarde de la faune et de la flore associés au développement d'une économie bleue à la fois prospère et durable, en sont les objectifs.
Le fonds bleu est un programme de développement durable et innovant, concernant l'exploitation des ressources renouvelables des eaux et forêts du bassin du Congo. D'un montant de 65 milliards, fixé par la 22ème conférence des 196 parties signataires de la convention-cadre des Nations Unies sur les changements climatiques de Marrakech (2016), il est composé de subventions renouvelables des Etats de 100 millions l'an avec des engagements sur le long terme. Il finance les projets d'économie bleue. Celle-ci est définie par la commission économique des Nations Unies pour l'Afrique comme une économie qui concerne toutes les étendues d'eau, y compris les lacs, les cours d'eau et les nappes souterraines, les mers et les côtes. Elle vise à promouvoir la gestion durable des eaux et forêts dans l'ensemble du bassin du Congo. Ces projets préservent cette zone de mauvaises pratiques d'exploitation des ressources, en favorisant les activités alternatives dont la gouvernance est au bénéfice des populations locales.
Le projet du bassin du Congo couvre plus de deux millions de km2 de forêt, soit 6% de la superficie des forêts du monde, avec un potentiel économique, faiblement exploité, faute de financements soutenables.
Le bassin du Congo absorbe plus de 271 gigatonnes de carbone par an et constitue un grand réservoir d'eau potable. Il est le deuxième poumon d'oxygène du monde après l'amazone. Les activités économiques qui s'y exercent sont : l'exploitation du bois, la pêche, l'aquaculture, l'éco-tourisme, les transports fluviaux, les mines et l'hydro-électricité. Plus de 60 millions de personnes en dépendent avec plus de 20 millions

d'emplois disponibles dans le secteur forestier, représentant moins de 8% de la richesse nationale des pays de la zone.

Le Mémorandum d'entente pour créer un fonds bleu pour la gestion des ressources en eau, qui a été signé à OYO le 9 mars 2017 entre l'Angola, le Congo, la RDC, le Gabon, la Centrafrique, le Burundi, le Rwanda, le Tchad, la Guinée Equatoriale, le Cameroun, la Zambie, La Tanzanie et le Maroc, devra permettre de lever 100 millions en 2017.

La création du fonds bleu pour le bassin du Congo, regroupant plusieurs Pays d'Afrique subsaharienne, vise ainsi à en préserver les essences forestières aujourd'hui menacées et à accompagner la transition de l'économie forestière vers une économie de ressources issues de la gestion des eaux fluviales et maritimes. Un projet ambitieux et durable pour former le socle du développement économique et social des peuples qui y vivent (voir à ce sujet, les dépêches de Brazzaville, numéro spécial du 8 et 9 mars 2017 ; ainsi que l'article de Emmanuel Okamba Maître de conférence HDR en science de gestion, **Financement du fonds bleu,** paru dans les dépêches de Brazzaville numéro 2875 du 29 mars 2017).

Les pays membres **du fonds bleu** ont tenu le dimanche 29 avril 2018 un sommet sur la commission climat et le fonds bleu sur le Bassin du Congo, en présence de plusieurs chefs d'Etats Africains dont le Roi Mohammed VI du Maroc, invité d'honneur de la rencontre.

La rencontre a été donc marquée par la présence de nombreux chefs d'Etat du continent à savoir l'Equato-guinéen Teodoro Obiang Nguema Mbazogo, le Rwandais Paul Kagamé, le Gabonais Ali Bongo Ondimba, le Guinéen Alpha Condé, le Nigérien Mahamadou Issoufou, le Sénégalais Macky Sall, le Centrafricain Faustin Archange Touadéra, l'Angolais João Lourenço et Evaristo Carvalho, chef d'Etat du Sao Tomé et Principe. L'objectif était de mobiliser les bailleurs internationaux pour rendre opérationnel ce fonds bleu pour la préservation des forêts et du fleuve Congo. Le fonds bleu a établi un programme pour construire de petits barrages hydroélectriques, améliorer des voies navigables de la région, renforcer les systèmes d'irrigation et développer le secteur de la pêche : un ensemble de projets intégrateurs susceptibles de mobiliser des finances et de bénéficier l'adhésion des bailleurs internationaux.

Hôte du sommet de Brazzaville, le président congolais Denis Sassou-Nguesso a rendu un vibrant hommage au roi du Maroc pour son engagement résolu dans la concrétisation du Fonds Bleu. Le Roi Mohammed VI qui a livré un vibrant plaidoyer en faveur de la cause de l'environnement en Afrique a dit que « Cette nouvelle économie de l'eau et autour de l'eau, sera le moteur du développement » dans toute la région, et que les projets ambitieux vont de la lutte contre la pollution des cours d'eau à l'amélioration des voies de navigation intérieure, en passant par l'aménagement de ports secondaires, le développement de la pêche durable dans les pays du bassin du Congo.

Le Souverain a souligné dans ce discours que l'unité des pays africains demeure la voie la mieux indiquée pour relever les différents défis posés au continent.

Par cette unité l'Afrique fera, a souligné Sa Majesté le Roi, « la démonstration que des pays unis par un même rêve, une même vision, savent agir et se transcender pour qu'émerge un continent unifié, fier de ses identités et de ses racines, marchant vers le progrès ».

Les chefs d'Etat Mohamed VI (Maroc), Ali Bongo Ondimba (Gabon), Macky Sall (Sénégal), Faustin Archange Touadera (Centrafrique), Alpha Condé (Guinée Conakry), Mahamadou Issoufou (Niger), Jao Lorenço (Angola), Obiang Nguema Mbasogo (Guinée Équatoriale), Paul Kagamé (Rwanda) et Evaristo Carvalho (Sao Tomé-Principe) et plusieurs autres représentants des gouvernements africains ont signé un protocole d'accord sur la Commission climat du Bassin du Congo. C'était en marge du sommet des chefs d'Etat et de gouvernement de cette commission. Les chefs d'Etat et les autres représentants des gouvernements africains ont retenu sept engagements pour l'opérationnalisation de la Commission Climat du Bassin du Congo et du Fonds Bleu.

1. Œuvrer pour la transformation structurelle des économies de la zone de la Commission Climat du Bassin du Congo pour assurer un développement inclusif et durable, de manière à éradiquer la pauvreté et améliorer le bien-être des populations en activant tous les leviers humains, financiers, techniques et technologiques ainsi que les opportunités offertes par l'économie verte et l'économie bleue ;
2. Agir sans délai, en soutien aux deux Déclarations de Brazzaville, pour l'opérationnalisation et la promotion du Fonds Bleu pour le Bassin du Congo comme un des outils financiers de la Commission Climat du Bassin du Congo et apporter notre appui total à la mise en œuvre de la Feuille de route 2018-2019 ;
3. Initier et encourager les plans d'investissement climat des Etats de la Commission Climat du Bassin du Congo, les projets et programmes de toutes les parties prenantes pour concilier la lutte contre les effets

néfastes des changements climatiques et le développement économique inclusif et durable ;

4. Mutualiser nos efforts en vue de doter nos Etats de politiques, stratégies et plans d'action climat et à les mettre en œuvre ;

5. Accélérer la réalisation des initiatives déjà identifiées ou lancées (contributions déterminées au niveau national, plans nationaux d'adaptation), en s'appuyant non seulement sur les ressources intrinsèques mais également en mobilisant les bailleurs de fonds multilatéraux et bilatéraux ainsi que les acteurs non-étatiques, notamment le secteur privé ;

6. Doter la Commission Climat du Bassin du Congo d'un budget lui permettant d'accomplir ses missions ;

7. Œuvrer en intelligence avec les institutions sous-régionales existantes : COMIFAC, CICOS, dans le cadre d'une économie d'échelle dans l'action de la Commission Climat du Bassin du Congo et le Fonds bleu pour le bassin du Congo.

Le comité Ad hoc régional du fonds a tenu, du 31 juillet au 1er août 2018, à Brazzaville, sa deuxième session au cours de laquelle les participants ont adopté les nouveaux termes de référence et relancé le processus de recrutement d'une structure chargée de réaliser l'étude de préfiguration de ce projet.

Les termes de référence ont été adoptés en tenant compte de la nécessité de valoriser l'expertise des ressortissants des pays de la commission climat du bassin du Congo et des objectifs du fonds bleu. En ce qui concerne l'étude, les participants ont proposé de la scinder en deux lots dont le premier porte sur le plan d'investissement et le second sur le véhicule financier.

CHAPITRE IV

VERS UN PROCESSUS DE FUSION CEEAC-CEMAC ?

Le cloisonnement géographique et institutionnel des organisations économiques régionales en Afrique centrale pose de sérieux problèmes aux États et ne concourt pas à la construction de l'intégration régionale. En vue de la mise en place d'un unique espace économique appelé Communauté économique régionale en Afrique centrale (Cerac), qui mettra un terme au chevauchement des pôles économiques, entre la CEEAC, ensemble qui compte onze pays, et la CEMAC qui s'organise autour de six, des actions sont entreprises au sein de la sous-région bien que timidement.

Onze années après la création, en octobre 2007, du Copil, Comité de pilotage de la rationalisation des communautés économiques régionales en Afrique centrale, les choses semblent n'avoir pas trop bougé. Financements insuffisants, volonté politique peu visible, mésententes entre États, etc., les entraves restent nombreuses ; et le projet de réalisation d'un ensemble économique régional fort, piétine. Le constat est fait par les autorités elles-mêmes qui reconnaissent le retard qu'accuse le processus de rationalisation en Afrique centrale. L'enjeu est pourtant des plus stratégiques, car le principe de l'harmonisation des politiques, des programmes et instruments d'intégration de la CEMAC et de la CEEAC, a pour but d'aboutir à une seule Communauté économique régionale dans la région Afrique centrale. Une telle perspective permettrait non seulement de faire face aux chocs économiques extérieurs, mais aussi de peser dans les négociations internationales.

C'est ainsi que douze (12) domaines désignés prioritaires d'harmonisation des projets et programmes entre les deux communautés économiques, élaborés par le Copil avec l'appui financier de la Banque africaine de développement (BAD), ont été répartis en trois phases, en fonction de leurs délais d'exécution. Ils concernent la libre circulation des personnes et des biens, les questions sécuritaires, les questions commerciales, le transport, l'énergie, la sécurité alimentaire, les technologies de l'information et de la communication, les règles budgétaires et monétaires, les mécanismes de financement de l'intégration, l'institution d'un cadre de coordination et de concertation entre la CEEAC et la CEMAC, la santé et l'environnement et enfin le rapprochement des cadres institutionnels. Quant au fonctionnement du comité de pilotage et de son secrétariat technique, un budget de 300 millions de francs CFA avait été adopté.

Le 27/01/2015, un atelier dédié à la relecture des textes portant sur la rationalisation des communautés économiques en Afrique centrale s'était ouvert dans la capitale camerounaise, Yaoundé. Cette 3ème réunion du Comité de pilotage de la rationalisation des Communautés économiques régionales en Afrique centrale a réuni les experts d'Angola, Burundi, Cameroun, Congo, Gabon, Guinée Équatoriale, République démocratique du Congo, République centrafricaine, Sao Tomé et Principe et du Tchad. Ils ont procédé à l'examen minutieux des projets de textes devant faire avancer le processus d'intégration régionale : mettre en place un cadre normatif propice à l'intégration, axé sur les questions commerciales, sécuritaire, de libre circulation des personnes et des biens, du cadre de coordination et de concertation, ainsi que des mécanismes de financement. Il s'agit donc pour l'Afrique centrale où coexistent la CEEAC et la CEMAC, d'aboutir à terme à la création d'une seule communauté économique régionale. Malheureusement, jusqu'à ce jour, les deux communautés coexistent mais se regardent en chiens de faïence. Car, contrairement aux autres régions d'Afrique comme la CDEAO ou l'UMOA, l'intégration rencontre de réelles difficultés en Afrique centrale. La libre circulation des personnes et des biens reste problématique. Ce qui a poussé certains pays à se tourner vers d'autres communautés économiques ayant plus ou moins la même finalité ; le COPIL cite le cas du Burundi, avec la Communauté économique des Etats de l'Afrique de l'Est ou la République démocratique du Congo, avec la Communauté des Etats de l'Afrique australe (SADC).

Au dernier sommet de la Conférence des Chefs d'Etat de la Communauté Economique et Monétaire de l'Afrique Centrale (CEMAC) qui s'est tenu en session extraordinaire le 31 octobre 2017 à N'Djamena, une vieille doléance dans la zone venait de se concrétiser nous l'avions déjà dit. En effet, les Etats d'Afrique centrale ont constaté l'effectivité de la libre-circulation dans l'espace économique sous-régional. Les ressortissants des pays d'Afrique centrale peuvent désormais se rendre dans les 6 pays de la sous-région sans avoir besoin de visa. Longtemps frileux à l'application de cette mesure, la Guinée Equatoriale et le Gabon l'ont avalisée suivis de la Centrafrique et du Congo. La libre-circulation est devenue effective mais pour les séjours ne dépassant pas trois mois.

Toutefois selon certaines rencontres récentes placées sous le leadership du Président Paul Biya chargé du dossier, le projet de construction d'une communauté économique régionale unique en Afrique centrale, devrait aboutir en 2023.

En effet, Les principaux responsables du projet de rationalisation des Communautés économiques régionales (CER) de l'Afrique centrale s'étaient réunis le 10 juillet 2018 au ministère de l'Economie, de Planification et de l'Aménagement du territoire à Yaoundé. Il s'agissait du secrétaire général de la CEEAC, l'ambassadeur Ahmad Allam-Mi et du président de la Commission de la CEMAC, Daniel Ona Ondo.

Au cours de la rencontre, des expériences d'autres cieux ont été exposées. Elles ont été déterminantes pour la suite du processus. Cette étude comparative a permis de s'entendre sur la démarche qui va conduire à une rationalisation en 2023.

Sur cette question de la fusion de ces deux institutions nous renvoyons aux travaux du **Dr JOHN GODONOU DOSSOU** [1]et surtout de son excellente étude, **forces et enjeux de l'intégration sous régional : CEMAC / CEEAC.** Dans cette étude, il analyse les deux institutions (CEMAC et CEEAC) en tant qu'instruments de coopération et d'intégration économique, et acteurs des relations internationales au-delà de la sous-région, et leur capacité d'influence. Lire aussi l'article publié par **Sylvain Andzongo** en association avec le Quotidien de l'Economie au Cameroun.

---

[1]1Dr. J.GODONOU DOSSOU, Forces et enjeux de l'intégration sous régionale : CEMAC / CEEAC ; Intl. Rel., Fmr. Dean/Fac.

CHAPITRE V
LA CONFERENCE INTERNATIONALE SUR LA REGION DES GRANDS LACS (CIRGL)

La Conférence Internationale sur la Région des Grands Lacs (CIRGL) a été organisée suite aux nombreux conflits politiques qui ont marqué la Région des Grands Lacs. Le conflit le plus marquant fut le génocide rwandais de 1994, qui occasionna plus de 800.000 victimes et renforça l'instabilité politique en République Démocratique du Congo. La création de la CIRGL résulte de la reconnaissance de la dimension régionale de ces conflits et de la nécessité d'un effort concerté en vue de promouvoir la paix et le développement durable dans la région.
La Conférence internationale sur la Région des Grands Lacs (CIRGL) est la plus récente organisation sous régionale créée dans la région des Grands Lacs à côté de la CEPGL (Communauté économique des pays des Grands Lacs) ; de la CEEAC et de la CEMAC. Cette organisation créée en 2007 n'a donc que 11 ans d'existence. Pendant ces 11 ans, cette organisation a plusieurs fois fait face à plusieurs conflits armés entre ses États membres. En dépit de son déploiement sur le terrain de règlement pacifique des différends interétatiques, la CIRGL reste cependant très peu connue dans la littérature du droit international à la différence de la CEDEAO, la SADC, le COMESA pour ne citer que celles-là.
La CIRGL fut donc créée dans un contexte des conflits armés dans la Région des Grands Lacs africains. C'est dans ce contexte que le processus visant la création de la CIRGL va être lancé par le Conseil de sécurité de l'ONU. Par sa Résolution 1291 adoptée le 24 février 2000, celui-ci a reconnu la gravité de la situation dans cette région : « la situation en République Démocratique du Congo constitue une menace pour la paix et la sécurité internationales et pour la région ». Dans cette même résolution, il ajouta qu'il : « réaffirme l'importance de la tenue, au moment opportun, d'une conférence internationale sur la paix, la sécurité, la démocratie et le développement dans la Région des Grands Lacs, sous les auspices de l'ONU et de l'OUA, avec la participation de tous les gouvernements de la région et de tous les autres États intéressés ». À travers une autre résolution à savoir la Résolution 1304, le Conseil de sécurité de l'ONU a rappelé son souhait d'organiser une

conférence sur les préoccupations communes dans la Région des Grands Lacs.

Créer un « espace de paix et de sécurité durable », tel fut l'enjeu de la première conférence sur les Grands Lacs qui avait réuni les onze chefs d'État et de gouvernement des États membres les 19 et 20 novembre 2004. Ils y adoptèrent à l'unanimité la Déclaration sur la Paix, la Sécurité et le Développement dans la Région des Grands Lacs à Dar Es-Salaam en Tanzanie. Cette déclaration fut connue sous le nom de Déclaration de Dar Es-Salaam. Cette déclaration qui en effet a constitué le premier acte vers la naissance de la CIRGL, avait affirmé la détermination des chefs d'État impliqués dans le processus de création de cette organisation de faire de la Région des Grands Lacs un espace de paix et de sécurité durable. Deux ans après l'adoption de la Déclaration de Dar Es-Salaam, les chefs d'État et de gouvernements s'étaient à nouveau réunis à Nairobi pour signer le Pacte sur la sécurité, la stabilité et le développement dans la Région des Grands Lacs. Ce Pacte comprend la Déclaration de Dar Es-Salaam, les programmes d'action et les dix protocoles additionnels au pacte. C'est ce pacte qui constitue le traité fondateur de la CIRGL. La signature de ce pacte a marqué la fin de la phase préparatoire et ouvert la voie à la mise en place du Secrétariat exécutif de cette organisation dont le siège se trouve actuellement à Bujumbura au Burundi depuis 2007. Toujours dans le cadre de ses activités pour la paix et la sécurité collective dans la Région des Grands Lacs, la CIRGL a également mis en place certaines structures pour la consolidation de la paix. Il s'agit entre autres du Mécanisme conjoint de vérification des frontières entre le Rwanda, l'Ouganda et la RDC ; la création et l'inauguration d'un Centre régional de fusion des renseignements ayant son siège à Goma, tel que recommandé par les différents sommets tenus à Kampala. Il découle de ce qui précède que la CIRGL a joué un rôle majeur en tant qu'organisation sous-régionale pour la résolution des crises dans la sous-région. En parallèle de ses activités de règlement des différends, la CIRGL mène à ce jour un vaste programme sur les questions de développement, de la bonne gouvernance et de la démocratie.

La situation sécuritaire en République démocratique du Congo (RDC) et en Centrafrique a figuré au menu d'un sommet des dirigeants des pays des Grands Lacs le jeudi 19 octobre 2017 à Brazzaville.

Les questions de paix et de sécurité en RDC, en Centrafrique, mais aussi au Burundi et au Soudan du Sud ont été à l'ordre du jour de ce sommet des chefs d'État des pays membres de la Conférence internationale sur la région des Grands Lacs (CIRGL). La rencontre a été précédée par des discussions entre experts et ministres des Affaires étrangères des douze Etats-membres de la CIRGL (Angola, Burundi, République centrafricaine, République du Congo, République démocratique du Congo, Kenya, Ouganda, Rwanda, République du Sud Soudan, Soudan, Tanzanie et Zambie). En octobre 2016 à l'issue d'une réunion à Luanda, les dirigeants des pays des Grands Lacs avaient appelé les États de la région et d'Afrique australe à "fournir des contingents supplémentaires" aux forces de l'ONU en RDC, qui traverse une grave crise politique.

L'objectif était de "renforcer les opérations menées contre les forces négatives" en RDC, "en étroite collaboration" avec Kinshasa. Ces contingents n'ont pas encore été déployés. Le 7ème sommet ordinaire de la CIRGL s'est tenue, sous le thème : « Accélérer la Mise en Œuvre du Pacte en Vue de Faciliter la Stabilité et le Développement dans la Région des Grands Lacs ». La 8ème réunion de haut niveau du Mécanisme régional de suivi de l'Accord-cadre pour la paix, la sécurité et la coopération pour la RDC et la région a permis aux chefs d'État et de Gouvernement de faire le point sur l'évolution de la situation politique et sécuritaire dans la région depuis leur dernière réunion tenue à Luanda (Angola) le 26 octobre 2016.

BIBLIOGRAPHIE SOMMAIRE

- Institutions et vie politique sous la Vème République, 4e édition, coordonnée par Michel VERPEAUX, la documentation française, 2012 ;
- Les Institutions de la France en question par Charles WALINE, Marc THOUMELOU, Samer HEMMEL. La documentation française, 2013 ;
- Institutions administratives, Jean-Marc MEILLOT, Hachette supérieur coordination : Jean-Claude RICCI ;
- Les Institutions de la République du Congo par Gabriel ENTCHA-EBIA, édition HEMAR ;
- Institutions politiques et Droit constitutionnel, Philippe ARDANT, 17e édition LGDJ ;
- Le Congo (les éditions du jaguar), aujourd'hui ;
- Constitution française du 4 octobre 1958 après la révision de juillet 2008, la documentation française, édition août 2011 ;
- La constitution congolaise du 20 janvier 2002 ;
- La constitution congolaise du 25 octobre2015
- Le parti et la gestion du pouvoir dans un système démocratique par Christian Roger OKEMBA, édition AGIREC 2002 ;
- Le régime consensualiste dans la constitution du 25 octobre 2015 commentée article par article, préface de jean Girardon, par Anatole Collinet Makosso, L'Harmattan-Congo, janvier 2017 ;
- Afrique Environnement plus (Magazine bimensuel d'information), mars-avril 2014 ;
- L'organisation interne des partis politiques, réalisée par le NDI (National Démocratic Institute), projet initié et financé par le PNUD ;
- Règlement intérieur de l'Assemblée nationale du Congo ;
- Règlement intérieur du Sénat du Congo ;
- Décentralisation, démocratie et développement local au Congo-Brazzaville, préface de Bernard REMICHE par Gomes OLAMBA Paul Nicolas, L'Harmattan-Congo 2013 ;
- La justice et les Institutions juridictionnelles, Nicolas BRACONNEY, 2e édition, la documentation française 2012 ;

- Le régime politique de la République du Congo après la constitution du 20 janvier 2002 par Guy Clément MEBIEMA, L'Harmattan, septembre 2005.
- Droit Institutionnel De L'union et Des Communautés Européennes, 4eme édition L.G.D.J par Joël Rideau
- Le Notaire et le service public, préface de Fidèle Mounguengué, par Hygin Didace Amboulou, l'Harmattan 2008 ;
- La profession d'huissier de justice au Congo, préface de Placide Lenga, par Jean Claude Olombi, L'Harmattan 2008.

ANNEXE I

Décret n° 2016-238 du 20 août 2016 portant attributions et organisation du cabinet du Président e la République.

Le Président de la République,
Vu la Constitution.
Décrète :

TITRE I : DES ATTRIBUTTIONS

Article premier : Le cabinet du Président de la République est un organe de conception, d'études, d'analyses, de supervision et d'impulsion de la vie de l'Etat et de la nation dans les domaines politique, économique, social et culturel, conformément aux prérogatives constitutionnelles du chef de l'Etat.

- Article 2 : Le cabinet du Président de la République est chargé, notamment, de : préparer les décisions du Président de la République par la mise à disposition d'une information régulière et complète sur l'action du gouvernement et sur la situation du pays ;
- veiller à l'application des décisions prises par le Président de la République ;
- suivre la mise en œuvre des différentes orientations données par le Président de la République au Gouvernement ;
- assurer la liaison entre le Président de la République et les institutions de la République ;
- suivre, pour le compte du Président de la République, l'activité gouvernementale ;
- suivre l'activité parlementaire ;
- centraliser l'information et la documentation préliminaire nécessaire à la communication du Président de la République ;
- organiser l'agenda, les audiences et les voyages du Président de la République, ainsi que ses contacts avec la nation et les partenaires étrangers ;
- élaborer de manière périodique des notes de conjoncture sur la conduite des affaires de l'Etat ;

- proposer au Président de la République, après enquêtes administratives, recherches et analyses, toute mesure nécessaire au bon fonctionnement de l'Etat et à la bonne vie de la nation.

TITRE II : DE L'ORGANISATION

CHAPITRE I : DU MINISTRE D'ETAT, DIRECTEUR DU CABINET DU PRESIDENT DE LA REPUBLIQUE

Article 3 : Le cabinet du Président de la République est dirigé et animé par un ministre d'Etat, directeur de cabinet, nommé par décret du Président de la République.

Article 4 : Le ministre d'Etat, directeur du cabinet du Président de la République assiste le Président de la République dans l'accomplissement de sa mission.

A ce titre, il est chargé, notamment, de :

- orienter et coordonner l'ensemble des administrations et services de la Présidence de la République, et de toutes les structures créées auprès du Président de la République ;
- coordonner le travail des conseillers du Président de la République ;
- veiller à l'exécution des instructions et des directives qu'il reçoit du Président de la République, celles relatives notamment à la mise en œuvre de son projet de société et aux programmes qui en découlent ;
- assister aux réunions du conseil des ministres avec voix consultative ;
- centraliser les dossiers que lui adresse le Président de la République et veiller à l'exécution des instructions données ;
- contrôler la régularité des actes de toute nature soumis à la signature du Président de la République ;
- suivre les relations du Président de la République avec le Gouvernement et toutes les institutions de la République, avec les partis politiques, les syndicats et les associations de la société civile dont il reçoit les représentants au nom du Président de la République ;
- assurer la préparation et la gestion de la correspondance présidentielle.

Article 5 : Le ministre d'Etat, directeur du cabinet du Président de la République est l'ordonnateur du budget de la Présidence de la République.

Article 6 : Dans l'exercice de ses missions, le ministre d'Etat, directeur du cabinet du Président de la République dispose d'un personnel comprenant entre autres : un chef de cabinet, des chargés de mission, un assistant principal, des assistants, des attachés, un (e) secrétaire particulier(e) et des secrétaires.

Article 7 : Le cabinet du Président de la République, outre le ministre d'Etat, directeur de cabinet, comprend :
- le secrétariat général de la Présidence de la République ;
- le secrétariat général du Gouvernement ;
- l'état-major particulier du Président de la République ;
- les ministres chargés de mission auprès du Président de la République ;
- les hauts commissaires ;
- le secrétariat général du conseil national de sécurité ;
- l'inspection générale d'Etat ;
- les conseillers spéciaux ;
- les conseillers ;
-les ambassadeurs itinérants ;
-les chargés de mission ;
- les assistants principaux ;
- les assistants ;
- les attachés ;
- les chargés d'études ;
- les secrétaires ;
- les consultants ;
- la cellule de passation des marchés.

Le cabinet du Président de la République peut, pour le traitement des questions spécifiques, procéder à la mise en place de cellules spécialisées.

Article 8 : Les administrations et services de la Présidence de la République, ci-après, sont placés sous l'autorité hiérarchique du ministre d'Etat, directeur de cabinet :
- la direction nationale du protocole ;
- la direction nationale des voyages officiels ;
- la direction des relations avec la presse internationale ;
-le centre informatique de recherche de l'armée et de la sécurité ;
- la direction de la presse présidentielle ;
- la direction des systèmes d'informations sécurisées ;
- le comité national d'organisation des cérémonies publiques.

CHAPITRE II : DU SECRETARIAT GENERAL DE LA PRESIDENCE DE LA REPUBLIQUE

Article 9 : Placé sous l'autorité du ministre d'Etat, directeur du cabinet du Président de la République, le secrétariat général de la Présidence de la République est dirigé et animé par un secrétaire général nommé par décret.

Le secrétaire général de la Présidence de la République a rang et prérogatives de ministre.

Article 10 : Le secrétaire général de la Présidence de la République est chargé de la gestion administrative, financière et matérielle du cabinet du Président de la République.

A ce titre, il définit et applique le plan des ressources humaines, gère le budget et le matériel, suit et contrôle l'activité des administrations et services techniques.

. Le secrétaire général de la Présidence de la République dirige et anime le comité de suivi et d'évaluation des politiques et programmes publics.

En cas d'absence du ministre d'Etat, directeur de cabinet du Président de la République, il assure son intérim.

Article 11 : Le secrétariat général de la Présidence de la République comprend les services ci-après :

- la direction générale des services de santé de la Présidence de la République ;
- la direction de l'administration et des ressources humaines ;
- la direction des finances et du matériel ;
- la direction du domaine présidentiel ;
- la direction des études et de la planification de la Présidence de la République ;
- la direction du parc national du matériel automobile ;
- la direction du courrier ;
- la direction du palais des congrès.

Article 12 : L'organisation du secrétariat général de la Présidence de la République est fixée par des textes spécifiques

CHAPITRE III : DU SECRETARIAT GENERAL

Article 13 : Le secrétariat général du gouvernement est un organe permanent de la Présidence de la République qui relève de l'autorité directe du Président de la République. Il est chargé, notamment, de :

- assurer l'organisation du travail gouvernemental et veiller à son bon fonctionnement ;
- préparer techniquement, les réunions du Conseil des ministres ;
- réguler les procédures et les circuits de décision du travail gouvernemental ;
- assurer et garantir l'archivage des actes juridiques sanctionnant les décisions du Conseil des ministres ainsi que les décisions et orientations du Conseil de cabinet et des comités interministériels ;
- assurer la conception, la production et la diffusion du Journal officiel

Article 14 : Le secrétariat général du gouvernement est dirigé et animé par un secrétaire général nommé par décret.
Le secrétaire général du gouvernement a rang et prérogatives de ministre.

.

En cas d'absence du secrétaire général de la Présidence de la République, il assure son intérim.
Article 15 : L'organisation du secrétariat général du gouvernement est fixée par des textes spécifiques.

CHAPITRE IV : DE L'ETAT-MAJOR PARTICULIER DU PRESIDENT DE LA REPUBLIQUE

Article 16 : Pour l'exercice de ses prérogatives de chef suprême des armées, le Président de la République dispose
- d'un état-major particulier lui servant d'interface avec les forces armées congolaises.

L'état-major particulier du Président de la République est placé sous l'autorité d'un officier général ou supérieur dénommé chef de l'état-major particulier du Président de la République.
Le chef de l'état-major particulier du Président de la République est le conseiller à la défense du Président de la République. Il est membre de droit du comité de défense.
Article 17 : Le chef de l'état-major particulier du Président de la République est nommé par décret. Il a rang et prérogatives de ministre.
Article 18 : Les attributions et l'organisation de l'état- major particulier du Président de la République sont fixées par des textes spécifiques.

CHAPITRE V : DES MINISTRES CHARGES DE MISSION AUPRES DU PRESIDENT DE LA REPUBLIQUE

Article 19 : Les ministres chargés de mission auprès du Président de la République sont placés sous l'autorité du Président de la République, et peuvent, sur ses instructions, recevoir des directives du ministre d'Etat, directeur de cabinet.
Article 20 : Les attributions des ministres chargés de mission auprès du Président de la République sont fixées par des textes spécifiques.
Article 21 : Les ministres chargés de mission auprès du Président de la République sont nommés par décret. Ils ont rang et prérogatives de ministre.

CHAPITRE VI : DES HAUTS-COMMISSAIRES

Article 22 : Les hauts-commissaires accomplissent des missions spécifiques sur instructions du Président de la République.

Article 23 : Les hauts-commissaires sont nommés par décret. Ils ont rang et prérogatives de ministre délégué.

CHAPITRE VII : DU SECRETARIAT GENERAL DU CONSEIL NATIONAL DE SECURITE

Article 24 : Le secrétariat général du conseil national de sécurité assure la permanence du conseil national de sécurité.

Il est dirigé et animé par un secrétaire général nommé par décret.

Article 25 : Les attributions et l'organisation du secrétaire général du conseil national de sécurité sont fixées par des textes spécifiques.

CHAPITRE VIII : DE L'INSPECTION GENERALE D'ETAT

Article 26 : L'inspection générale d'Etat est un corps commun d'audit et de contrôle placé sous l'autorité du Président de la République.

L'inspection générale d'Etat est dirigée et animée par un inspecteur général d'Etat dénommé contrôleur général d'Etat.

Le contrôleur général d'Etat est nommé par décret.

Article 27 : Les attributions et l'organisation de l'inspection générale d'Etat sont fixées par des textes spécifiques.

CHAPITRE IX : DES CONSEILLERS SPECIAUX DU PRESIDENT DE LA REPUBLIQUE

Article 28 : Les conseillers spéciaux sont placés sous l'autorité du Président de la République, et peuvent, sur ses instructions, recevoir des directives du ministre d'Etat, directeur de cabinet.

Les conseillers spéciaux, hormis ceux qui sont des chefs de départements techniques, formulent des analyses et avis sur des dossiers qui leur sont soumis, ou sur des affaires de leur initiative propre.

Article 29 : Les conseillers spéciaux du Président de la République sont nommés par décret.

CHAPITRE X : DES CONSEILLERS, DES AMBASSADEURS ITINERANTS, DES CHARGES DE MISSION, DES ASSISTANTS PRINCIPAUX, DES ASSISTANTS, DES ATTACHES, DES CHARGES D'ETUDES, DES SECRETAIRES ET DES CONSULTANTS.

Article 30 : Les conseillers sont chargés notamment de :

- traiter, pour le Président de la République, toutes les questions qui leur sont soumises ou à soumettre au Président de la République ;
- suivre l'évolution et le fonctionnement des départements ministériels dont les attributions relèvent de leurs domaines de compétence et en rendre compte au Président de la République ;
- suivre l'exécution des décisions du conseil des ministres dans leur domaine de compétence ;
- proposer, après études, analyses ou recherches, toutes mesures liées à leur domaine de compétence ;
- assister le Président de la République dans la prise des grandes décisions relatives à la gestion de l'Etat et à la mise en œuvre des politiques publiques ;

. Article 31 : Les conseillers dirigent et animent des départements dont la structuration et les attributions sont fixées, par délégation du Président de la République, par arrêté du ministre d'Etat, directeur de cabinet.

Article 32 : Les conseillers, les ambassadeurs itinérants, les chargés de mission, les assistants principaux, les assistants, les attachés, les chargés d'études, les secrétaires et les consultants du cabinet du Président de la République accomplissent les missions qui leur sont confiées.

Article 33 : Le cabinet du Président de la République comprend les départements ci-après :

- département politique ;
- département des ressources naturelles ;
- département de la communication et des médias ;
- département de l'économie, des finances, du plan et de l'intégration ;
- département des affaires juridiques, des droits Humains ;
- département diplomatique ;
- département de l'environnement et du développement durable ;
- département de l'agriculture, de l'élevage, de la pêche et du développement rural ;
- département des transports, de l'aviation civile et de la marine marchande ;
- département des télécommunications et du numérique ;

- département de l'éducation, de la recherche scientifique et de l'innovation technologique ;
- département du travail, de la formation professionnelle et de l'emploi ;
- département des affaires intérieures ;
- département de la protection sociale, des organisations professionnelles et du dialogue social ;
- département de l'industrie, du commerce, des petites et moyennes entreprises et du développement du secteur privé ;
- département de l'énergie et de l'hydraulique ;
- département de la santé, de la population et de l'action humanitaire ;
- département de la fonction publique et de la réforme de l'Etat ;
- département de l'aménagement du territoire, des travaux publics, de la construction, de la ville et de l'habitat ;
- département de la jeunesse et des sports ;
- département de la culture, des arts et du tourisme ;
- département de la promotion de la femme, de la famille et des groupes vulnérables.

Article 34 : Des départements autres que ceux cités à l'article 33 ci-dessus peuvent être créés, en tant que de besoin, par décret du Président de la République.

Article 35 : Les affaires spécifiques et d'intérêt commun à plusieurs départements sont traitées, sous la coordination du ministre d'Etat, directeur du cabinet du Président de la République, au sein des cellules permanentes suivantes :
- cellule des affaires politiques et de la société civile ;
- cellule diplomatique ;
- cellule économique et financière ;
- cellule communication ;
- cellule des affaires juridiques et administratives ;
- cellule des affaires sociales et culturelles.

Article 36 : Par délégation du Président de la République, la structuration, l'organisation et la composition des cellules permanentes sont fixées par arrêté du ministre d'Etat, directeur du cabinet du Président de la République.

Article 37 : Par délégation du Président de la République, des cellules autres que celles visées à l'article 35 ci-dessus peuvent être créées par arrêté du ministre d'Etat, directeur du cabinet du Président de la République.

Article 38 : Les ministres chargés de mission auprès du Président de la République, les hauts commissaires, les conseillers, les ambassadeurs itinérants et les chargés de missions sont nommés par décret du Président de la République.

Article 39 : Les conseillers spéciaux, les conseillers du Président de la République sont assistés par des chargés de mission, des assistants et des attachés.

Article 40 : Par délégation du Président de la République, les assistants principaux, les assistants, les attachés, les chargés d'études, les secrétaires et les consultants sont nommés par arrêté du ministre d'Etat, directeur du cabinet du Président de la République.

Article 41 : Par délégation du Président de la République, la structuration, les missions des départements ainsi que les modalités de nomination des assistants principaux, des assistants, des attachés, des chargés d'études, des secrétaires et des consultants sont fixées par arrêté du ministre d'Etat, directeur du cabinet du Président de la République.

Article 42 : La Présidence de la République dispose d'un porte-parole nommé par décret du Président de la République. Il a rang et prérogatives de conseiller du Président de la République.

Le porte-parole de la Présidence de la République a pour missions de :

- répondre aux médias en lieu et place du Président de la République, sur des questions bien circonscrites, à l'intention de l'opinion nationale et internationale ;
- rendre compte des activités du Président de la République et de son cabinet.

CHAPITRE XI : DES ADMINISTRATIONS ET DES SERVICES DE LA PRESIDENCE DE LA REPUBLIQUE

Article 43 : L'organisation et les attributions des administrations et des services rattachés au cabinet du Président de la République sont fixées par des textes spécifiques.

TITRE III : DISPOSITIONS DIVERSES, TRANSITOIRES ET FINALES

Article 44 : Le ministre d'Etat, directeur du cabinet du Président de la République, le secrétaire général de la Présidence de la République, le secrétaire général du gouvernement, le chef de l'état-major particulier du Président de la République, les ministres chargés de mission auprès du Président de la République, les hauts commissaires, le secrétaire général du conseil national de sécurité, le contrôleur général d'Etat, les conseillers spéciaux, les conseillers, les ambassadeurs itinérants, les chargés de mission, les directeurs, les assistants principaux, les assistants, les attachés, les chefs de service et les autres collaborateurs perçoivent une indemnité fixées par les textes en vigueur.

Article 45 : Le comité de suivi de la convention pour la paix et la reconstruction du Congo ainsi que le comité ad hoc de suivi des recommandations du dialogue national 2015 accomplissent leurs missions respectives jusqu'à la mise en place effective du conseil national du dialogue.

Article 46 : Le présent décret, qui abroge toutes dispositions antérieures contraires, sera enregistré et publié au Journal officiel de la République du Congo.

Fait à Brazzaville, le 20 août 2016
Denis SASSOU-N'GUESSO

DÉCRET N° 2016 – 248 DU 21 SEPTEMBRE 2016 PORTANT NOMINATION DES CONSEILLERS SPÉCIAUX ET CONSEILLERS DU PRÉSIDENT DE LA RÉPUBLIQUE

LE PRÉSIDENT DE LA REPUBLIQUE, Vu la Constitution, Vu le décret n°82-595 du 18 juin 1982 tel que modifié par le décret n°92-011 du 20 février 1992 fixant les indemnités allouées aux titulaires de certains postes administratifs, Vu le décret n° 2016-238 du 20 août 2016 portant attributions et organisations du cabinet du Président de la République.

DECRETE

Article premier : Sont nommés auprès du Président de la République

- conseiller spécial, chef du département des affaires intérieures **M. MBACKA Guy Georges**
- conseiller spécial, chef du département des ressources naturelles **M. GOKANA Denis Marie Auguste**
- conseiller spécial, chef du département politique **M. MONDELE Juste Désiré**
- conseiller spécial, chef du département de l'éducation, de la recherche scientifique et de l'innovation technologique **M. BAKABADIO Louis**

- conseiller spécial, chef du département de la communication et des médias : **Mme LEMBOUMBA née SASSOU-N'GUESSO Claudia**
- conseiller, chef du département diplomatique **M. ADOUKI Martin**
- conseiller, chef du département de l'économie, des finances, du plan et de l'intégration : **M. NGASSAKI Athanase**
- conseiller, chef du département de la fonction publique et de la réforme de l'Etat : **M. TENGO Laurent**
-conseiller, chef du département de l'environnement et du développement durable : **M. NZOMONO Macaire**
- conseiller, chef du département de l'agriculture, de l'élevage, de la pêche et du développement rural : **Mme MBOUKOU KIMBATSA née GOMA Irène Cécile**
- conseiller, chef du département des transports, de l'aviation civile et de la marine marchande **: M. OSSO Jean-Louis**
- conseiller, chef du département des télécommunications et du numérique : **M. ICKONGA Yves**
- conseiller, chef du département du travail, de la formation professionnelle et de l'emploi : **M. OKOUYA Clotaire Claver** - conseiller, chef du département de culture, des arts et du tourisme : **Mme PONGAULT Lydie**
- conseiller, chef du département des affaires juridiques et des droits humains : **M. OBILI Wilfrid Magloire**
- conseiller, chef du département de l'industrie, du commerce, des petites et moyennes entreprises et du développement du secteur privé : **M. KAMBA André**
- conseiller, chef du département de la jeunesse et des sports : **M. AKOUALA GEOLOT Pascal**
- conseiller, chef du département de l'énergie et de l'hydraulique : **M. GANKOUE-DZON Geoffroy**
- conseiller, chef du département de la protection sociale, des organisations professionnelles et du dialogue social : **Mme ITOUA Edith Laure**
- conseiller, chef du département de la promotion de la femme, de la famille et des groupes vulnérables : **Mme KEBI née MOUNKALA Antoinette**
- conseiller, chef du département de l'aménagement du territoire, des travaux publics, de la construction, de la ville et de l'habitat : **M. BEMBA Valentin René**

- conseiller, chef du département de la santé, de la population et de l'action humanitaire : **Mme VOUMBO MATOUMONA née MAVOUNGOU Yvonne Valérie Yolande**

Article 2 : Les intéressés percevront les indemnités prévues par les textes en vigueur.

Article 3 : Le présent décret, qui prend effet à compter de la date de prise de fonctions des intéressés, sera enregistré et publié au Journal officiel de la République du Congo.

Fait à Brazzaville, le 21 septembre 2016

Denis SASSOU-N'GUESSO

Messieurs **Jean-Baptiste Ondaye, Benjamin Boumakani et le Vice-amiral Jean Dominique Okemba** ont été reconduits à leurs fonctions de secrétaire général de la présidence de la république, secrétaire général du gouvernement, et de secrétaire général du Conseil national de sécurité, avec rang et prérogatives de ministres, par décret du Président de la République.

ANNEXE II

Décret n° 2016-175 du 30 mai 2016 portant
Structuration et attributions du cabinet du Premier ministre, chef du Gouvernement

Le Premier ministre,
Chef du Gouvernement,

Vu la Constitution ;
Vu le décret n° 2016-117 du 23 avril 2916 portant nomination du Premier ministre, chef du Gouvernement ;
Vu le décret n° 2016-168 du 30 avril 2016 portant nomination des membres du Gouvernement ;
Vu le décret n° 2016-169 du 2 mai 2016 portant cadre d'organisation du cabinet du Premier ministre,
Décrète :
TITRE I : DISPOSITIONS GENERALES
Article premier : Le Premier ministre, chef du Gouvernement, dispose, pour assurer sa mission de conduite de la politique économique et sociale de la Nation, d'un cabinet chargé de la conception, des études, de l'analyse prospective et de la liaison avec les départements ministériels, les structures politiques et administratives et tous les secteurs de la vie nationale.
Le cabinet traite des questions soumises ou à soumettre au Premier ministre, chef du Gouvernement, en vue de faciliter la prise de décision.
Article 2 : Le cabinet du Premier ministre, chef du Gouvernement, est dirigé et animé par un ministre directeur de cabinet nommé par décret du Premier ministre, chef du Gouvernement.
Le ministre directeur de cabinet exerce, sous l'autorité du Premier ministre, chef du Gouvernement, le contrôle hiérarchique sur le cabinet, les services rattachés au cabinet et le secrétariat général de la Primature.

TITRE II : DES ATTRIBUTIONS

Article 3 : Le cabinet du Premier ministre, chef du Gouvernement, a pour missions principales :

- les missions politiques et administratives ;
- les missions de conception, d'études, d'analyse, de veille et de prospective ;
- les missions d'information, de contrôle, de suivi et d'évaluation de l'action gouvernementale.

Chapitre 1 : Des missions politiques et administratives

Article 4 : Le cabinet du Premier ministre, chef du Gouvernement, reçoit les dossiers et les correspondances adressés au Premier ministre, chef du Gouvernement, dans les domaines politique, économique, social et administratif.

Article 5 : Les dossiers et les correspondances sont adressés au Premier ministre, chef du Gouvernement, accompagnés, le cas échéant, d'avis écrits élaborés par le cabinet sous la forme de rapports et de notes de synthèse.

Chapitre 2 : Des missions de conception, d'études, d'analyse, de veille et de prospective

Article 6 : A l'initiative du Premier ministre, chef du Gouvernement, ou à son initiative propre, le cabinet entreprend des recherches, met en œuvre une intelligence de veille et réalise des études et des analyses sous divers angles sur les problèmes concernant divers secteurs de la vie nationale.

Article 7 : Les conclusions des études réalisées destinées au Premier ministre, chef du Gouvernement, doivent comporter des propositions pratiques ainsi que l'indication de leur impact.

Chapitre 3 : Des missions d'information, de contrôle, de suivi et d'évaluation de l'action gouvernementale

Article 8 : Le cabinet suit l'évolution et le développement de l'activité nationale en effectuant, à l'intention du Premier ministre, chef du Gouvernement, des missions d'information et de contrôle dans les départements ministériels.

Article 9 : Sous l'autorité du Premier ministre, chef du Gouvernement, le cabinet participe, au sein du comité de suivi et d'évaluation des politiques et programmes publics à la détermination des modalités de suivi et d'évaluation de l'action gouvernementale, dans le cadre de la gestion axée sur les résultats.

TITRE III : DE L'ORGANISATION

Article 10 : Le cabinet du Premier ministre, chef du Gouvernement, comprend :

- le ministre directeur de cabinet ;
- les conseillers spéciaux ;
- les conseillers ;
- les conseillers techniques ;
- les chargés de missions ;
- les assistants ;
- les attachés ;
- les services rattachés au cabinet ;
- les consultants.

Article 11 : Le cabinet du Premier ministre, chef du Gouvernement dispose, outre les structures et services énumérés à l'article 10 du présent décret, d'un secrétariat général de la Primature et d'un état-major particulier du Premier ministre, chef du Gouvernement.

Chapitre 1 : Du ministre directeur de cabinet du Premier ministre, chef du Gouvernement

Article 12 : Sous l'autorité du Premier ministre, chef du Gouvernement, le ministre directeur de cabinet assure la coordination et le suivi des activités du cabinet et de l'ensemble des services, organes et commissions rattachés à la Primature.

Chapitre 2 : Des conseillers spéciaux

Article 13 : Des missions spécifiques sont confiées aux conseillers spéciaux par le Premier ministre, chef du Gouvernement.

Les conseillers spéciaux sont placés sous l'autorité du Premier ministre, chef du Gouvernement, et peuvent, sur ses instructions, recevoir des directives du ministre directeur de cabinet.

Article 14 : Les conseillers spéciaux du Premier ministre, chef du Gouvernement, sont nommés par décret du Premier ministre, chef du Gouvernement.

Chapitre 3 : Des conseillers, des chargés de missions et des consultants

Article 15 : Placés sous l'autorité du ministre directeur de cabinet du Premier ministre, chef du Gouvernement, les conseillers et chargés de missions, selon leurs sphères de compétence, assistent en permanence le Premier ministre, chef du Gouvernement, dans la conduite de la politique économique et sociale de la Nation.

Article 16 : Les conseillers et les chargés de missions sont déterminés ainsi qu'il suit :

- un conseiller politique ;
- un conseiller juridique et réformes ;
- un conseiller diplomatique ;
- un conseiller à l'éducation nationale et à la recherche scientifique ;
- un conseiller à la promotion du secteur privé et climat des affaires ;
- un conseiller économique ;
- un conseiller aux finances et au portefeuille public ;
- un conseiller à la défense et à la sécurité ;
- un conseiller au développement rural et durable, à l'environnement et au climat ;
- un conseiller aux hydrocarbures, mines solides et énergie ;
- un conseiller à la formation qualifiante et à l'emploi des jeunes ;
- un conseiller à la solidarité nationale, à la protection des populations vulnérables et autochtones ;
- un conseiller chef de cabinet du ministre directeur de cabinet ;
- un conseiller à l'aménagement du territoire, ville et cadre de vie ;
- un conseiller au transport et à l'entretien routier ;
- un conseiller à la culture, à la communication et aux médias ;
- un conseiller à la fonction publique ;
- un conseiller à la santé et action humanitaire ;
- un conseiller aux droits de la femme, de la famille et de l'enfance ;
- un conseiller aux postes, télécommunications et numérique ;
- un conseiller à la jeunesse, sports, tourisme et loisirs ;
- un conseiller directeur du protocole ;
- un conseiller intendant ;
- un conseiller technique aux affaires foncières et domaniales ;
- un conseiller technique à la décentralisation et aux collectivités locales ;
- un conseiller technique au budget et trésorerie ;
- un conseiller technique à l'organisation du secrétariat ;
- un conseiller technique au discours ;
- un conseiller technique à l'opinion ;
- un chargé de missions et réseaux sociaux ;
- des chargés de missions aux affaires générales. Article 17 : Le conseiller peut, à tout moment, être consulté directement par le Premier ministre, chef du Gouvernement.

Article 18 : Les conseillers sont, au cours des visites, des investigations et des recherches dans les départements ministériels, les envoyés du Premier ministre, chef du Gouvernement. Toutes les facilités doivent leur être accordées dans l'accomplissement de leurs missions.

Article 19 : Les chargés de missions et les consultants du cabinet du Premier ministre, chef du Gouvernement, accomplissent les missions particulières qui leur sont confiées.
Article 20 : Les conseillers, les chargés de missions et les consultants du cabinet du Premier ministre, chef du Gouvernement, sont nommés par décret du Premier ministre.
Article 21 : Les conseillers spéciaux et les conseillers du Premier ministre, chef du Gouvernement, sont assistés par des assistants et des attachés.
Article 22 : Les assistants et les attachés sont nommés par arrêté du Premier ministre, chef du Gouvernement.
Article 23 : Les attributions des membres du cabinet du Premier ministre, chef du Gouvernement, sont déterminées par des textes spécifiques.
Article 24 : Les conseillers techniques et les chargés de mission sont compétents dans les affaires spécifiques arrêtées en fonction de leur spécialité.
Article 25 : Le cabinet du Premier ministre, chef du Gouvernement, peut faire appel, en cas de besoin, à l'expertise de consultants. Ceux-ci donnent leur avis politique ou technique sur les problèmes qui leur sont soumis par le Premier ministre, chef du Gouvernement, ou par son cabinet.
Chapitre 4 : Des services rattachés au cabinet
Article 26 : Les services rattachés au cabinet, placés sous l'autorité directe du Premier ministre, chef du Gouvernement, sont des instruments de pilotage des engagements du Président de la République ainsi que de la performance du Gouvernement et de l'administration publique.
L'organisation et les attributions des services rattachés au cabinet du Premier ministre, chef du Gouvernement, sont fixées par des textes spécifiques.
Chapitre 5 : Du secrétariat général de la Primature
Article 27 : Placé sous l'autorité du ministre directeur de cabinet du Premier ministre, chef du Gouvernement, le secrétaire général dirige et anime le secrétariat général de la Primature.
Il est chargé, notamment, des questions d'ordre administratif soumises au cabinet du Premier ministre, chef du Gouvernement, de la coordination et du contrôle de l'activité des services et des administrations rattachés au cabinet du Premier ministre.

Le secrétaire général de la Primature assure la permanence de l'administration centrale de la primature dans les domaines spécifiques de son champ de compétence et d'intervention, conformément aux textes particuliers qui le régissent.

Article 28 : Les services internes du secrétariat général sont :

- la direction des affaires administratives et des finances ;
- la direction de la coordination des réseaux informatiques, de l'édition, de la documentation et des archives ;
- la cellule de passation des marchés ;
- la cellule opérationnelle et de veille.

Article 29 : Les services centraux rattachés au cabinet du Premier ministre, chef du Gouvernement et placés sous l'autorité directe du secrétaire général sont :

- la direction centrale des logements et bâtiments administratifs ;
- le service du protocole du Gouvernement ;
- le service central du matériel automobile du Gouvernement.

Article 30 : Un texte spécifique organise le secrétariat général de la Primature et les services centraux rattachés au cabinet.

Article 31 : Le secrétaire général de la Primature à rang et prérogatives de conseiller spécial.

Il est nommé par décret du Premier ministre, chef du Gouvernement.

Chapitre 5 : De l'état-major particulier du Premier ministre, chef du Gouvernement

Article 32 : L'état-major particulier du Premier ministre, chef du Gouvernement, est dirigé et animé par un chef d'état-major particulier, qui a rang et prérogatives de conseiller spécial.

Le chef d'état-major particulier du Premier ministre chef du Gouvernement, coordonne les services de défense, de sécurité et de documentation placés sous l'autorité du Premier ministre, chef du Gouvernement.

Article 33 : Le chef d'état-major particulier est nommé par décret du Premier ministre, chef du Gouvernement.

Article 34 : Les attributions et l'organisation de l'état-major particulier du Premier ministre, chef du Gouvernement, sont fixées par des textes spécifiques.

TITRE IV : DISPOSITIONS DIVERSES ET FINALES

Article 35 : Les missions dévolues au cabinet du Premier ministre, chef du Gouvernement, telles que prévues aux articles 4 à 9 du présent décret, donnent lieu à des évaluations périodiques, dont les rapports et conclusions sont soumis à l'attention du Premier ministre, chef du Gouvernement.

Article 36 : Les avantages indemnitaires accordés aux membres du cabinet du Premier ministre, chef du Gouvernement, sont déterminés par décret du Premier ministre, chef du Gouvernement.

Article 37 : L'organisation et le fonctionnement des services internes du secrétariat général de la Primature, ainsi que les règles de fonctionnement non précisées par ce décret, sont fixés, en tant que de besoin et selon les cas, par des décrets, des arrêtés ou des instructions spécifiques du Premier ministre, chef du Gouvernement.

Article 38 : Le présent décret, qui abroge toutes dispositions antérieures contraires, sera enregistré et publié au Journal officiel de la République du Congo. /-

Fait à Brazzaville, le 30 mai 2016
Clément MOUAMBA

TABLE DES MATIÈRES

DROIT
AUX ÉDITIONS L'HARMATTAN

Dernières parutions

DROIT DES RESSOURCES NATURELLES
Éléments d'élaboration, d'analyse et d'évaluation des lois
Mukendi Mukendi Ntantamika
Préface de Maître Emery Mukendi Wafwana

Cet ouvrage tente de répondre à la problématique induite par la quête scientifique et politique d'un meilleur système d'appropriation des ressources naturelles, d'un meilleur dispositif de contrôle d'accès à leurs gisements et de redistribution des revenus de leur exploitation. C'est par la construction d'archétypes de régimes juridiques déduits des critères institutionnels, écologiques, sociaux et économiques du principe de développement durable que ce livre procède.

(Coll. Harmattan RDC, 612 p., 49 euros)
ISBN : 978-2-343-15169-4, EAN EBOOK : 9782140122569

LES PROCÉDURES DE CONTRÔLE A POSTERIORI EN RD CONGO
Mise en oeuvre de contrôles douaniers et accisiens modernes et efficaces
Alain Tenday Lupumba
Préface d'Albert Yuma Mulimbi - Postface de Gabriel Mwepu Numbi

"Les objectifs de cet ouvrage sont de sensibiliser les professionnels et les autres acteurs du commerce international aux spécificités du contrôle douanier a posteriori et d'offrir une approche pratique et spécifique des rôles et responsabilités des uns et des autres. En l'intitulant Les procédures de contrôle a posteriori en RD Congo, mise en oeuvre de contrôles douaniers et accisiens modernes et efficaces, l'auteur a volontairement pris le parti de questionner l'ensemble des composantes susceptibles d'influencer la performance de l'administration douanière, y compris les aspects humains" (extrait de la préface de Albert Yuma Mulimbi)

(Coll. Comptes Rendus, 270 p., 28 euros)
ISBN : 978-2-343-17235-4, EAN EBOOK : 9782140122149

AN OUTILINE OF CUSTOMS POLICY OF THE DEMOCRATIC REPUBLIC OF CONGO
2003-2010
Jean-Paul Esamba Bokel'Ipoka
Foreword by Déo Rugwiza Magera

An Outline of Customs Policy of the Democratic Republic of Congo presents in the easiest way what is meant by customs policy in general, its basics namely: objects, elements, sources, instruments, functions (...), regional and international frameworks. The author stresses on the customs policy progress from 2003 to 2010, which is a decisive period in the DRC customs management, through the implementation of 2003 customs reform and modernization programme.

(Coll. Harmattan Cameroun, 156 p., 17 euros)
ISBN : 978-2-343-17710-6, EAN EBOOK : 9782140122040

LA GOUVERNANCE FORESTIÈRE EN RÉPUBLIQUE DU CONGO
1899-2017
André Ondele-Kanga

Ce livre a été rédigé pour documenter et archiver, au profit des générations futures, l'historique de la gouvernance forestière en République du Congo de 1899 à 2018. Il dénonce un paradoxe de la gouvernance forestière actuelle qui, renonçant à la croissance économique du secteur, fonde son satisfécit sur le succès diplomatique retentissant qui fait jouer au pays un rôle honorifique de leadership des forêts du bassin du Congo.

(Coll. Harmattan Congo-Brazzaville, 376 p., 37,5 euros)

ISBN : 978-2-343-15305-6, EAN EBOOK : 9782140121845

LES CHEFFERIES TRADITIONNELLES AFRICAINES FACE À LA DYNAMIQUE DES RÉFORMES TERRITORIALES

Contribution à l'étude des processus de décentralisation

Koko Adiki Tovenim

Cette étude, au-delà d'un bilan sur les processus de décentralisation en Afrique, se veut aussi prospective en offrant une mise à jour des institutions locales en Afrique subsaharienne dans le cadre des réformes territoriales entreprises ces dernières années.

(Coll. Études africaines, 228 p., 24,5 euros)

ISBN : 978-2-343-17045-9, EAN EBOOK : 9782140121371

LES MUTATIONS RÉCENTES DE LA JUSTICE ADMINISTRATIVE EN AFRIQUE FRANCOPHONE

Etude critique à partir du modèle camerounais

Olivier Fandjip

En Afrique francophone, on observe ces dernières années des réformes qui tendent, d'une part, à consolider les différents modèles de justice administrative en vigueur et, d'autre part, à améliorer la qualité de la justice. Ces évolutions renouvellent les interrogations sur la déconcentration et l'autonomie des juridictions administratives. À travers une analyse critique et prospective, cet ouvrage montre que, malgré l'importance de ces mutations, les problématiques de l'accès et de l'autonomie de la justice administrative se posent encore avec acuité.

(Coll. Études africaines, 254 p., 25 euros)

ISBN : 978-2-343-16510-3, EAN EBOOK : 9782140120657

DROITS DES TÉLÉCOMS ET DU NUMÉRIQUE

Profil africain et congolais, prospective comparée d'Europe et de France

Kodjo Ndukuma Adjayi

Les télécoms, l'Internet et le numérique sont des facteurs techniques de transformation du droit. À l'origine, les télécoms étaient sous le régime des services publics. À partir des États-Unis et de l'Europe, l'OMC (1994-1997) a promu le droit sectoriel de la régulation. Partout, de nouveaux défis sont nés, dans le démantèlement des monopoles vers une totale économie de marché. Pour la République démocratique du Congo, ses lois « dérégulatrices », figées depuis le 16 octobre 2002, contrastent avec les mutations numériques, économiques et sociétales des États postmodernes à l'épreuve d'Internet. L'« Europe des télécoms » réajuste constamment sa politique législative autour d'objectifs structurants : construction du marché, diffusion technologique, protection des données, etc. Si l'Afrique s'adapte à peine et avec peine, la République démocratique du Congo entend bien encadrer télécoms et TIC, renouveau de régulation étatique, échanges et commerce électroniques, à travers trois textes de loi en gestation...

(Coll. Enjeux et droits numériques, 434 p., 39 euros)

ISBN : 978-2-343-15722-1, EAN EBOOK : 9782140119033

DROIT DE L'ÉCONOMIE NUMÉRIQUE

E-commerce et dérégulation européenne, française, internationale, africaine, congolaise des télécoms

Kodjo Ndukuma Adjayi

Télécoms, Internet et numérisation ont donné prise à la révolution numérique. La phénoménologie d'ordre sociétal qui en résulte est une source réelle pour le Droit. Aujourd'hui, l'État fait face à des polycentres du pouvoir normatif et aux géants planétaires du Net. L'indépendance du Net postule la régulation seulement par le code informatique et par le marché. Tourneboulés, les paradigmes du droit offrent deux approches possibles de législation : via le contenu des activités réseautées ou via leur contenant. Le réseau est, en effet, la voie électronique pour le commerce à distance. Il monétise la valeur du clic ainsi que les intelligences sans cesse inventives. Il faut donc appréhender les enjeux dans le champ d'un Droit de l'économie numérique.

(Coll. Enjeux et droits numériques, 460 p., 42 euros)

ISBN : 978-2-343-15721-4, EAN EBOOK : 9782140119057

ESCULAPE ET MARS

Certificat médical et détention d'armes

Tanguy Kerneïs

Comment rédiger un certificat médical pour "faire du tir" et que faut-il écrire ? Engage-t-on sa responsabilité pour établir un certificat lors d'une demande d'inscription à l'examen du permis de chasser ou pour rédiger un document pour ce patient qui vient d'hériter du fusil du grand-père et qui veut le conserver ? Cet ouvrage explique les arcanes de la législation des armes et détaille les diverses situations pour que ces certificats ne deviennent pas une source d'inquiétude supplémentaire à une époque où la détention et l'usage d'une arme provoquent une angoisse sociétale.

SPM (92 p., 13 euros)

ISBN : 978-2-917232-98-9, EAN EBOOK : 9782140119460

CENTENAIRE DE LA DEUXIÈME RÉVOLUTION RUSSE

Perceptions et représentations contemporaines

David Cumin

2017 fut l'année du centenaire de la Révolution russe. Les contributions regroupées dans cet ouvrage s'intéressent aux perceptions et aux représentations contemporaines de cet événement. Comment perçoit-on le bolchevisme et l'URSS de nos jours, aussi bien en Russie qu'en France ou en Europe occidentale ? Andreï Gratchev (ancien conseiller de Mikhaïl Gorbatchev) fournit une réponse inédite sur ce point.

(Coll. Épistémologie et philosophie des sciences, 182 p., 19 euros)

ISBN : 978-2-343-17482-2, EAN EBOOK : 9782140120411

SÉPARATION DES POUVOIRS ET CONTRE-POUVOIRS

Actes des 1ères journées scientifiques de droit constitutionnel

Palais des Congrès de Niamey, du 10 au 13 octobre 2017

Oumarou Narey

Avec l'Association Nigérienne de Droit Constitutionnel (Andc)

L'ouvrage tente de remettre en lumière l'essence de la séparation des pouvoirs et l'esprit des contre-pouvoirs alors qu'ils ont toujours été au centre des débats doctrinaux. La tombée en désuétude de la théorie ou son inadaptation aux réalités contemporaines fait que l'on assiste aujourd'hui à la construction d'une notion de substitution, celle de contre-pouvoir. Mais le recours presque frénétique à la notion, dans le champ du droit constitutionnel et politique, comporte un risque principal : celui de la perte de toute portée explicative et de son sens critique.

(Coll. Harmattan Sénégal, 518 p., 49 euros)

ISBN : 978-2-343-16827-2, EAN EBOOK : 9782140120237

QUAND SURVEILLER C'EST PUNIR

Vers un au-delà de la justice pénale

Dominique Rivière

Punir semble la réponse naturelle à un acte jugé indésirable. Pourtant, constatant l'impossibilité de définir clairement l'acte délictueux ou criminel, et réalisant que ce sont surtout les pauvres qui sont punis, la question du sens de la peine se pose, et plus encore sa justification. Remplacer le mot crime par situation problème, c'est envisager un au-delà de la justice rétributive. Refuser toute violence, c'est aller vers une société où le paradigme punitif cède la place au soin, à l'éducation, à la médiation, à la protection des personnes. Abolir la prison, et le Code pénal, suppose un changement de regard : l'autre, dans une altérité parfois très difficile, reste un être de parole et ne peut être l'objet de coercition. Puissent ces lignes ouvrir un nouvel horizon qui exclue radicalement la violence.

(Coll. Questions contemporaines, 222 p., 22,5 euros)

ISBN : 978-2-343-17356-6, EAN EBOOK : 9782140120138

POUR UNE CRIMINOLOGIE INTERCULTURELLE
Ethnoprobation
Guillaume Arandel
Préface de Philippe Pottier. Postface de Loïck M. Villerbu
Travailler avec des personnes délinquantes ou victimes suppose une adaptation à la diversité humaine et la singularité des situations. Or, dans un contexte d'interculturalité, les risques d'incompréhensions, de méprises et de maladresses sont démultipliés. L'analyse proposée ici s'appuie sur différentes méthodes et s'inspire de disciplines telles que : l'approche comparée (France, Canada, Mali), la philosophie, l'anthropologie juridique, l'ethnopsychiatrie, la communication interculturelle ou encore des témoignages. Développer ces savoirs revient à se donner l'opportunité de mieux appréhender les différentes cultures pour, in fine, encourager une meilleure prise de conscience de celle dans laquelle nous évoluons. Il s'agit de mieux appréhender les cultures questionnées, en comprendre leurs déviances et de gagner en lucidité sur leurs valeurs.
(Coll. Controverses, 134 p., 15 euros)
ISBN : 978-2-343-17291-0, EAN EBOOK : 9782140120008

LA DOMANIALITÉ DES BIENS DE L'ADMINISTRATION PUBLIQUE À L'ÉPREUVE DES RÉGIMES FONCIERS TRADITIONNELS
Samba Sarr
De nombreuses difficultés demeurent par rapport à la gestion du domaine, qu'il soit public ou privé, qu'il appartienne à l'Etat ou aux collectivités territoriales. Les droits coutumiers désormais reconnus et magnifiés à la faveur de la valorisation des traditions séculaires contestent la primauté du droit écrit. L'auteur présente la photographie des biens de l'administration publique ainsi que leur évolution par rapport aux régimes fonciers coutumiers.
(426 p., 42 euros)
ISBN : 978-2-343-17362-7, EAN EBOOK : 9782140120046

LES SÛRETÉS ET GARANTIES RÉELLES DANS LES PROCÉDURES COLLECTIVES
Yaya Diallo
Préface de Philippe Delebecque
En France et dans l'espace OHADA, le droit des procédures collectives renvoie aux procédures judiciaires spéciales et dérogatoires par rapport au droit commun réservées au traitement curatif des difficultés des entreprises. D'ordre public, ce droit est destiné à l'entreprise débitrice et à ses créanciers. Conformément aux objectifs poursuivis, les droits et sûretés subissent des atteintes et des restrictions. Mais cette emprise naturelle du droit des procédures collectives sur les sûretés des créanciers est remise en cause. Les nouveaux mécanismes de garantie de créance ont été différenciés des sûretés réelles classiques. Il en résulte une incohérence entre le droit des sûretés et le droit des procédures collectives. Pour y remédier, cette thèse propose l'extension de l'emprise du droit des procédures collectives aux propriétés sûretés.
(Coll. Logiques Juridiques, 564 p., 49 euros)
ISBN : 978-2-343-15222-6, EAN EBOOK : 9782140119538

LIRE LES CONSTITUTIONS
Laureline Fontaine
Ouvrage coordonné par
Le phénomène du constitutionnalisme englobe plusieurs événements et appréciations : la philosophie initiale s'appuyant sur la valeur du droit comme « capable » de limiter et de cadrer le pouvoir politique qu'il s'agit effectivement de limiter et de cadrer, relayée par la valeur anthropologique du droit comme « élément traducteur » de la société humaine ; l'élaboration, la pratique, l'interprétation, la pensée et la diffusion des constitutions aussi, au sein des différents espaces géographiques et temporels, qui comptent donc autant d'éléments non juridiques que juridiques.
(Coll. Questions contemporaines, 196 p., 19,5 euros)
ISBN : 978-2-343-16082-5, EAN EBOOK : 9782140119132

Structures éditoriales du groupe L'Harmattan

L'Harmattan Italie
Via degli Artisti, 15
10124 Torino
harmattan.italia@gmail.com

L'Harmattan Hongrie
Kossuth l. u. 14-16.
1053 Budapest
harmattan@harmattan.hu

L'Harmattan Sénégal
10 VDN en face Mermoz
BP 45034 Dakar-Fann
senharmattan@gmail.com

L'Harmattan Cameroun
TSINGA/FECAFOOT
BP 11486 Yaoundé
inkoukam@gmail.com

L'Harmattan Burkina Faso
Achille Somé – tengnule@hotmail.fr

L'Harmattan Guinée
Almamya, rue KA 028 OKB Agency
BP 3470 Conakry
harmattanguinee@yahoo.fr

L'Harmattan RDC
185, avenue Nyangwe
Commune de Lingwala – Kinshasa
matangilamusadila@yahoo.fr

L'Harmattan Congo
67, boulevard Denis-Sassou-N'Guesso
BP 2874 Brazzaville
harmattan.congo@yahoo.fr

L'Harmattan Mali
Sirakoro-Meguetana V31
Bamako
syllaka@yahoo.fr

L'Harmattan Togo
Djidjole – Lomé
Maison Amela
face EPP BATOME
ddamela@aol.com

L'Harmattan Côte d'Ivoire
Résidence Karl – Cité des Arts
Abidjan-Cocody
03 BP 1588 Abidjan
espace_harmattan.ci@hotmail.fr

L'Harmattan Algérie
22, rue Moulay-Mohamed
31000 Oran
info2@harmattan-algerie.com

L'Harmattan Maroc
5, rue Ferrane-Kouicha, Talaâ-Elkbira
Chrableyine, Fès-Médine
30000 Fès
harmattan.maroc@gmail.com

Nos librairies en France

Librairie internationale
16, rue des Écoles – 75005 Paris
librairie.internationale@harmattan.fr
01 40 46 79 11
www.librairieharmattan.com

Librairie l'Espace Harmattan
21 bis, rue des Écoles – 75005 Paris
librairie.espace@harmattan.fr
01 43 29 49 42

Lib. sciences humaines & histoire
21, rue des Écoles – 75005 Paris
librairie.sh@harmattan.fr
01 46 34 13 71
www.librairieharmattansh.com

Lib. Méditerranée & Moyen-Orient
7, rue des Carmes – 75005 Paris
librairie.mediterranee@harmattan.fr
01 43 29 71 15

Librairie Le Lucernaire
53, rue Notre-Dame-des-Champs – 75006 Paris
librairie@lucernaire.fr
01 42 22 67 13

www.ingramcontent.com/pod-product-compliance
Lightning Source LLC
LaVergne TN
LVHW011248061026
849535LV00005B/1188
9782343058832